suhrkamp taschenbuch 1594

W0054181

Gerhard Portele, geboren 1933 in Prag, war zunächst Lehrer, studierte dann in Mannheim und Heidelberg Soziologie, Psychologie und Philosophie und war anschließend Forschungsassistent an der Universität Mannheim. Seit 1977 ist er Professor für Hochschuldidaktik an der Universität Hamburg. Seit zehn Jahren arbeitet er außerdem als Gestalttherapeut und Ausbilder in Gestaltpsychotherapie.

Veröffentlichungen: *Lernen und Motivation*, 1975; *Organisation von Forschung und Lehre an westdeutschen Hochschulen*, 1976 (zusammen mit D. Ipsen); *Sozialisation und Moral*, 1978 (Herausgeber); *Entfremdung bei Wissenschaftlern*, 1981.

Gerhard Portele geht in diesem Buch von der Theorie der Autopoiese aus, die ein radikales Umdenken fordert und zu Konsequenzen in vielen Bereichen führt.

Portele geht zunächst auf Folgen für Psychologie und Epistemologie ein. Wenn Lebewesen selbstreferentiell sind, dann sind sie nicht nur nicht von außen bestimmbar, sondern sie sind auch prinzipiell nicht prognostizierbar. Das hat Konsequenzen für die Psychologie und ihre Begriffe. Wenn Erkennen nicht mehr auf dem Boden der Wirklichkeit verankert werden kann, sondern prinzipiell bodenlos ist, müssen und können wir wissenschaftliche Erkenntnis als sozialpsychologischen Prozeß auffassen, als gemeinsames Hervorbringen einer Welt in der Sprache und durch Kooperation.

An den Beispielen der Gestalttherapie von Fritz Perls und der Verfremdungstechnik von Bert Brecht demonstriert Portele, wie ein grundsätzliches Umdenken, das Loskommen von den Gewohnheiten, auch von der Gewohnheit, uns und andere als heteronom bestimmbar aufzufassen, geschehen könnte. Denn daß wir als Lebewesen autonom sind, macht uns prinzipiell verantwortlich.

Grundthema des ganzen Bandes: Wie können Liebesbeziehungen an die Stelle der bisher gewohnten Machtbeziehungen treten?

Gerhard Portele
Autonomie, Macht, Liebe

Konsequenzen
der Selbstreferentialität

Suhrkamp

Umschlagbild: M. C. Escher, Bildergalerie
© 1988 M. C. Escher Heirs/Cordon Art – Baarn-Holland

suhrkamp taschenbuch 1594
Erste Auflage 1989
© Suhrkamp Verlag Frankfurt am Main 1989
Suhrkamp Taschenbuch Verlag
Alle Rechte vorbehalten, insbesondere das
des öffentlichen Vortrags, der Übertragung
durch Rundfunk und Fernsehen
sowie der Übersetzung, auch einzelner Teile.
Satz: Uhl + Massopust, Aalen
Druck: Nomos Verlagsgesellschaft, Baden-Baden
Printed in Germany
Umschlag nach Entwürfen von
Willy Fleckhaus und Rolf Staudt

1 2 3 4 5 6 – 94 93 92 91 90 89

ich schaue mich an in dem was ich anschaue
wie eindringen durch meine augen
in ein klareres auge
mich schaut an was ich anschaue

meine schöpfung ist das hier was ich sehe
die wahrnehmung ist vorstellung
wasser der gedanken
ich bin die schöpfung dessen was ich sehe

Octavio Paz

Inhalt

Gespräch: Statt einer Einleitung

A Es ist sehr viel bequemer, sich nicht für autonom zu halten, andere nicht für autonom zu halten, sondern uns Menschen als heteronom bestimmt anzusehen, dann sind wir nicht verantwortlich. Dann sind wir nicht schuld.

B Bequemer? Das klingt mir zu sehr nach Moral.

A Na und? Hast du etwas gegen Moral? Mit »bequemer« meine ich: Einfacher, entlastender, leichter.

B Warum sollten wir es uns nicht bequemer machen? Leichter usw.?

A Das ist so: Ich glaube, ich hoffe, wenn wir uns erst autonom sehen, als verantwortlich, daß wir dann aufhören, die Welt zu zerstören.

B Eine große Hoffnung!

A »Ich muß...«, »ich kann nicht...«. »Wir sind gezwungen...« »Es ist notwendig, daß...« Oder gar: »Man muß...« Wir konstruieren uns dauernd diese Zwänge. Wir konstruieren die Welt so, daß wir für unsere Tätigkeiten nicht vor uns und vor den anderen verantwortlich zu sein brauchen. Wir betrachten unsere Tätigkeit meist determiniert. Determiniert von außen, durch die Umstände, oder von innen durch innere »Triebe«, »Bedürfnisse« oder wie immer wir das bezeichnen, wofür wir nicht die Verantwortung übernehmen.

B Aber wir müssen doch essen, atmen, urinieren usw., das gehört doch zu unseren biologischen Gegebenheiten!

A Das leugne ich ja nicht. Aber wir sind weitgehend darin autonom, wie wir atmen und was. Wie wir essen und was wir essen: Vegetarisch oder Fleisch, am Tisch sitzend oder stehend, roh oder gekocht, junk-food oder nouvelle cuisine, japanisch oder italienisch oder unaufmerksam. Es gibt diese biologischen Gegebenheiten und die gesellschaftlichen. Aber wir tun, als hätten wir keine Spielräume. Meine Behauptung ist: Wir haben immer Spielräume!

B Immer?

A Ja, immer.

B Aber immer nur Spielräume.

A Das macht, glaube ich, einen wichtigen Unterschied. Wir sagen: Wir haben sowieso nur Spielräume (das ist das halbleere Glas), oder wir haben immer Spielräume (das ist das halbvolle

Glas). Ein noch wichtigerer Unterschied ist der zwischen Proskription und Praeskription, wie Varela es nennt. Ob einer sagt: Das und das ist verboten, alles andere ist egal (Proskription) oder: Das und das mußt du tun, alles andere ist verboten (Praeskription). Wir fassen die Welt auf, als sei sie praeskriptiv geordnet, statt sie als proskriptiv aufzufassen. Es macht einen Unterschied, wenn ich sage: Es ist verboten, nicht zu atmen, nicht zu essen, alles andere ist egal, aber wie du ißt, atmest, ist egal. Oder ob ich sage: Du mußt essen, atmen, alles andere ist verboten.

B Faktisch ist das kein Unterschied. Sprachlich ja.

A Was heißt faktisch? Du machst die Fakten. Wir machen die Fakten. Fakt kommt von facere – machen.

B Das ist ein anderes Thema.

A Nein, es hat etwas damit zu tun. Über den Konstruktivismus will ich zwar später noch ausführlicher reden. Aber: Nicht nur als Wissenschaftler »suchen wir« nach Gesetzmäßigkeiten, genauer gesagt, wir stellen Gesetzmäßigkeiten her. Needhams These, daß das christlich-jüdische Gesetz in der westlichen Wissenschaft eine bedeutende Rolle spielt im Gegensatz zur chinesischen Wissenschaft scheint mir einleuchtend. Und wir schaffen deterministische Gesetze. Naturgesetze und soziale Gesetze, praeskriptive Gesetze, keine proskriptiven.

B Halt, langsam. In der Rechtsprechung, in der Rechtswissenschaft, im Christentum wird doch grundsätzlich die Schuldfähigkeit angenommen. Autonomie und Verantwortlichkeit werden unterstellt, sonst kann man doch gar nicht schuldig werden. Ich halte das für eine Illusion. Ich denke, die Kriminologen, Soziologen, Psychologen haben sich sehr viel Mühe gegeben, nachzuweisen, daß es so etwas wie kriminelle Karrieren gibt, milieubedingte Kriminalität usw... Das halte ich für einen Fortschritt. Willst du das leugnen?

A Nein, überhaupt nicht. Es geht mir nicht um Schuld oder gar Sühne. Wenn ein Klient, eine Klientin zu mir in Psychotherapie kommt, dann sehe ich doch, daß sie nicht anders handeln kann. Daß sie verzweifelt ist oder was immer. Daß sie Angst hat und sich deshalb nicht auf die Straße traut, um ein Beispiel zu nennen. Sie ist nicht schuld. Als Therapeut geht es mir dann darum, daß sie sich die Welt so konstruiert, daß sie keine Alternative mehr sieht. Das ist es doch: Sie konstruiert sich die

Welt so, daß sie nicht anders handeln kann. Was sie nicht sieht, ist, daß sie sich so die Welt konstruiert. Es geht mir darum zu zeigen, daß wir prinzipiell autonom, verantwortlich sind, indem wir uns die Welt konstruieren. Daß sie sich die Welt so konstruiert, daß sie keine Alternativen mehr erkennt, daß sie keinen Ausweg mehr sieht oder nur noch einen, hat seine Geschichte, klar. Was sie nicht weiß, nicht glauben kann, ist, daß sie die Welt anders konstruieren kann.

Ich behaupte, daß es immer mindestens eine Alternative gibt. Meistens gibt es viele Alternativen, Spielräume. In Extremsituationen ist es nur noch die Alternative zwischen Leben und Tod oder wie Sartre sagt: Ja oder nein zum Tod zu sagen. Aber diese Extremsituationen interessieren mich eigentlich nicht. Wogegen ich mich wende, ist die Weltauffassung: ich muß y tun, weil x so ist. Das ist für mich falsche Kausalität. Wir konstruieren die Welt so, als wären wir determiniert und übernähmen nicht die Verantwortung für unsere Konstruktionen.

B Falsche Kausalität? Was ist das denn?

A Mein Eindruck ist, daß wir als Modell der Kausalität die Humeschen Billardkugeln im Kopf haben. Die weiße Kugel stößt die rote Kugel an. A bewirkt B. Monokausal, deterministisch. Schon Hume hat gezeigt, daß wir Kausalität konstruieren. Und Michotte hat in Wahrnehmungsexperimenten die Bedingungen herausgearbeitet, unter welchen wir »Kausalität« sehen. Das Schöne an Michottes Experiment ist, daß er zeigen kann, daß wir als Sehende etwas dazu tun. Die Apparatur, mit welcher Michotte seine Experimente machte, schafft eine Illusion. Das ist wie bei Max Wertheimers Experiment: Zwei Lichter, nacheinander in einem bestimmten Zeitabstand gezeigt, erscheinen uns als Bewegung. Wir konstruieren die Bewegung. Wie Heinz von Foerster darstellt, betrachten wir die Welt, als sei sie eine triviale Maschine. Wobei Maschine hier nichts anderes bedeutet als eine Denkoperation. Bei der trivialen Maschine bestimmt der Input den Output. Wenn ich x hineintue, kommt y heraus. Die vom Menschen gemachten Maschinen sollen ja auch solche trivialen Maschinen sein. Aber es ist falsch, Lebewesen, die Welt als triviale Maschinen zu betrachten. Es sind viel eher nichttriviale Maschinen. Nichttriviale Maschinen sind Maschinen mit einem inneren Zustand Z. Wenn ich x reintue, kommt – je nach Z – A, B, C oder ... oder ... heraus. Mehr darüber später. Bateson zeigt den Unterschied am folgenden Beispiel: Wenn ich einen Stein werfe, kann ich seinen Flug in etwa vorhersagen. Wenn ich einen Hund trete, dann folgt er vielleicht am Anfang noch der vorbestimmten Flugbahn, aber dann... vielleicht wird er nicht nur bellen und davonlaufen, sondern mich beißen. Er hat Alternativen. Außerdem meine ich, daß wir häufig zyklische Prozesse zu Kausalketten zerlegen. Wenn eine Veränderung von A eine Veränderung von B zur Folge hat und diese eine Veränderung von C und dies von A, dann ist es ziemlich blödsinnig, von Ursache und Wirkung zu sprechen, also das Billardkugelmodell zu nehmen. Mit falscher Kausalität meinte ich das Billardkugelmodell, die triviale Maschine.

B Du bist mir zu schnell, zu abstrakt, zu wissenschaftlich. Zwei Beispiele: Ich schreibe einen Satz. Ich säge einen Ast ab. Zum Schreiben brauche ich ein Schreibutensil, eine Schreibfläche, die Fähigkeit zu schreiben, Wörter, Syntax usw. Das sind alles notwendige Voraussetzungen, Bedingungen. Für das Astabsägen brauche ich einen Ast, eine Säge, Sägebewegungen usw. Ohne das geht es nicht. Also bin ich abhängig. Das sind alles Inputs, die ich brauche, und dann bekomme ich einen bestimmten Output heraus: Den Satz, den abgesägten Ast. Hier geht es nicht um Kausalität, sondern um Bedingungen, notwendige und hinreichende. Das sind die Zwänge. Das ist das, was mich nicht autonom macht.

A Ich bezweifle ja nicht, daß es Bedingungen gibt. Ich sag nur, daß es immer Alternativen gibt, daß wir immer Spielräume haben. Wie du den Satz schreibst, wie du den Ast absägst, du mußt doch gar nicht sägen, du kannst ihn auch abschießen, absprengen, was weiß ich. Und: Du willst den Satz schreiben, du willst den Ast absägen. Du hast auch die Alternative, es nicht zu tun. Du bist autonom und verantwortlich. Unsere Gewohnheiten hindern uns daran, kreativ zu sein. Zumindest ist der Glaube, daß wir immer Alternativen haben, gut – denn dadurch schaffen wir uns Alternativen. Der Glaube, daß wir autonom sind, ist gut, ich meine ethisch gut.

B Na, ich weiß nicht. Du predigst so etwas wie: Jeder ist seines Schicksals Schmied. Jeder hat den Marschallstab im Tornister. Der Tüchtige schafft es. Vom Tellerwäscher zum Millionär. So ist doch die Welt nicht. Du leugnest die gesellschaftlichen Bedingungen.

A Ich leugne sie nicht, und ich bin überzeugt, daß die Menschen sehr ungleiche Bedingungen haben, sehr ungleiche Chancen. Das ist doch offensichtlich, der Kranke, der Arme oder derjenige, der sein Bein verloren hat, hat ganz andere Bedingungen als der Gesunde, der Reiche, derjenige, der beide Beine hat. Ich leugne auch nicht, daß mit zunehmendem Alter die Autonomie geringer wird, aber das heißt nicht, daß wir nicht autonom sind. Noch einmal: Es gibt immer Spielräume. Proskription nicht Praeskription.

B Es gibt doch Macht, Herrscher. Die Herrschaft des Menschen über den Menschen!

A Klar, aber wie Max Weber dargestellt hat, braucht die Herrschaft den Legitimitätsglauben, jenes »Minimum an Gehorchenwollen«. Oder Brecht: »Der Herr ist nur so ein Herr, wie ihn der Knecht es sein läßt.« Und das hat Brecht angesichts des Faschismus geschrieben! Das entschuldigt überhaupt nicht die Herrschenden und die Mächtigen. Sie handeln falsch, weil sie die Menschen als nicht autonom behandeln, als Macht – als Gesellschaftsunterworfene. Aber der Herrschaftsunterworfene, der Machtunterworfene, handelt falsch, wenn er aufgibt, sich als autonom zu betrachten. »Der Herr ist nur so ein Herr, wie ihn der Knecht es sein läßt.« Das ist meiner Meinung nach das Thema in »Puntila und sein Knecht Matti«, was oft übersehen wird, weil es so ein theaterhaftes Stück ist. Das gilt nicht nur für die Macht gegenüber Institutionen, sondern auch gegenüber der Macht in Zweierbeziehungen. »Auch im Leben bauen wir uns gegenseitig auf«, sagt Brecht. Offensichtlich ist A's Handeln häufig der Anlaß für das Handeln des B und das Handeln des B der Anlaß für A usw. Aber es sind Anlässe. Perturbationen, wie Maturana und Varela sagen, Störungen. Aber was A mit der Handlung von B und B mit der Handlung von A macht, was er damit anfängt, ist seine Sache. Er ist keine triviale Maschine. Es ist nicht leicht, das weiß ich sehr gut aus meinem Leben, wenn du Angst hast – vor der Macht des anderen, der Institution – autonom zu bleiben. Überhaupt Angst. Angst scheint mir immer der mächtigste Widersacher der Autonomie zu sein. Wenn das stimmt, was Hans-Peter Duerr in »Sedna« über die Wildbeuter schreibt, dann hatten die keine oder weniger Angst in der Welt, während es über uns in der sogenannten zivilisierten Welt zurecht heißt: »In der Welt habt ihr Angst.«

Das ist bemerkenswert, wir stehen einer Natur gegenüber, die vollkommen von uns gestaltet wurde, einer zivilisierten Natur, die Wildbeuter dagegen einer wilden Natur. Sie hatten anscheinend weniger Angst als wir. Und sie fühlten sich auf eine besondere Art verantwortlich. Sie – so schreibt Duerr – hatten das Gefühl, sie waren überzeugt, sie müssen durch ihre Rituale – so nennen wir das jetzt – dazu beitragen, daß die Natur im Frühling wieder geboren wird, so wie die Hopis ihre Regentänze haben. Der Regentanz ist nicht die Ursache des Regens, aber die Hopis halten sich für mitverantwortlich für den Regen. Das ist eine ganz andere Geisteshaltung. Geringere Angst und größere Verantwortlichkeit und Autonomie gehen für mich zusammen.

B Also ich muß jeden Morgen um sieben Uhr aufstehen, um um acht Uhr bei der Arbeit zu sein. So einfach ist das. Und es fällt mir verdammt schwer.

A Ja, und das ist für mich ein Beispiel für Entfremdung. Entfremdung ist nach Schaff »die Herrschaft der Produkte des Menschen über den Menschen«.

B Das ist doch nicht mein Produkt!

A Doch. Du hast dich entschieden zu arbeiten, diese Arbeit anzunehmen. Sag nicht, du hättest keine Alternative. Du hast zum Beispiel bei uns die Alternative, von Sozialhilfe zu leben ohne Auto, ohne Skiurlaub, ohne italienisch zu kochen usw. Du hast dich entschieden, die Konsequenz ist, daß du um sieben aufstehen mußt. Das ist die Konsequenz deiner Entscheidung. Dein Produkt. Allerdings nicht nur dein Produkt. Der Arbeitgeber hat die Situation mitproduziert und deine Kollegen, die auch um acht Uhr bei der Arbeit sind, sind mitverantwortlich, und dieses Produkt des Menschen herrscht über die Menschen – Entfremdung. Aber nur solange, solange ihr dieses Produkt Arbeitsbeginn acht Uhr nicht verändert habt. Das ist sicher sehr schwer, aber prinzipiell möglich. Der Glaube, daß das unveränderbar ist, macht es unveränderbar. Das ist tiefste Entfremdung. Und der Glaube, daß das veränderbar ist, macht es veränderbar, natürlich nicht der Glaube allein. Aber denk' doch mal an die gleitenden Arbeitszeiten.

B Du sagst selbst, daß jede Handlung Konsequenzen hat. Wenn ich mich für Sozialhilfe entscheide, kann ich mir kein Auto mehr leisten. Also jede Handlung schränkt mich ein, macht mich weniger autonom.

A Das stimmt schon, daß jede Handlung Konsequenzen hat. Effekte, wenn du so willst, etwas produziert. Aber sie ist nicht notwendig autonomiereduzierend. Sie kann auch autonomieerweiternd sein. Wenn du einen Fallschirm anziehst, kannst du aus mehreren hundert Metern über der Erde aus dem Flugzeug steigen und heil unten ankommen, was dir ohne Fallschirm das Leben kosten würde. Ich halte das für eine erwägenswerte Maxime: Handle stets so, daß du deine Autonomie und Verantwortung und die Autonomie und Verantwortung von anderen möglichst nicht verringerst, sondern erweiterst.

B Maximen! Laß mich damit in Frieden. Aber deine Verantwortlichkeit, deine Maxime, auch sie unterstellen doch, daß dein Handeln einen Effekt hat oder Effekte. Wenn ich dir jetzt eine runterhaue, kannst du den Schmerz doch nicht vermeiden. Wenn du sagst, was du sagst, willst du mich doch beeinflussen, mich überzeugen, mich zu etwas veranlassen, Ursache sein.

A Anlaß, nicht Ursache. Ich betrachte dich als autonom. Ich sage, was ich sage, du hörst, was du hörst, und du kannst damit anfangen, was du willst. Meine Worte sind eine Perturbation, eine Störung – mehr nicht. Das ist, glaube ich, sehr wichtig, einander, dich als autonom zu betrachten, mir meine und dir deine Autonomie zu lassen und Verantwortung. Das ist eine Haltung, die gar nicht immer so leicht ist, vor allem, wenn man überzeugt ist. Deshalb sollte man an seinen Überzeugungen zweifeln. Auch das, wovon ich überzeugt bin, habe ich gemacht, autonom und verantwortlich. Das ist meine Konstruktion. Wenn du mir eine runterhaust – ich dir – dann ist das m. E. etwas anderes. Gewalt. Ich versuche, deine Autonomie einzuschränken, indem ich dich überrasche. Fair wäre es, wenn wir autonom miteinander kämpfen würden, beide die Chance hätten, einander eine runterzuhauen. Fairness ist nichts anderes, glaube ich, als die Autonomie des anderen anzuerkennen. Wenn wir überhaupt kämpfen müssen.

B Ich verstehe allmählich eine Besonderheit in deinem Denken, so wie eben: Erst sprichst du über die Bedingungen im Kampf, und dann stellst du den Kampf in Frage, von einer Metaebene aus. Interessant. Dein autonomer Mensch muß viel denken. Er kann ja dann noch die Metaebene auf der Meta-Metaebene in Frage stellen usw. Ein Wunder, daß er überhaupt handelt.

A Vielleicht wäre es das beste, nicht zu handeln im Sinne des taoistischen Nichthandelns, wu-wei. Was ja nicht Nichthandeln ist, sondern wie ich es verstehe: Handeln ohne »um zu«, ohne etwas bewirken zu wollen, ohne Ziel. Früher habe ich das intrinsisch motiviert genannt: Das tun, was man tut, um dessentwillen, was man tut. Kennst du das Feuermachen der Lai-tu aus Brechts Me-ti? »Me-ti sagte zu Lai-tu: Ich habe dir zugesehen beim Feuermachen. Kennte ich dich nicht, wäre ich gewiß beleidigt. Du sahst aus wie jemand, der gezwungen wird, Feuer zu machen, und da nur ich selber da war, mußte ich annehmen, ich sei dieser Ausbeuter. Sie sagte: Ich wollte die Stube so schnell wie möglich warm haben. Me-ti sagte lächelnd: Was du wolltest, weiß ich. Aber weißt du es? Du wolltest es mir, deinem Gast behaglich machen; es sollte rasch geschehen, damit das Gespräch anfangen konnte; ich sollte dich lieben; das Holz sollte anbrennen; das Teewasser sollte kochen. Aber von alldem kam nur eben das Feuer zustande. Der Augenblick ging verloren. Es ging rasch, aber die Gespräche mußten warten; das Teewasser kochte, aber der Tee war nicht fertig; eines geschah fürs andere, aber nichts für sich selber. Und was hätte alles im Feuermachen zum Ausdruck kommen können! Es ist eine Sitte darinnen, die Gastlichkeit ist etwas Schönes. Die Bewegungen, mit denen das schöne Holz zum Brennen gebracht wird, können schön sein und Liebe erzeugen; der Augenblick kann ausgenutzt werden und kommt nicht wieder. Ein Maler, der hätte malen wollen, wie du deinem Lehrer Feuer machtest, hätte kaum etwas zu malen gehabt. Es lag kein Spaß in diesem Feuermachen, es war nur Sklaverei.« Für mich ist das, was Me-ti meint, wu-wei, und Lai-tu arbeitet entfremdet. Aber bemerkenswert ist, daß in dieser Situation nur sie und niemand anderes entscheiden kann, ob sie intrinsisch oder extrinsisch motiviert handelt, entfremdet oder nicht entfremdet. Wir alle haben diese Gewohnheit, glaube ich, eher extrinsisch motiviert zu handeln, als intrinsisch motiviert. Wenn wir das Gemüse putzen, um die Suppe zu kochen, ist das Gemüseputzen Sklaverei, und wir nehmen das Gemüse dabei nicht wichtig. Das Gemüse wird zu etwas Widerständigem. Ich will es mal so sagen: Wir lieben dann das Gemüse nicht.

B Das Gemüse lieben?

A Ja, Ehrfurcht vor der Möhre, der Kartoffel, vor der Petersilie haben. Das gehört für mich zu wu-wei. Ihre Eigenart würdigen

beim Putzen, ihre Individualität, wie sie gewachsen sind, autonom gewachsen.

B Die Möhre, die Kartoffel?

A Ja, warum nicht? Ich denke, da fängt Liebe an. Ich weiß nicht
genau, was Liebe ist. Aber Liebe hat meines Erachtens damit
etwas zu tun. Autonom, verantwortlich handeln, genügt,
glaube ich, nicht. Liebe muß dazukommen. Wenn ich in Kontakt bin mit der einmaligen Individualität Möhre, kann ich sie
richtig putzen. Menschen gegenüber ist es genauso.

B Hohe Ansprüche!

A Ja, ich weiß, ich denke, ich bin sehr weit davon entfernt von
einer solchen Haltung. Aber man kann ja lernen.

B Meinst du lernen im Sinne von Gewohnheiten bilden?

A Nein, das ist, glaube ich, nicht richtig. Das Fatale an Gewohnheiten ist ja gewöhnlich, daß wir nicht über sie verfügen. Nicht
autonom und verantwortlich ihnen gegenüber sind. Fatal ist
auch, daß Gewohnheiten häufig so schwer zu erkennen sind für
uns, die eigenen Gewohnheiten zumindest. Häufig erscheinen
sie uns als Selbstverständlichkeiten. »Bei allem Selbstverständlichen wird auf das Verstehen einfach verzichtet«, sagt Brecht.
Er wollte auf der Bühne mit seinem Verfremdungseffekt (V-
Effekt) erreichen, daß den »darzustellenden Vorgängen zwischen Menschen der Stempel des Auffallenden, des der Erklärung Bedürftigen, nicht Selbstverständlichen, nicht einfach Natürlichen verliehen werden kann«. Dieses Verfremden ist,
glaube ich, die einzige Möglichkeit, die Gewohnheiten als Gewohnheiten erkennen zu lassen. Gewohnheiten sind ja das, was
Bateson Lernen II nennt. Wenn das Lernen von sinnlosen Silben
Lernen I ist, dann ist das Lernen, Silben zu lernen, Lernen II —
Gewohnheiten. Das, was Bourdieu Habitus nennt: Denk-, Ur-
teils-, Wahrnehmungs-, Handlungsschemata. Das ist die Handlungsgrammatik, die verborgen ist und unsere Autonomie zumindest verringert.

B Aber wir brauchen doch Gewohnheiten! Habitus. Wir könnten
nicht leben ohne sie. Ich denke an das Autofahren. Wenn wir im
Verkehr nachdenken müßten, wie wir handeln! Da sind doch
Routinisierungen Voraussetzungen, um zu überleben. Und
nicht nur beim Autofahren. Solche Gewohnheiten sind ja das,
was bei uns Menschen Regelmäßigkeiten erzeugt. Und solche
Regelmäßigkeiten brauchen wir, um miteinander leben zu kön-

nen, um uns auf etwas verlassen zu können.

A Ja, diese Gewohnheiten sind das, was wir unseren Charakter nennen, was uns prognostizierbar macht. Und dieser Charakter ist im wahren Wortsinn »einverleibt«. Der Habitus ist »einverleibt«, sagt Bourdieu. Heinz von Foerster würde sagen: »Wir werden sozialisiert, indem wir trivialisiert werden, uns zu trivialen Maschinen machen lassen und uns selbst machen.« Das nimmt uns unsere Autonomie. Gewohnheiten sind sehr schwer zu ändern, deshalb. Lernen III nennt Bateson zu lernen, wie man Gewohnheiten bildet, oder zu lernen wie man lernt zu lernen.

B Und was meint er damit, ohne Gewohnheiten zu leben? Das geht nicht.

A Wer weiß? Unverwundbar ist bei Castaneda der Jäger, der keine Gewohnheiten hat, und er kann das Wild jagen, weil es Gewohnheiten hat. Vielleicht genügt es auch, über seine Gewohnheiten zu verfügen. Sich immer mal wieder für Gewohnheiten zu entscheiden.

B Warum denkst du so, wie du denkst? Warum diskutierst du mit mir? Warum ist das für dich so wichtig? Warum hast du genau diese Weltauffassung? Warum konstruierst du die Welt so?

A Ich glaube, dafür habe ich eine einfache Antwort. Ich weiß, daß ich seit meiner Kindheit – es war Krieg – immer vor einer Situation Angst hatte: Hilflos zu sein, ausgeliefert zu sein, hilflos ausgeliefert. Wenn ich autonom bin ... So konstruiere ich mir jedenfalls eine Erklärung.

Kapitel I
Die prinzipielle Autonomie
von Lebewesen

Einem Stein, dem Mond oder anderer toter Materie ein Motiv, ein
Bedürfnis, einen Trieb zu unterstellen, ist nicht üblich, ja, es hat
sogar etwas Verbotenes und wird eventuell als Animismus verdammt. Es ist auch nicht üblich, Pflanzen eine Motivation zu
unterstellen, obwohl Wendungen wie: Die Pflanze wendet sich
dem Licht zu, sie nährt sich, sie ist durstig, das Konstrukt Motivation nahelegen. Anders bei Tieren und Menschen. Hier ist »selbstverständlich« von Motivationen, Trieb oder wie die Ausdrücke
alle heißen, die Rede. Ich verwende hier den Begriff Motivation für
die verschiedenen Motivationsvorstellungen.

Das Konstrukt Motivation scheint auf Gegenstände angewendet
zu werden, die folgenden Bedingungen genügen:

Erstens, daß der Gegenstand sich in Raum und Zeit bewegt – das
tut der Mond allerdings auch –, und zweitens, daß es sich um
Lebewesen handelt. Mit dem Motivationskonstrukt wird behauptet, daß Tiere zumindest eine gewisse Selbständigkeit haben. Zum
Beispiel kann man sie beeinflussen, indem man sie motiviert. Das
heißt ja nichts anderes, als etwas, die Motivation nämlich, in ihnen
anzusprechen. Dabei wird eine gewisse Selbständigkeit vorausge-
setzt, sie können sich motivieren lassen oder nicht, die Handlung
des Motivierenden ist nur so etwas wie ein Auslöser. Für das
Wachstum von Pflanzen – das gilt auch für Tiere und Menschen –
wird ebenfalls eine gewisse Selbständigkeit unterstellt, obwohl es
nicht üblich ist, von einer Wachstumsmotivation zu sprechen. Mit
dem Motivationsgedanken und Wachstumskonstrukt ist jedoch
etwas verbunden, was Bateson – durchaus nicht traditionslos –
»kollaterale Energie« nennt bei seiner Definition von »Geist«, der
dem Begriff »Leben« nicht unähnlich ist.

»Der Reiz kann (als ein Unterschied) keine Energie übertragen,
aber der reagierende Teil verfügt über Energie, die gewöhnlich
vom Stoffwechsel kommt.« (1982, S. 260). Das Motivationskonstrukt und das Wachstumskonstrukt sind zweifellos mit diesem
Energieaspekt verbunden und bestätigen die Annahme einer Selbständigkeit.

Die Vorstellung von Motivation als einer inneren Kraft mit einer bestimmten Richtung kann man jedoch als überflüssig betrachten und als das Denken fehlleitend (vgl. z. B. Kelly 1955, Portele 1983). Für Wachstum braucht man diese Vorstellung auch nicht. Das Motivationskonstrukt, stärker noch die Konstrukte Trieb oder Bedürfnisse beinhalten eine recht mechanistische Vorstellung von Kausalität, welche die wahrgenommene Selbständigkeit wegnimmt und leugnet. Das Sprichwort: Man kann das Pferd zur Tränke führen, aber trinken muß es selbst (vgl. Bateson 1982), macht die hier gemeinte prinzipielle Autonomie von Lebewesen – nicht nur von Tieren – deutlich. Eine andere eindrucksvolle Art, wie wir mit der Autonomie von Lebewesen konfrontiert werden, ist ihr autonomer Tod und unsere Hilflosigkeit dabei – trotz aller Fortschritte in der Medizin. Es scheint mir jedoch wichtig, sich hier klarzumachen, daß unser auf Heteronomie getrimmter oder dressierter Geist den Tod weitgehend ausklammert, und dies historisch gesehen z. Zt. stärker als früher (vgl. Ariès, 1980).

Wie stark unser Denken und unsere Sprache von dem mit der Vorstellung Kausalität verbundenen Prinzip der Heteronomie geprägt sind, zeigen die Worte »Reiz« und »reagierender Teil« in dem obigen Batesonzitat, dem man sicherlich nicht unterstellen kann, die Autonomie von Lebewesen nicht anzuerkennen. Aber das Reiz-Reaktionsmodell, das besonders bei Behavioristen so stark ausgeprägt war, unterliegt auch noch Batesons Formulierung, die sich der Absicht nach von diesem Modell entfernt. Um die Begriffe Heteronomie und Autonomie weiter aufzufächern, will ich im folgenden auf die Zwangsordnung und die natürliche Ordnung von Wolfgang Metzger und auf die Unterscheidung von Heinz von Foerster zwischen trivialen und nontrivialen Maschinen eingehen und dann Maturanas und Varelas Definition von Lebewesen darstellen.

Gestaltpsychologie

Die Gestaltpsychologen, insbesondere die Berliner Schule um Köhler, Koffka, Lewin, Wertheimer, haben sich immer wieder mit dem mechanistischen »stückhaften« Denken, dessen Vorbild die Maschine ist, beschäftigt. Ausgangspunkt war für sie die Gestalt, das Ganze, das sie von »inneren Strukturgesetzen bestimmt« sahen (Wertheimer, 1925). Das Grundproblem der Gestalttheorie beschreibt Wertheimer so:

»Es gibt Zusammenhänge, bei denen nicht, was im Ganzen geschieht, sich daraus herleitet, wie die einzelnen Stücke sind und sich zusammensetzen, sondern umgekehrt, wo ... sich das, was an einem Teil dieses Ganzen geschieht, bestimmt von inneren Strukturgesetzen dieses seines Ganzen.« (Wertheimer, 1925, S. 7)

Wolfgang Metzger (1975) hebt seinen »Grundsatz der natürlichen Ordnung« gegen den »Grundsatz der Unordnung des Natürlichen« (2. Hauptsatz der Thermodynamik) ab, gegen die Überzeugung, daß frei überlassenes Geschehen nicht in Ordnung übergeht, sondern in Chaos, daß deshalb alles, was zur Ordnung wird, nur von außen aufgezwungen sein kann. Er wendet sich *gegen* die Auffassung »keine Ordnung ohne Leitung. Entweder Zwang oder Chaos« (Metzger, 1976, S. 662) oder allgemeiner noch: »Alle Ordnung in der Natur ist fremdbedingt.«

Ich zitiere Metzger hier so ausführlich, weil er, glaube ich, ganz klar macht, welche Konsequenzen die Auffassung von der »Unordnung des Natürlichen« für die Gesellschaft, für den menschlichen Umgang mit der Natur hat. Wenn wir die Auffassung haben, freies natürliches Geschehen gehe in Chaos über, dann erscheinen uns Natur und Gesellschaft als bedrohlich, deshalb üben wir Zwang oder Macht aus.

Diese Auffassung von der Unordnung des Natürlichen, der von außen durch Zwang Ordnung auferlegt werden muß, liegt m. E. dem ingenieurmäßigen Denken zugrunde, auch der Kybernetik, wenn sie als Regelungstechnik aufgefaßt wird, aber auch dem naturwissenschaftlichen grundlagenorientierten Denken, da es »göttliche« Gesetze im Sinne Descartes' annimmt, die von außen aufgezwungen sind. Das widerspricht, wie Needham gezeigt hat, dem chinesischen Denken, das diese Art von Gesetzmäßigkeit wohl nicht kannte (Needham, 1977). Ich vermute, unser Denken und Handeln ist in einem starken Maße von dieser Überzeugung der natürlichen Unordnung und der Notwendigkeit des Zwanges und der Macht durchtränkt, von der Notwendigkeit der Heteronomie, und ich meine, es ist wichtig, sich/uns darüber aufzuklären, wie und wo wir dieses heteronome Denken verwenden.

Der Grundsatz der natürlichen Ordnung lautet bei Metzger (1976, S. 662):

»Es gibt – neben anderen – auch Arten des Verhaltens und des

Geschehens, die, frei sich selbst überlassen, einer ihnen selbst gemäßen und aus ihnen selbst entspringenden Ordnung fähig sind. Es gibt Gebilde – wie die Seifenblase, die hier als Merkbeispiel eingeführt sei –, die ihre Form und deren Erhaltung nicht (wie etwa eine Stein- oder eine Blechkugel) ihrer Starrheit verdanken, sondern einem Wechselspiel innerer Kräfte. Und so verliert auch sich selbst überlassenes Geschehen nicht unter allen Umständen seine Ordnung. Es gibt vielmehr Arten des Geschehens, die – und zwar nicht nur in Zufallshäufigkeit und -dauer – ihre Ordnung aus sich selbst heraus verwirklichen. Das heißt: Geordnete Zustände und Verläufe können erstens unter Umständen von selbst – ohne das äußere Eingreifen eines ordnenden Geistes – *entstehen*. Sie können sich zweitens unter denselben Umständen auch ohne den Zwang starrer Vorrichtungen auf die Dauer *erhalten*. Sie können – ja müssen, sofern sie nicht auf Zwangsvorrichtungen beruhen – sich drittens unter veränderten Umständen sinngemäß *ändern*, und zwar ohne besondere Umschaltung oder umsteuernde geistige Eingriffe. Viertens können – wegen des Mangels an starren und daher auch schützenden Vorrichtungen – solche Ordnungen zwar leicht gestört werden, aber sie können – und das begründet ihre ungeheure Überlegenheit über jede Zwangsordnung –, wenn die Störung beseitigt ist, grundsätzlich, innerhalb gewisser Grenzen, ohne weiteres sich selbst *wieder herstellen*, was in der Biologie als Fähigkeit zur Homöostase und zur Regulation, im Alltag als »Heilung« bezeichnet wird. Wie Wolfgang Köhler gezeigt hat, sind es dieselben Kräfte und Bedingungen, denen sie ihre Entstehung, ihre Entfaltung, ihre Anpassung an veränderte Umstände und ihre Wiederherstellung verdanken (Köhler, 1920, 1924). Mit einem Wort: Es gibt neben den Tatbeständen der von außen geführten Ordnung, die niemand leugnet – *auch* natürliche innere sachliche Ordnungen, also Ordnungen, die nicht erzwungen sind, sondern sich »in Freiheit« ausbilden. Für diese Ordnungen lassen sich ebensogut Gesetze aussprechen und sichern wie für irgendeine Zwangsordnung. Das heißt: Gesetz und Zwang sind nicht dasselbe –. Gesetz und Freiheit schließen sich nicht aus. Es kann an Gebilden und Zuständen und Vorgängen grundsätzlich ebensowohl erzwungene Ordnungen wie auch nach Gesetzen sich ordnendes freies Geschehen geben.«

Obwohl Metzger diesen Satz von der natürlichen Ordnung sehr allgemein formuliert und das »Merkbeispiel« der Seifenblase bringt, ist doch deutlich, zum Beispiel am Begriff »Heilung«, daß er Lebewesen als das Gegenbeispiel immer für den Grundsatz der natürlichen Ordnung im Auge hat. Außerdem enthält der Satz – das sei hier in aller Kürze erwähnt – deutliche Hinweise auf Ganzheit, Kybernetik oder zirkuläre Prozesse, die später noch ausführlicher dargestellt werden sollen.

Für Prigogine (1979) und seine Mitarbeiter gilt dieser Satz aber nicht nur für Lebewesen. Ihr Verdienst ist es, die Selbstorganisation auch für nicht belebte Materie in der nichtlinearen Ungleichgewichtsthermodynamik theoretisch gezeigt zu haben. Es geht ja um den zweiten Hauptsatz der Thermodynamik, »der den Pfeil der Zeit in die Physik einführt«. Von Boltzmann wurde die irreversible Entropiezunahme einer wachsenden molekularen Unordnung gesehen als zunehmende Desorganisation. Aber Prigogine und seine Mitarbeiter wiesen nach, daß fern vom Gleichgewicht neue Strukturtypen »spontan« entstehen, »Unordnung und Chaos sich unter gleichgewichtsfernen Bedingungen in Ordnung verwandeln« (Prigogine und Stengers, 1980, S. 21): »Ordnung durch Fluktuation.« Das ist nichts anderes, nur präzisiert für Gleichgewichtsferne, was Metzger im Satz von der natürlichen Ordnung ausdrückte. Trotzdem bleibt die Nähe zu Lebewesen auch für Prigogine oder Jantsch wichtig. Metzger selbst verweist auf die Feldphysik von Maxwell und die Physik der Flüssigkeit von Mach. Hakens Synergetik (1981), die Lehre vom Zusammenwirken, beschäftigt sich ebenfalls mit der spontanen Organisation von Systemen fern vom thermischen Gleichgewicht »zu einem wohlgeordneten Verhalten auf einem makroskopischen Maßstab«. (Haken und Wundelin, 1986, S. 35)

Daß die Gestalttheoretiker bei ihren Bemühungen, »Gestalt« zu definieren und damit zu arbeiten, »Gestalt« zu erforschen, zu so eindeutigen Selbstorganisationskonzeptionen kamen, wurde m. E. erst nach den Formulierungen der verschiedenen Selbstorganisationstheorien erkannt (Portele, 1985, Roth, 1985). Bei Max Wertheimer und Wolfgang Metzger wird deutlich, daß sie die weitreichende Bedeutung dieses »Paradigmas« klar gesehen haben.

Man kommt nicht darum herum, darauf hinzuweisen, daß im taoistischen Denken diese Selbstorganisation, die natürliche Ordnung das zentrale Prinzip ist. Mit und nicht gegen den Strom schwimmen, also eine »nicht interventionistische Haltung« einzunehmen, ist das, was nach Needham (1984) den Taoismus auszeichnet. Der berühmte Ausdruck »wu-wei«, der mit »Nichthandeln« übersetzt wird, besser »ungezwungener Handlung«, ist eine »Bezeichnung des Respekts vor der ›Selbststeuerungs‹-Kapazität« (Needham, 1977, S. 78). Aber, so zitiert Needham einen Taoisten: »Nichthandeln bedeutet nicht, nichts zu tun, sondern dem Ding gewähren, was es natürlich tut.« Und den berühmten Satz aus dem Taoteking übersetzt Needham so: »Handle nicht (gegen die Natur) und es gibt nichts, was nicht wohl geordnet wäre« (Needham, 1984, S. 128).

»Wei« ist »das Erzwingen von Gehorsam unter Auferlegung von Sanktionen« (Needham, 1977, S. 285). Tao ist nach Kaltenmark »die universelle Spontaneität«. In der Natur geschehe alles ohne besonderen Eingriff von einer Gottheit oder Vorsehung. Der Heilige »läßt jedem Wesen die Möglichkeit, sich im Einklang mit seiner Natur zu entfalten« (Kaltenmark, 1981, S. 95).

Interessanterweise – so argumentiert wieder Needham – wird die Natur nicht als gesetzmäßig im abendländischen Sinne aufgefaßt, sondern einerseits als Muster, ein dynamisches Muster mit dem Organismus als Urbild und andererseits als ein Netz von Beziehungen (Needham 1977, S. 283). Dem widerspricht die vorherrschende Auffassung in der christlich-jüdischen Tradition von den Gesetzen, »die Gott in die Natur gelegt hat«, wie Descartes es ausdrückte, wobei für Gott der menschliche Herrscher des Absolutismus zum Vorbild genommen wurde, eben ein (»Wei«-)Herrscher (Needham, 1977, S. 272). Die Vorstellung des »Netzes«, des dynamischen Musters, spielt auch bei den Gestalt-theoretikern (Köhler, 1920) eine Rolle. Metzger drückt es so aus:

»Ordnung in Freiheit kann sich nicht in einem Mosaik voneinander isolierter Einzelzustände oder Einzelvorgänge ausdrükken, sondern nur in einem ›Feld‹, in welchem alles, was gleichzeitig da ist und geschieht, sich wechselseitig bedingt und beeinflußt« (Metzger, 1976, S. 665).

Aber Metzger kann sich dem Gesetzesdenken nicht ganz entziehen, wenn er sagt, daß sich für die innere Ordnung ebenso gut »Gesetze« aussprechen und sichern lassen wie für irgendeine

Zwangsordnung. Metzger plädiert bei der Behandlung des Problems der Wirkung für die Überlegenheit der »Anziehung« als Fernwirkung, als »Zug« gegenüber dem »Stoß«, dem makroskopischen Einzelstoß, weil die »treibende und die steuernde Kraft« dabei dieselbe seien. Ohne darauf genauer einzugehen, ist dies ein Hinweis darauf, wie er den Begriff des »Gesetzes« versteht, nämlich im wesentlichen als Prognostizierbarkeit. Metzger wendet sich explizit gegen die Auffassung, daß man über seelisches Geschehen keine Voraussagen machen kann (1975, S. 243–247). Voraussagen sind für ihn eine Implikation von Gesetzmäßigkeiten.

Dem widerspricht u. a. Heinz von Foerster mit seiner Unterscheidung zwischen trivialen und nicht-trivialen Maschinen. Den Ausdruck »Maschine« gebraucht von Foerster dabei nicht im Sinne von Max Wertheimer als eine konkrete Maschine, sondern als einen Operationsmodus wie die Turing-Maschine, bei der ein »Operator operiert« als »formaler Repräsentant des einen Wechsel herbeiführenden Agens« (von Foerster, 1985 a, S. 42). Heinz von Foerster hat diese Maschinen verschiedentlich dargestellt, am formalsten in einem Aufsatz von 1970 (von Foerster, 1985 b). Ich halte mich an einen Vortrag aus dem Jahre 1984 (1984 b).

Triviale und nicht-triviale Maschinen

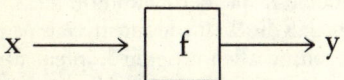

Abb. 1: Triviale Maschine

Figur 1 ist die Darstellung einer trivialen Maschine (TM) mit x als »input«, y als »output« und einer Funktion »f«, also: $y = f(x)$, oder wenn wir den Operator-Begriff aufnehmen: $y = Op(x)$.

Wenn wir als x die Zahlen 1, 2, 3, 4 usw. nehmen, als f oder Op die Quadratfunktion, dann ist y der »output«: 1, 4, 9, 16 usw. Wir haben dann eine »Quadrierungsmaschine«. Foerster selbst nennt weitere Beispiele für triviale Maschinen: einfache Computer, das Fallgesetz oder den deduktiven Syllogismus. Und er nennt eine Reihe von Ausdrücken, denen dieses Schema der trivialen Maschine zugrunde liegt.

x	f	y
input	Operation	output
unabhängige Variable	Funktion	abhängige Variable
Ursache	Naturgesetz	Effekt
Stimulus	zentrales Nervensystem	Reaktion
Motivation	Charakter	Taten
Ziel	System	Aktion
Prämisse	Gesetz	Folgerung

Triviale Maschinen sind:
1. vorhersagbar
2. geschichtsunabhängig, vergangenheitsunabhängig
3. synthetisch determiniert
4. analytisch determinierbar

Geschichtsunabhängig sind sie, weil der output zu einem anderen Zeitpunkt der gleiche sein wird wie jetzt. Die Beziehung zwischen x und y bleibt gleich. Wenn eine triviale Maschine synthetisiert wird, wenn man die Relation zwischen x und y festlegt, dann ist diese Maschine eindeutig bestimmt, also ein synthetisch determiniertes System. Der spezifische Vorteil dieser Maschinen ist auch, daß sie analytisch determinierbar sind, d. h. wenn man die »Gesetze«, die Operatoren dieser Maschine, nicht kennt, kann man einfach für jedes Eingangssymbol das jeweilige Ausgangssymbol notieren, und dann erhält man eine Kopie der Definition dieser Maschine.

Die Vorstellung, daß die Welt wie eine triviale Maschine operiert, herrscht, glaube ich, in allen unseren Köpfen, wenn nicht in der Wissenschaft, dann doch in unserem Alltagswissen. Aber es gibt nicht-triviale Maschinen.

Heinz von Foerster verwendet dafür eine einfache und eine komplexere Abbildung.

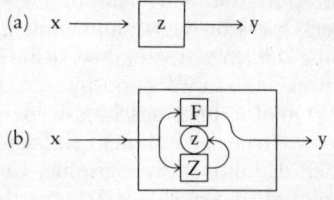

Abb. 2 (1984 b, S. 11): Nicht-triviale Maschine

Der Hauptunterschied zwischen einer trivialen und einer nicht-trivialen Maschine (NTM) ist, daß ihre Operationen von ihren jeweiligen zeitlich veränderbaren »inneren Zuständen« z abhängen, die ihrerseits wieder abhängen von den vorangegangenen Operationen. Der interne Zustand der nichttrivialen Maschine ändert sich jedesmal, wenn die »Maschine« einen output berechnet. Alan Turing hat sich als erster ausführlicher damit beschäftigt. Heinz von Foerster schreibt: »›Gehorsam‹ ist das Markenzeichen der trivialen Maschine –, es hat den Anschein, als sei Ungehorsam das Markenzeichen der nicht-trivialen Maschine. Aber... die nicht-triviale Maschine ist auch gehorsam, jedoch einer anderen Stimme. Vielleicht kann man sagen, sie gehorcht ihrer inneren Stimme« (1984b, S. 10).

Offensichtlich meint von Foerster also etwas sehr Ähnliches wie Wolfgang Metzger oder Max Wertheimer. Bei der nicht-trivialen Maschine kann man am besten zwei Arten von Operationen unterscheiden, nämlich die Wirkungsfunktion *(drive-function)* $Y = F$ *(x, z)* und die Zustandsfunktion *(state-function)* $z' = Z$ *(x, z)*.

In der Abbildung 2b wird die nicht-triviale Maschine als Maschine in der Maschine dargestellt. Von außen sieht diese Maschine wie eine triviale Maschine aus, aber die internen Zustände z »co-determinieren« die input-output-Relation. Hinzu kommt, daß die Relation zwischen dem gegenwärtigen Zustand *(z)* und dem darauffolgenden Zustand *(z')* durch die inputs *(x)* »codeterminiert« wird. Der Zustand z zusammen mit diesem input x machen den input aus, einerseits für F (einer trivialen Maschine), die den output y der nicht-trivialen Maschinen berechnet, und andererseits machen x und z den input aus für Z (einer anderen trivialen Maschine), die den nächstfolgenden Zustand z' berechnet.

Wichtig ist hierbei, daß die Zustandsfunktion Z eine Quantität, nämlich z', durch sich selbst in einem früheren Zustand, nämlich *(z)*, ausdrückt. Es handelt sich also um eine rekursive Operation (darauf wird zurückzukommen sein) oder einfach um eine Rekursion.

Mit der Operator-Variablen geschrieben, heißt die Wirkungsfunktion
$Op\ z(x) \rightarrow y$
und die Zustandsfunktion
$OP\ x(z) \rightarrow z'$

Wenn
$z' = z = z_0 =$ Konstante ist, dann reduziert sich die nicht-triviale Maschine zu einer trivialen Maschine.
$(y = f y (x, Konstante)) = (y = f (x))$

Wie arbeitet nun eine solche nicht-triviale Maschine? Heinz von Foerster verwendet immer wieder ein einfaches Beispiel: Eine nicht-triviale Maschine habe nur zwei innere Zustände, nämlich I und II. Wenn die Maschine sich im Zustand I befindet, sei folgende Zuordnung von x, y gegeben und der jeweilige nächstfolgende Zustand z'

x	y	z'	
A	1	I	
B	2	II	Zustand I
C	3	I	
D	4	II	

Im Zustand II soll folgende Zuordnung von x zu y und dem nächstfolgenden Zustand gegeben sein:

x	y	z'	
A	4	I	
B	3	I	Zustand II
C	2	II	
D	1	II	

Nehmen wir weiter an, x sei die Ursache und y die Wirkung. Nehmen wir an, x sei A, dann ist $y = 1$ und $z' = I$. Wir bleiben also im Zustand I, und wenn wir A wiederholen, bekommen wir wieder $y = 1$ im Zustand $z' = I$. Nehmen wir an, x sei B, dann ist $y = 2$ im Zustand $z' = II$. Wenn wir jetzt B wiederholen, bekommen wir $y = 3$ im Zustand $z' = I$. Wiederholen wir jetzt B, bekommen wir wieder $y = 2$ im Zustand $z' = II$. Wenn wir jetzt auf A zurückgingen, weil es da doch früher geklappt hat, kämen wir nun auf $y = 4$ im Zustand $z' = I$.

Das genügt wahrscheinlich, um klarzumachen, daß eine solche Maschine für den Beobachter höchst verwirrend ist. Das Problem, »was für eine Maschine ist es?« für nicht-triviale Maschinen, das »Identifikationsproblem«, ist »in den meisten Fällen praktisch und in vielen Fällen faktisch unlösbar« (von Foerster, 1985a, S. 46). Für die praktische Unlösbarkeit berechnete von Foerster beispielsweise für die hier vorgeführte Maschine mit jeweils vier Eingangs- und Ausgangssymbolen – und nur das würde ja ein Beobachter, der die interne Operation der Maschine nicht kennt, nur feststellen können – 10^{2466} mögliche Maschinen. Das ist eine praktisch unberechenbare Zahl. Foerster vergleicht die Zahl mit dem Alter der Welt in Mikrosekunden, die wesentlich kleiner ist: 3×10^{23}. Für die faktische Unlösbarkeit verweist Heinz v. Foerster auf Arthur Gill (1962), der gezeigt hat, daß es eine große Klasse von Maschinen gibt, deren funktionale Operationen, also die Wirkungs- und Zustandsfunktionen, so sind, daß es im Prinzip unmöglich ist, mit einer Anzahl von Versuchen von den Ergebnissen auf die Funktion zu schließen.

Alle nicht-trivialen Maschinen sind:
1. synthetisch determiniert
2. historisch abhängig, »vergangenheitsabhängig«
3. analytisch undeterminierbar
4. analytisch unvoraussagbar, unprognostizierbar.

Synthetisch determiniert sind diese Maschinen, wie an dem Beispiel gezeigt wurde, da man solche Operatoren einführen kann und solche Maschinen auch herstellen kann. Wenn Foerster von der »inneren Stimme« spricht, der diese Maschinen gehorchen, dann erinnert das, wie bereits erwähnt, an das Gesetz der natürlichen Ordnung bei Metzger oder den Ausdruck »von inneren Gesetzen her bestimmt« bei Wertheimer und an den Strukturdeterminismus bei Maturana und Varela, von dem noch die Rede sein wird. Metzger hat jedoch angenommen, solche »Maschinen«, solche »Ordnungen«, ließen Prognosen zu, auch wenn man die Funktion nicht kennt, man könne als Beobachter die Funktion herausbekommen. Solche Maschinen, das hat Foerster gezeigt, sind determiniert, sie gehorchen einer inneren Stimme, aber vom Beobachter aus sind sie unbestimmbar und unvoraussagbar. Die Tatsache der Rolle des Beobachters, in der wir naturgemäß stehen, ist dabei sehr wichtig. Darauf wird bei Maturana und Varela noch zurückzukommen sein.

Daß die nicht-triviale Maschine historisch abhängig ist oder vergangenheitsabhängig, verweist noch einmal auf die irreversiblen Prozesse in der Natur, auf den »Pfeil« der Zeit von Prigogine und dessen Bedeutung auch für die Erkennbarkeit der Welt. Von Foerster erinnert dabei daran, daß das Gillsche Umbestimmbarkeitsprinzip nicht allein steht als Grenzziehung der Erkenntnis, daneben gibt es die Heisenbergsche Unschärferelation und das Gödelsche Unvollständigkeitstheorem.

Sicherlich ist es verständlich, wenn wir uns vergangenheitsunabhängige, vorhersagbare, determinierbare Maschinen wünschen (insbesondere nach einer Katastrophe wie Tschernobyl).

> »Aber kann man je eine finden? Alle erhältlichen Maschinen sind nicht trivial, auch wenn man noch so hohe Preise für ihre Trivialität bezahlte. Selbst ein Rolls-Royce wird seine Kugellager abnutzen oder gar mitten auf der Straße stehenbleiben, wenn der Treibstoff verbraucht ist: Vergangenheitsabhängigkeit einer nicht-trivialen Maschine. Ein Skandal. Wenn immer sich beunruhigende Zeichen von Nichttrivialität andeuten, eilen wir zu den Fachleuten, deren Beruf es ist, zu trivialisieren. Ja, manchmal versuchen wir sogar, unsere Mitmenschen zu trivialisieren, denn man könnte sich dann manche Überraschung sparen.« (Heinz von Foerster, 1985 a, S. 47–48)

Die Trivialisierung der Mitmenschen oder die gegenseitige Trivialisierung der Menschen untereinander schreibt Heinz von Foerster der Erziehung zu. Diese Trivialisierung durch Sozialisation, die Ausbildung des Habitus, wird im Kapitel III behandelt. Obwohl nontriviale Maschinen vergangenheits-abhängig sind, operieren sie immer im Hier und Jetzt, aufgrund ihres jeweiligen internen Zustandes z hier und jetzt. Segal (1986) weist darauf hin, daß im Zen-Buddhismus und in anderen östlichen Religionen das eine, interne, stabile »Selbst« in Frage gestellt wird. Diese Religionen argumentieren, daß wir viele verschiedene »Selbst« haben, viele verschiedene interne Zustände z. Wir sind rekursive Lebewesen, wir verändern unsere internen Zustände in Reaktion auf unser Handeln.

Ich meine, aus dem bisher Vorgetragenen ist deutlich geworden, daß die Theorie der nicht-trivialen Maschinen nicht nur schwerwiegende erkenntnistheoretische Konsequenzen hat, sondern auch bedeutungsvolle ethische. Heinz von Foersters ethischer Imperativ ist De-Trivialisierung oder: »Handle stets so, daß die Anzahl der Wahlmöglichkeiten größer wird« (Heinz von Foerster, 1985 a, S. 41).

Nicht alle nicht-trivialen Maschinen sind also Lebewesen, obwohl wir, glaube ich, spontan den Eindruck haben, Lebewesen ähnelten eher nicht-trivialen Maschinen als trivialen Maschinen.

Was ist ein Lebewesen?

Bateson (1981) hat die Unterscheidung von C. G. Jung zwischen Creatura und Pleroma aufgegriffen. Er zeigte seinen Studenten einen Krebs, eine spiralförmige Muschelschale, bat sie als Marsbewohner herauszufinden, woran sie erkennen könnten, daß es sich um Überreste von Lebewesen handelt. Sie kamen auf Symmetrien und Homologien und – wie Bateson schreibt – auf »das Muster, das verbindet«. Quantität und Logik erwiesen sich als unzureichende Mittel, um Organismen in ihrer Interaktion und in ihrer inneren Organisation zu beschreiben. Was sie herausfinden sollten, war, wie man das Muster Leben herausfindet. Das Muster der Muster, die verbinden, und diese Muster, das wird an der Spiralsymmetrie deutlich, enthalten Geschichte. An anderer Stelle erwähnt Bateson, daß Lebewesen sich von Nicht-Lebewesen dadurch unterscheiden, daß ich beim Lebewesen nur etwas »auslösen« kann, beim Nicht-Lebewesen aber determinieren. Wobei er aber »auslösen« als Schaltmechanismus beschreibt. Ich erwähne Bateson hier, weil im folgenden, ohne daß ich auf seine Arbeit Bezug nehme, hoffentlich deutlich wird, wie weit Bateson vorgedacht hat, was in der Autopoiesetheorie m. E. strenger gefaßt ist.

Autopoiese

Maturana und Varela haben Lebewesen als autopoietische Systeme definiert, das heißt, sie nehmen als zentrales Kriterium die interne Organisation von Lebewesen und ihre Autonomie, nicht die Reproduktionsfähigkeit. Autopoiese heißt Selbst-Produktion.

Es scheint mir notwendig, die schwierige Theorie genau darzustellen, mit all ihren neuen Begriffen, sie auch abzuheben von
anderen Selbstorganisationstheorien, weil dies erst klarmacht,
wie konsequent und stringent sie ist. Schwierig ist diese Theorie
deshalb, weil sie ein Umdenken erfordert und weil in unserer
Sprache dieses Denken nur schwer darstellbar ist. Maturana definiert:

> »Es gibt Systeme, die als Einheiten definiert sind, durch ein
> Netzwerk der Produktion von Bestandteilen, die (1) rekursiv
> durch ihre Interaktionen das Netzwerk, das sie produziert, ge-
> nerieren und verwirklichen und (2) in dem Raum, in dem sie
> existieren, die Grenzen dieses Netzwerkes konstituieren als
> Komponenten, die an der Verwirklichung dieses Netzwerkes
> teilhaben« (Maturana, 1981, S. 21).

Hier aufgelistet und zusammengefaßt einige wichtige Implikationen, die ich weiter unten erläutern will:

1. Autopoietische Systeme sind sich selbst erzeugende, dynamische Systeme, die ihre eigenen *Grenzen bestimmen und aufbauen.*
2. Lebewesen werden durch ihre Organisation definiert, durch
   ihre autopoietische Organisation. Diese Organisationsform
   ist *invariant*, insofern, als alles, was ihnen geschieht, geschehen muß, indem sie ihre autopoietische Organisation auf-
   rechterhalten, es sei denn, sie desintegrieren, und das heißt
   Tod.
3. Autopoietische Systeme sind *Individuen*, das heißt, sie haben
   eine spezifische Identität dadurch, daß sie ihre autopoietische
   Organisation durch all ihre Produktionsprozesse hindurch
   invariant erhalten.
4. Autopoietische Systeme sind *abgeschlossene Systeme* (closed
   systems), die nur eine Art von Zuständen generieren, nämlich
   autopoietische Zustände.
5. Autopoietische Systeme sind *autonom*, »... sie unterwerfen
   all ihre Veränderungen der Erhaltung ihrer eigenen Organisation« (Maturana und Varela, 1982, S. 186).
6. Autopoietische Systeme im physikalischen Raum (autopoietische Systeme, deren Bestandteile als physikalisch definiert

werden, als Moleküle) müssen die Gesetze der Thermodynamik erfüllen, d. h. sie sind *materiell und energetisch offen*. Auch wenn sie notwendigerweise geschlossen sind in ihrer Zustandsdynamik.

7. Autopoietische Systeme sind *rekursiv* und/oder zirkulär aufgebaut. Sie arbeiten in Zyklen.

8. Autopoietische Systeme sind *selbstreferentiell*.

9. Autopoietische Systeme sind durch externe Einflüsse »modulierbar« oder beeinflußbar, aber sie sind *nicht steuerbar*, denn alle Veränderungen sind immer der Autopoiese untergeordnet.

10. Werden autopoietische Systeme als aus Bestandteilen zusammengesetzte Einheiten betrachtet, dann definieren die Relationen zwischen den Bestandteilen die zusammengesetzte Einheit als Organisation, die einer bestimmten Klasse angehört. Die Organisation bestimmt also die Zugehörigkeit zu einer Klasse, und wenn die Organisation des Systems sich ändert, dann ändert sich seine Identität, und es wird etwas anderes. Aber die aktuellen Bestandteile eines Systems zusammen mit seinen aktuellen Relationen, die konkret das System als zusammengesetzte Einheit einer bestimmten Klasse definieren, zu der es durch seine Organisation gehört, stellen seine Struktur dar. Eine gegebene Organisation kann also durch verschiedene Strukturen verwirklicht werden. Autopoietische Einheiten sind *strukturdeterminiert*.
Die Struktur einer zusammengesetzten Einheit determiniert beides:
»A. Die Domäne der strukturellen Veränderungen ohne Identitätsverlust (Domäne der Zustände) und mit Identitätsverlust (Domäne der Desintegration) und
B. ihre Domäne der Interaktionen, die Zustandsveränderungen auslösen (trigger) (Domäne der Perturbationen) und die ihre Desintegration auslösen (Domäne der destruktiven Interaktionen).
Die Struktur einer zusammengesetzten Einheit spezifiziert, welche strukturellen Konfigurationen des Mediums, in dem es operiert, die Einheit stören (perturb) und welche ihre Desintegration auslösen (trigger).« (Maturana, 1981, S. 26)

11. Die Struktur einer zusammengesetzten Einheit spezifiziert zwar, welche Konfigurationen der Struktur des Mediums die

Einheit stören können, die aktuellen Störungen jedoch, die jeweils stattfinden, werden von der Struktur des Mediums bestimmt. Die individuelle Geschichte einer zusammengesetzten Einheit ist das Ergebnis der strukturellen Veränderungen, die durch die innere Dynamik des Systems und durch die Störungen durch das Medium ausgelöst werden. Das gilt auch für das Medium oder Teile des Mediums. Dann handelt es sich um *strukturelle Koppelungen* und *strukturelle Plastizität*. Sie ist wechselseitig.

Ich will an dieser Stelle die Konsequenzen dieser Beschreibung von Lebewesen als autopoietische Systeme noch nicht ausführen, weder die Biologie betreffende Konsequenzen (Adaptation, Lernen, Evolution und Kognition) auch nicht die epistemologischen Konsequenzen (Beobachter, Sprache, Wissenschaft) noch die ethischen Konsequenzen. Ich will zunächst versuchen, die abstrakte Darstellung etwas zu erläutern.

Die verschiedenen Implikationen sind in hohem Maße voneinander abhängig. Wenn ein solches System zirkulär oder rekursiv ist, also dem Bild der Schlange, die in ihren eigenen Schwanz beißt, entspricht (Varela 1979, S. XII) – der eigene output ist der eigene input – dann ist offensichtlich, daß dieses System in sich abgeschlossen ist und aus sich heraus Grenzen aufbaut oder einen Rand und damit die ihm eigene Identität. Und diese operationale Abgeschlossenheit generiert seine Autonomie. Oder in der »closure thesis« von Varela »*Jedes autonome System ist organisatorisch abgeschlossen.*« (Varela, 1979, S. 58)

Anders ausgedrückt: Die Prozesse in einem solchen System sind als ein in sich geschlossenes Netzwerk verbunden, so daß sie rekursiv voneinander abhängen. Die Zirkularität konstituiert eine »self-computing organization«, die zusammenhält durch ihre eigenen Operationen.

Das Gegenteil von Autonomie, das heißt Selbstgesetz, ist Heteronomie, also Fremdgesetz, also Kontrolle, also Macht. Maturana und Varela wenden sich mit großer Heftigkeit immer wieder gegen eine Systemtheorie, für die Begriffe und Prozesse, wie Kontrolle, Regelung, Information, Instruktion, konstitutiv sind. Autopoietische Organisationen, Lebewesen, sind als dynamische, rekursive, abgeschlossene Identitäten mit selbstgenerierten Grenzen autonom, ihre Autopoiese bestimmt, wie sie mit externen Einflüssen umgehen.

Es ist sicher sinnvoll, sich klarzumachen, daß es autonome, abgeschlossene Systeme gibt, die nicht autopoietisch, nicht Lebewesen sind, daß es rekursive, selbstreferentielle Systeme gibt, die nicht autopoietisch sind, daß strukturdeterminierte Systeme nicht mit autopoietischen Systemen gleichzusetzen sind. Autopoietische Systeme, Lebewesen, sind all das durch ihre Organisation, als abgeschlossene Netzwerke der Produktion ihrer Bestandteile, die rekursiv durch ihre Interaktion dieses Netzwerk produzieren und ihre Grenzen konstituieren.

Die Schwerpunkte der Beschreibung der Autopoiese bei Maturana und Varela haben sich im Laufe der Zeit geändert, ihre Begriffe haben sich teilweise etwas verschoben. Deshalb scheint es mir verdienstvoll, daß Gerhard Roth (1968) formale Definitionen vorschlägt. Immer wieder tauchen zwei Fragen auf, nämlich, ob die Selbstorganisation der dissipativen Strukturen von Prigogine autopoietisch seien, was Erich Jantsch (1979, 1981) im Gegensatz zu Maturana und Varela behauptet, und ob spezielle Gebilde wie Gesellschaften autopoietische Systeme seien, wie Luhmann (1984) behauptet. Auch dagegen haben sich Maturana und Varela gewehrt (Maturana, 1982, Varela, 1979). Am aufwendigsten weist Hejl (1984, 1985) die Luhmannsche These zurück.

Roth (1986) definiert die Begriffe Selbstorganisation, Selbstherstellung, Selbsterhaltung, Selbstreferentialität.

Selbstorganisation meint Prozesse, wo ein Ordnungszustand »spontan« entsteht, also nicht oder nicht wesentlich von außen aufgezwungen wird. Gemeint sind z. B. die Grenzzyklusprozesse, bei welchen der geordnete Zustand, die geordnete Zustandsfolge, als Attraktor im mathematischen Sinn dargestellt werden kann. Roth nennt als Beispiel: Phospholipidmoleküle, die wasserunverträglich sind, können sich in wäßrigem Milieu »spontan« zu Lipidmembranen und diese wieder zu sphärischen Gebilden zusammenfügen, die einer Zellmembran sehr ähneln.

Selbstherstellung. Ein System ist selbstherstellend, wenn die Komponenten zum Zeitpunkt t entstanden sind, die vorher nicht da waren, wenn es nur diese Komponenten nach dem Zeitpunkt t gibt und wenn die Existenz des Systems die Voraussetzung für die Existenz seiner Teile ist. Roth meint, daß man selbstherstellende Systeme als zyklische Verknüpfung selbstorganisierender Prozesse auffassen kann, wobei jeder Selbstorganisationsprozeß die Anfangsbedingung für den nachfolgenden Selbstorganisationsprozeß herstellt. Die chemischen Reaktionen, die zyklische Muster bilden, chemische Uhren (Zhabotinsky-Reaktionen, Brüsselator) sind selbstherstellende Systeme.

Selbsterhaltung. Selbsterhaltende Systeme erfüllen folgende Bedingungen:

1. Sie bilden eine Einheit, ein räumlich zusammenhängendes Gebilde.
2. Sie erzeugen einen Rand oder Grenzen, die nicht unabhängig vom System existieren (»autonomer Rand«)
3. Sie nehmen Energie und/oder Materie aus einer Umwelt auf (»materielle und energetische Offenheit«)
4. Die konstitutiven Komponenten existieren nur eine endliche Zeit (»Dynamizität«)
5. Alle konstitutiven Komponenten partizipieren zu jeder Zeit an den Anfangsbedingungen der Komponenten, die zu einer späteren Zeit existieren, so daß das System sich dauernd erhält (»Selbstreferentialität«).

Selbstherstellende Systeme brauchen im Gegensatz zu selbsterhaltenden Systemen einen von außen vorgegebenen Rand, ein Gefäß. Über den »autonomen Rand« reguliert das selbsterhaltende System die Interaktion mit der Umwelt, es konstituiert außerdem seine Identität über diesen Rand, selbst bei Metamorphose (Raupe zu Schmetterling) – und selbsterhaltende Systeme können »im Prinzip unendlich lange existieren«, denn das System überdauert die Lebensdauer seiner Komponenten, wenn die zerfallenden Komponenten zirkulär ersetzt werden. Lebewesen sind selbstherstellende Systeme, das ist mit Autopoiese – Selbstproduktion – ja auch gemeint. Aber aus der Darstellung von Roth wird deutlich, daß Selbstherstellung und Selbsterhaltung etwas Verschiedenes sind und jedes jeweils für sich allein auftreten kann oder auftritt.

Selbstreferentialität. Selbstreferentiell sind Systeme, deren Zustände zyklisch miteinander interagieren, so daß jeder Zustand des Systems an der Hervorbringung des jeweils nächsten Zustands konstitutiv beteiligt ist. Selbstreferentielle Systeme sind intern *zustandsdeterminierte* oder »strukturdeterminierte« Systeme und *operational abgeschlossen.* Sie sind also durch äußere Ereignisse modulierbar, aber nicht steuerbar. »Sie definieren, welche Um-

weltereignisse in welcher Weise auf die Erzeugung ihrer Zustandsfolge wirken können« (Roth 1986, S. 157). Die Wirkung der
Einflüsse oder Störungen (Perturbationen) von außen wird vollständig vom inneren System bestimmt – »von innen her bestimmt«. Lebewesen sind selbstreferentielle Systeme, aber nicht
alle selbstreferentiellen Systeme sind Lebewesen. Das Nervensystem ist ein selbstreferentielles System, das nicht selbsterhaltend
ist. Es ist operational abgeschlossen, da neuronale Aktivität zirkulär neuronale Aktivität produziert, aber das Nervensystem und
damit der neuronale Kreislauf sind materiell und energetisch vom
Körper abhängig.

Dissipative Strukturen nach Prigogine sind nicht autopoietische
Systeme nach der Definition von Roth. Genausowenig kann man
Gesellschaften als autopoietisch bezeichnen, sie sind weder selbst-
referentiell noch selbsterhaltend (Hejl, 1984).

Das Prinzip Selbstreferentialität

Mir scheint die Selbstreferentialität das zentrale Konzept zu sein.
Ich meine damit Systeme, die Ashby »Systeme ohne Input« nannte
(Abb. 3a). Sie haben auch keinen Output. Bei Lebewesen wird die
nicht-triviale Maschine von Heinz von Foerster »abgeschlossen«
(Abb. 3b). »Was ist ein inputloses System? Wenn man ein System
hat und etwas als output identifiziert und diesen output zum input
macht, dann hat man ein inputloses System. Dies ist der Beginn der
Theorie rekursiver Funktionen«, sagt Heinz von Foerster (zitiert
nach Segal, 1986, S. 129).

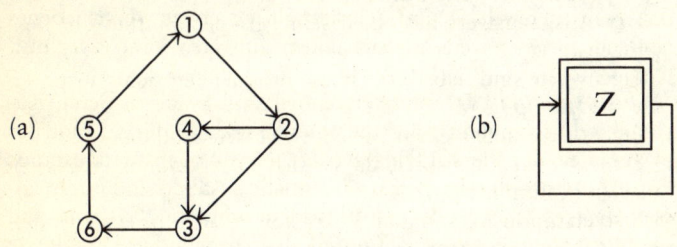

Abb. 3: Systeme ohne Input

Mathematisch läßt sich das als Rekursion ausdrücken, also zum Beispiel als

$$x_n = Op\ (Op\ (Op\ (\dots (x_0)))$$
$$x_\infty = Op\ (Op\ (Op\ \dots\dots$$
$$x_\infty = Op\ (x_\infty)$$

Wenn man z. B. die Quadrat-Wurzeloperation unendlich wiederholt, führt sie immer zu 1, egal welchen Wert x annimmt.

 $= 1$

Wenn $x_0 = 93$, sind die rekursiven Quadratwurzelergebnisse:
$\sqrt{93} = 9.64$; $\sqrt{9.64} = 3.11$; $\sqrt{3.11} = 1.76$; $\sqrt{1.76} = 1.33$;
$\sqrt{1.33} = 1.15$; $\sqrt{1.15} = 1.07$; $\sqrt{1.07} = 1.04$; $\sqrt{1.04} = 1.02$;
$\sqrt{1.02} = 1.01$; $\sqrt{1.01} = 1.00$; $\sqrt{1.00} = 1 \dots$ Ein anderes Beispiel:
$\sqrt{75} = 8.66$; es folgen die Zahlen 2.94; 1.72; 1.14; 1.07; 1.03;
1.02; 1.01; 1.00 $\dots$

Diese Werte werden Eigenwerte genannt. Eine kontinuierliche Sequenz rekursiver Operationen (Operationen auf Operationen) produziert etwas, nämlich Eigenwerte. Man kann als Ausgangsvariable x_O einen Zahlenwert nehmen, dann bekommt man Eigen-*Werte*; wenn x_O eine Funktion ist: Eigen-*Funktionen*; wenn x_O Verhalten ist: Eigen-*Verhalten* (Eigen-behaviour), wie Varela das nennt (1979).

Die Eigenwerte haben eine Reihe von interessanten Eigenschaften, vier seien hier genannt:
1. Der Ausgangswert hat einen sehr geringen Einfluß auf den Eigenwert.
2. Eigenwerte sind selbstreflexiv, sie produzieren sich selbst
   $x = Op\ (Op\ (x\ ))$.
3. Eigenwerte stellen einen Gleichgewichtszustand dar.
4. Eigenwerte sind diskret, da sie sich in zirkulären Prozessen selbst bestimmen.

Selbstverständlich kann man Rekursionen auch für etwas anderes als Zahlen verwenden und alle möglichen Operationen ausführen. Die Bedeutung wird im Varela-Satz klarer:

»Jedes operational abgeschlossene System hat ›Eigenverhalten‹.«
(Varela, 1979, S. 171)

Es ist reizvoll, darauf einzugehen, daß diese Selbstreferentialität logische Konsequenzen hat. Russell hat in seiner Typenlehre Selbstreferentialität verboten, um solche Paradoxa durch Selbstbezüglichkeit wie das des Kreters Epimenides, der sagt: »Alle Kreter lügen«, zu verhindern. Die Beschäftigung mit solchen Selbstinklusionen hat zu interessanten Einsichten geführt. Diese Begriffe zweiter Ordnung haben eine andere Logik, man spricht von Autologik (von Foerster, 1984). Das Paradox des Epimenides ist nur wahr, wenn er lügt, aber es muß falsch sein, wenn er lügt. Die nichtstationäre Logik wahr/falsch – o – 1 – o – 1 – ... bezeichnet Spencer-Brown (1979) als Pulsieren der Zeit.

Von Foersters Beispiel ist der blinde Fleck in unserem Auge. Wir sehen nicht, daß wir nicht sehen, aber Nicht-Nichtsehen führt keineswegs zu Sehen. Die doppelte Verneinung hat nicht, wie in der herkömmlichen zweiwertigen Logik, eine Bejahung zur Folge.

Selbstreferentialität ist ein nicht vermeidbares Konzept. Denn offensichtlich kann nur ein Gehirn eine Theorie des Gehirns schreiben. Luhmann (1984, S. 9) schreibt: »Theorien mit Universalitätsanspruch sind leicht daran zu erkennen, daß sie selbst als ihr eigener Gegenstand vorkommen (denn wenn sie das ausschließen würden, würden sie auf Universalität verzichten) ...« Das gilt offensichtlich eben nicht nur für Theorien vom Gehirn, sondern auch von Soziologie (Luhmann 1984, vgl. auch Bourdieu 1980) oder für die Theorie von Sprache (die nur in Sprache existieren kann).

Der Beobachter, der Theoretisierende, muß in das System einbezogen werden, über das er theoretisiert. Dieses »turning upon oneself« ist eben die Operation, die Systeme auszeichnet, die einen zirkulären Aufbau haben – die Schlange, die sich in den eigenen Schwanz beißt –, Systeme ohne Input und deshalb autonome Systeme.

»Was ist Sprache?« Um diese Frage zu stellen, brauchen wir Sprache. Oder Wittgensteins Satz: »Was ist eine Frage?« löst in der Regel noch mehr Unbehagen im Magen aus. Das ist das, was Autologik genannt wird (Lund). Das Wörtchen »selbst« in verschiedenen zusammengesetzten Begriffen kann man ersetzen durch das nachfolgende Wort. So ist »Selbstbewußtsein« das Bewußtsein vom Bewußtsein, Selbstreferentialität Referentialität der

Referentialität oder Selbsterhaltung Erhaltung der Erhaltung, Selbstherstellung Herstellung der Herstellung.

Lebewesen besitzen also Autonomie neben anderen Eigenschaften. Das schließt jedoch nicht aus, daß man sie als nichtautonom *betrachtet*, im Sinne von Heinz von Foerster trivialisiert. Daß Lebewesen als nicht-autonom betrachtet werden, läßt sich beobachten im Alltag, in der Wissenschaft. Auch Menschen als Lebewesen betrachten ihresgleichen und sich selbst als nicht-autonom und sie verhalten sich so. Deshalb scheint es mir sinnvoll, von prinzipieller Autonomie zu sprechen, wie ich es in der Überschrift getan habe.

Rekursivität oder Selbstreferentialität hat zwei Implikationen, auf die ich im folgenden genauer eingehen werde, nämlich Autonomie und, gleichsam als Kehrseite, als Komplementarität Abgeschlossenheit. Diese Abgeschlossenheit impliziert unter anderem, daß wir die Welt – ich nehme absichtlich diesen allgemeinen Ausdruck – nicht abbilden können, daß die Vorstellung von der Repräsentation der Welt in unseren Gehirnen oder von der Widerspiegelung falsch ist. Wir konstruieren die Welt, und das ist das Thema des Kapitels II.

Sterbewesen

Lebewesen sind immer auch Sterbewesen. Nur Lebewesen haben die Möglichkeit, zu sterben. Verständlicherweise ist es schwierig, mit physikalischen Methoden den Tod mit hundertprozentiger Sicherheit festzustellen, aber wir wissen, wenn Pulsschlag und Atmung aufgehört haben, mit hoher Sicherheit, daß ein Lebewesen aufgehört hat zu leben und es gestorben ist. Tod ist ein Ereignis, das bei toter Materie nicht eintritt, auch wenn man von Zerstörung toter Materie sprechen kann.

Es mag banal erscheinen, was ich hier schreibe, aber ich halte es für notwendig, all dies ins Bewußtsein zu holen, da meines Erachtens der Tod in unserer Zeit und in unserer Gesellschaft mehr noch als Sexualität »verdrängt« wird. (Vgl. Ariès 1980, Gernot Böhme 1985, Gronemeyer 1985). Die »Aussperrung des Todes« (Gronemeyer) verändert das Leben des Menschen. Wahrscheinlich haben nur wir Menschen die Möglichkeit zu einem Todesbewußtsein, aber eine Definition des Lebewesens muß, wie ich meine, mitbeinhalten, daß Lebewesen Sterbewesen sind. Das geschieht in der Theorie der Autopoiese dadurch, daß die Nichtaufrechterhaltung der Autopoiese zur Desintegration oder zum Tod führt. Da wird Tod als Komplement zum Leben gesehen und nicht als Gegensatz. Das Denken in Gegensätzen scheint ja im westlichen Denken stärker verbreitet zu sein als im östlichen, und es fällt uns deshalb schwer zu begreifen, daß Leben und Tod sich zu einer Einheit, zu einem Ganzen verbinden wie in der Darstellung von Ying und Yang. Wir haben kein Wort für die Einheit von Leben und Tod, vielleicht wäre es sinnvoll, Lebendigsein und Tod als »Leben« zu beschreiben, um uns zu verdeutlichen, daß Tod »ein Teil« des Lebens ist, komplementär, so wie Teil und Ganzes komplementär sind und »sich gegenseitig spezifizieren« (»Mutually specify each other«, Varela 1979, S. 91), und das eine nicht denkbar ist ohne das andere. Aber es ist ein Mißverständnis, das mir genauso verhängnisvoll erscheint wie die »Aussperrung des Todes«, wenn der Tod verniedlicht wird zu einem Übergang, von einem »Weiterleben« nach dem Tod gesprochen wird. Was immer nach dem Lebendigsein kommen kann, es ist ganz sicher etwas anderes als Lebendigsein, eben Nicht-Lebendig-Sein, genauso wie ein Teil etwas ganz anderes ist als das Ganze und ein Teil eben Nicht-Ganzes ist. So intensiv auch Kübler-Ross (1971) sich mit dem Tod beschäftigt und ihn sicher nicht »aussperrt«, so ist mein Eindruck doch, daß ihre Schriften als Verniedlichung des Todes mißverstanden werden können, auch wenn sie es möglicherweise anders meint.

In der Theorie der Autopoiese ist das Lebewesen autonom, d. h. es hat unendlich viele Handlungsmöglichkeiten, und doch gibt es eine letzte entscheidende Grenze, etwas, was nicht erlaubt ist, obwohl unendlich vieles egal ist. Diese Grenze ist der Tod, danach ist das Lebewesen kein Lebewesen mehr (Proskription nach Varela, 1982).

Es hat seine Organisation aufgegeben, es gibt keine selbsterzeugte Grenze mehr, es hat keine Identität mehr, es ist nicht mehr organisatorisch abgeschlossen, nicht mehr autonom und nicht mehr verantwortlich, nicht mehr rekursiv und nicht mehr selbstreferentiell. Es hat nicht mehr die Strukturdeterminiertheit von Lebewesen und ist nicht mehr zur strukturellen Koppelung fähig. Es ist nicht mehr, wie andere selbsterhaltende Systeme, materiell und energetisch offen, es existiert nicht mehr als Lebewesen. Es scheint mir wichtig zu sein, diese Auflistung bewußtzumachen, d. h. sich bewußtzumachen, was Tod ist, denn der Tod wird durch Nicht-konkretheit wie andere Gegebenheiten auch »ausgesperrt«. In der Schamanenerziehung ist die Auseinandersetzung mit dem eigenen Tod der wichtigste Teil der Erziehung, und das geschieht durch die Konkretisierung des eigenen Todes zum Beispiel durch lange Isolation usw. Sicherlich reicht die Art von Konkretisierung, die ich oben angeführt habe, noch nicht aus, um sich mit dem Tod auseinanderzusetzen, wie die Schamanen es tun. »Der Schamane weiß, daß der Tod der große Verwandler ist ... Jeder Schamane weiß, daß der Tod alles mit Leben erfüllt.« (Hyemeyohsts Sturm, zitiert nach Halifax, 1983)

Kapitel II
Die prinzipielle Autonomie des Menschen

Die Relation zwischen Nervensystem und Realität

Wenn wir sprechen, bleiben wir im Bereich der Sprache. Das ist sicher eine triviale Aussage, deren Konsequenzen häufig unklar bleiben. Wenn wir über Gegenstände sprechen, wenn wir über die Relation von Sprache zu Gegenständen sprechen, wenn wir über Sprache sprechen, über die Relation von Lauten, Wörtern zueinander, bleiben wir im Bereich der Sprache. Die Sprache ist ein abgeschlossener Bereich, in dem, was auch immer wir unternehmen, Sprache herauskommt. Ich meine abgeschlossener Bereich ganz im mathematischen Sinne: Wenn ich ganze Zahlen addiere oder subtrahiere, bekomme ich ganze Zahlen heraus und bleibe immer im Bereich ganzer Zahlen.

»Der Name ist nicht die benannte Sache«, »die Karte ist nicht das Territorium«, sind die bekannten Sätze über die Abgeschlossenheit des sprachlichen Bereichs. Bateson (1981) sagte: Es wäre dumm, die Speisekarte essen zu wollen. Und doch handeln wir oft so, als sei die Bezeichnung das Bezeichnete, verehren die Nationalflagge, knien vor dem Altar nieder, kämpfen für die Wahrheit usw. Das sind sicher nur extreme Fälle, die lediglich deutlich machen sollen, wie wir immer wieder die Abgeschlossenheit der Sprache nicht beachten.

»Alles, was gesagt wird, wird von einem Beobachter zu einem anderen Beobachter gesagt, der er selbst sein kann« (Maturana 1982, S. 276). Dieser Satz von Maturana ist eine Trivialität, auch wenn er bei ihm an vielen Stellen zu finden ist. »Alles Gesagte ist von jemandem gesagt«, heißt es bei Maturana und Varela (1987, S. 32).

Wissenschaftliche Aussagen werden gesagt, bleiben also im Bereich der Sprache, sind Sprache, auch wenn es sich um mathematische Gleichungen handelt. Der Beobachter ist ein Wesen, das über Sprache verfügt und in der Sprache bleibt. Alles, was ich hier schreibe, ist Sprache und ist etwas, was ich als Beobachter zu anderen Beobachtern sage. Wenn ich über Lebewesen spreche, über Nervensysteme, dann spreche ich als Beobachter in der Sprache. Worauf es mir hier ankommt, ist folgendes: Es gibt Bereiche, Phänomenbereiche, die sich nicht überschneiden, die abgeschlossen sind. Die Sprache ist ein solcher abgeschlossener Bereich, die Aktivität des Nervensystems ist ein solcher abgeschlossener Bereich, die »Realität« ist ein solch abgeschlossener Bereich. Die Frage, die sich daraus ergibt, ist, welche Beziehungen bestehen zwischen den abgeschlossenen Bereichen, welcher Art sind sie, bestehen überhaupt Beziehungen?

Wir unterscheiden zwischen »Fiktion« und »Nichtfiktion« (nonfiction), »Phantasie« und »Realität«, zwischen »Lüge« und »Wahrheit« und meinen mit Fiktion, Phantasie und Lüge eine Relation zur Wirklichkeit, die dem jeweiligen Gegenteil Nicht-Fiktion, -Realität, -Wahrheit entgegengesetzt ist. Aber Fiktion und Nichtfiktion, Phantasie und Realität, Lüge und Wahrheit sind Sprache und bleiben im Bereich der Sprache. Das ist ihnen gemeinsam, und ihre Beziehung zum anderen geschlossenen Bereich »Realität« und zur Aktivität des Nervensystems muß genau untersucht werden, damit wir uns nicht durch herkömmliche Sichtweisen verwirren lassen.

Auf den Bereich der Sprache will ich später noch genauer eingehen und zunächst mich mit dem Bereich der Realität und dem Bereich des Nervensystems befassen und ihrer Relation zueinander.

Die Beschreibung des Gehirns hat eine Besonderheit, die Heinz von Foerster in einem Postulat ausgedrückt hat (von Foerster, 1985 b, S. 67): »Die Sätze der Physik, die sogenannten Naturgesetze, können von uns geschrieben werden. Die Sätze der Hirnfunktionen ... müssen so sein, daß das Schreiben dieser Sätze von ihnen abgeleitet werden kann, d. h., sie müssen sich selbst schreiben.« Das bedeutet, daß wir es hier mit Rekursionen zu tun haben. Deutlicher wird es vielleicht noch in der Verallgemeinerung dieses Postulats: »Ein beobachtender Organismus ist selbst Teil, Teilhaber und Teilnehmer seiner Beobachtungswelt« (von Foerster 1985 a, S. 28).

Die Probleme, die ich hier ansprechen werde, sind alte Probleme und wurden von Menschen schon lange, d. h. auch schon vor Christi Geburt, diskutiert. Meines Wissens gibt es drei Lösungen des Problems, welche Relation zwischen Nervensystem und Realität besteht.

Die gebräuchlichste Lösung, die am weitesten verbreitete Lösung

(Lösung 1) ist die Behauptung, das Gehirn oder das Nervensystem »repräsentiere« die Realität oder spiegele sie wider. Dies ist die Repräsentationstheorie oder die Widerspiegelungstheorie.

Die zweite Lösung, meines Wissens weniger alt, ist die Isomorphiethese, wie sie vor allem von Gestaltpsychologen wie Köhler und Wertheimer vertreten wurde, neuerdings in anderer Fassung vom Neurophysiologen Pribram oder vom Physiker Bohm. Pribram wurde den Berichten zufolge von der Isomorphiethese der Gestaltpsychologie angeregt (Ferguson 1986, S. 19). Die Isomorphiethese besagt, daß das da draußen mit den Vorgängen in unseren Gehirnen isomorph ist. Die Begegnung zwischen Pribram und Bohm brachte sie zu der These, daß das als holographisch aufgefaßte Gehirn eine holographische Welt erfassen kann (Bohm spricht von Holobewegung, 1980, S. 190). Die Isomorphie besteht im holographischen Aufbau. Pribram formuliert so: »... daß wir zu dem Schluß kommen müssen, unsere Naturwissenschaft sei entweder eine gigantische Illusion, eine Konstruktion in unseren Gehirnen, die von unseren Gehirnwindungen hervorgebracht wird, oder alles, was aus unseren Gehirnen hervorgeht, sei eins mit den grundlegenden Ordnungen des Universums, wie es alle großen Religionen verkünden« (1986, S. 36).

Die dritte Lösung ist die, von der Pribram ablehnend spricht, nämlich die These, daß das Gehirn Ordnungen konstruiert und daß die Realität etwas ganz anderes ist. Das ist die Konstruktionstheorie, die ebenfalls sehr alt ist, wie man bei von Glasersfeld (1981, 1985) lesen kann.

Die diesen Problemen zugrundeliegende Frage ist: Wie ist es möglich, daß Lebewesen, daß wir Menschen in einer Umwelt leben können? Die Repräsentationstheorie sagt, daß wir die Umwelt »wahrnehmen«, repräsentieren, die Isomorphiethese sagt, daß wir Teil der Welt sind, ihr isomorph, der Konstruktivismus sagt, es ist gar nicht notwendig zum Leben, die Umwelt wahrzunehmen, wie sie ist, sondern sie so zu erfahren, daß wir nicht scheitern. Ich will zunächst die wichtigsten Eigenschaften des Nervensystems beschreiben und Argumente für den Konstruktivismus vortragen.

Das Nervensystem

Das Nervensystem ist ein Netzwerk aus Nervenzellen. Man schätzt das Gehirn auf etwa 10 Milliarden Neurone, neuere Schätzungen sprechen sogar von 100 Milliarden bis 1 Billion Nervenzellen neben den Gliazellen, über die man relativ wenig weiß. Sie bestehen in der Regel aus Zelleib, den Dendriten und Axonen. Die Ausläufer der Axonen enden meist an den Dendriten eines anderen Neurons. Sie können jedoch auch auf dem Zelleib desselben Neurons, also rekursiv enden. Zwischen den Axonen und den Dendriten liegt der synaptische Spalt oder die Synapse. Neuronen »feuern«, d. h., sie geben eine elektrische Störung weiter. Daß sie »feuern«, ist abhängig von hemmenden und fördernden (»verstärkenden«) Verbindungen zu anderen Neuronen und der »Umwelt« der Synapsen, den Transmittersubstanzen im synaptischen Spalt. Man schätzt die Anzahl der Synapsen in unserem Nervensystem auf 10 000 Milliarden. Das Zentralnervensystem ist gegenüber Veränderungen der »inneren Umwelt« (der Gesamtsumme aller synaptischen Mikroumwelten) etwa hunderttausendmal stärker empfindlich als gegenüber der »äußeren Umwelt«, d. h. gegenüber allen sensorischen Rezeptoren, da es nur einige 100 Millionen sensorische Rezeptoren gibt (von Foerster, 1985 b, S. 35).

Das Nervensystem selbst kann nicht zwischen externen und internen »Auslösern« unterscheiden, das kann nur ein Beobachter von außen. Für das Nervensystem selbst gibt es kein Innen und Außen, kein input und kein output, nur der Beobachter kann von input und output *sprechen*. Das Nervensystem selbst kann deshalb auch nicht zwischen Halluzinationen und etwas anderem unterscheiden. Halluzinationen existieren nur für den Beobachter, der man selbst sein kann. Für das Nervensystem gibt es nur dieses »Feuern«. Daß wir »sehen«, »hören« können, wenn weder die Netzhaut noch Ohrrezeptoren gereizt sind, durch Stimulation entsprechender Gehirnneuronen oder daß wir Schmerzen im linken Bein haben können, auch wenn es gar nicht mehr vorhanden ist, sind relativ lang bekannte Beobachtungen (Roth, 1986).

»Jegliche Veränderung des Zustandes relativer Aktivität einer Menge von Neuronen (führt zu) einer Veränderung des Zustandes relativer Aktivität einer anderen oder derselben Menge von Neuronen« (Maturana, 1982, S. 142). Das heißt, Neuronenaktivität führt nur und immer zur Neuronenaktivität. Insofern ist das Nervensystem ein abgeschlossenes Netzwerk interagierender Neuronen. Weil es abgeschlossen ist, kann nur der Beobachter zwischen Innen und Außen unterscheiden, das Nervensystem kann dies nicht unterscheiden. Maturana spricht poetisch vom »endlosen Tanz interner Korrelationen in einem Netzwerk interagierender Elemente« (1982, 28). Die »Umwelt«, das Medium, in dem das Lebewesen mit seinem Nervensystem existiert, ist das Verbindungsglied zwischen sensorischen und effektorischen Oberflächen des Nervensystems. In dieser »Umwelt« befindet sich auch der Beobachter. Auf diese Verbindung zwischen Sensorium und Motorium komme ich noch zurück.

»Die Erregungszustände einer Nervenzelle codieren *nur* die Intensität, aber *nicht* die Natur der Erregungsursache, codiert wird nur ›So-und-so-viel an dieser Stelle meines Körpers‹, aber nicht ›Was‹« (von Foerster, 1985 a, S. 41). Wir haben es außerdem mit Frequenzmodulation zu tun, nicht mit Amplitudenmodulation. Die elektrische Aktivität einer Tastzelle, ihre Amplitude, ist unabhängig von der Reizstärke, die Häufigkeit der Entladung hängt jedoch von der Reizstärke ab. Stärkerer Druck führt zu einem häufigeren elektrischen Entladen mit gleicher Amplitude. Wenn man das hörbar machen würde, würde die Tastzelle bei leichtem Druck mit einem einzigen langsamen Klick, Klick, Klick reagieren, bei hohem Druck mit einem eintönigen Grrr. Nervenzellen reagieren also immer mit einem »Wieviel«, aber nicht mit einem »Was«, sie reagieren quantitativ, nicht qualitativ. Außerdem arbeitet das Nervensystem immer in der Gegenwart. Das geht schon aus der bisher vorgetragenen Beschreibung der Aktivität hervor. Neuronen feuern oder feuern nicht. »Der Tanz der Neuronen« hört nicht auf, solange das Lebewesen lebt, Neuronenaktivität führt zu Neuronenaktivität auch im Schlaf, aber von Bedeutung ist nur, welche Neuronenaktivität jetzt und hier da ist. »Dem Gehirn sind nur seine eigenen Zustände, nämlich neuronale Erregungsmuster zugänglich, niemals die externe Reizsituation« (Roth, 1985, S. 238). Das Nervensystem ist auch ein kohärentes Netzwerk, es gibt keine »Fernwirkungen«, sondern Übertragungen finden immer von Zelle zu Zelle, von Axon zu Dendriten statt. »Als (ab-)geschlossenes neuronales Netzwerk operiert jedoch das Nervensystem als zustandsdeterminiertes Netzwerk so, daß es Relationen neuronaler Aktivität erzeugt, die unabhängig von den Umweltbedingungen immer durch seine Struktur determiniert sind.« (Maturana, 1982, S. 143). Das Nervensystem ist also determiniert durch seine Struktur, durch seine jeweilige Struktur in der Gegenwart, im jeweiligen Augenblick. Aber auch wenn es determiniert ist, so ist es doch für den Beobachter keineswegs vorhersagbar. Es ist im Sinne von Heinz von Foerster eine nicht-triviale Maschine. Als abgeschlossenes Netzwerk, als abgeschlossene nicht-triviale Maschine ist das Nervensystem selbstreferentiell.

Verbindung von Sensorium und Motorium

Wenn das einzige, was dem Nervensystem an irgendeiner Stelle zugänglich ist, Zustände relativer Aktivität zwischen Nervenzellen sind und wenn durch relative Aktivität von Neuronen relative Aktivitäten von Neuronen verursacht werden können, dann ist die Unterscheidung zwischen intern und extern entstandenen Zuständen für das Gehirn nicht leistbar, dann kann es für das Gehirn keine Repräsentation des Außen geben. Das Gehirn »schafft Ordnungen« (Varela), es repräsentiert nicht Ordnungen. Und es »errechnet *eine* Realität« (von Foerster, 1985 b), oder genauer: es errechnet natürlich nicht eine Realität, sondern die Beschreibung *einer* Realität. Solche Beschreibungen werden rekursiv oft immer wieder auf höheren Ebenen bearbeitet, so daß es sich eigentlich um Beschreibungen von Beschreibungen handelt oder um Berechnungen von Berechnungen. Für Heinz von Foerster ist Kognition der »nie endende rekursive Prozeß des Errechnens« (1985 b, S. 31). Er drückt das so aus:

Kognition ⟶ Errechnung von

Deshalb kommt er zu dem Schluß:
»Die Umwelt, die wir wahrnehmen, ist unsere Erfindung« (1985 b, S. 25). Mit Erfindung meint er Konstruktion. Es ist zu betonen, daß es *eine* Berechnung ist von vielen möglichen.

Aber wie kommt es dazu, daß wir den Eindruck haben, daß es *die* Realität ist, die wir wahrnehmen? Maturana schreibt, daß er durch seine Experimente zur Farbwahrnehmung dazu kam, das Nervensystem als abgeschlossenes System zu betrachten (Maturana, Uribe, Frenk, 1982). Es zeigte sich, »... daß wir weder den Farbbereich des Menschen noch den der Taube dadurch erzeugen konnten, daß wir physikalisch definierte Farben mit dem Aktivitätsbereich retinaler Ganglienzellen korrelierten. Wir entdeckten aber, daß wir durch die Korrelierung von *Farbbezeichnungen* mit dem Aktivitätsbereich retinaler Ganglienzellen im Prinzip den gesamten Farbenraum des Menschen erzeugen konnten.« (Maturana, 1982, S. 17)

Es scheint weder ihm noch Varela leicht gefallen zu sein, diese Einsicht zu realisieren, d. h. ja die Bodenlosigkeit der Wahrnehmung zu akzeptieren. Zu akzeptieren, daß wir auf keine Weise Boden unter die Füße bekommen und nicht feststellen können, was Realität ist.

»Dann mußte ich akzeptieren«, formuliert Maturana mehrfach. Er widerspricht allerdings teilweise seinem Freund Heinz von Foerster in der Formulierung, wenn auch nicht im Inhalt. Er schreibt: »Ich hatte also die Vorstellung aufzugeben, daß das Nervensystem in der Gegenwart eine *Umwelt* errechnet, das Nervensystem errechnet vielmehr ausschließlich seine eigenen Übergänge von Zustand zu Zustand.« (Maturana, 1982, S. 19)

Für Maturana ist klar, daß Sensoren und Effektoren, Sensorium und Motorium zusammenarbeiten; das »Medium«, die Umwelt, in welcher sich der Beobachter befindet, ist das Verbindungsglied zwischen Motorium und Sensorium. Er formuliert das so: Für das Nervensystem seien die sensorischen und effektorischen Elemente (für den Beobachter) »verschiedene Orte des geschlossenen Systems: postsynaptische Oberflächen von Synapsen, die uns als Öffnungen erscheinen, weil wir uns als Beobachter eben dort (be)finden«. (Maturana, 1982, S. 21)

Heinz von Foerster schildert sehr anschaulich, wie »Gegenstände« entstehen. Er schildert, wie ein Kind mit einer Rassel spielt, sie in den Mund steckt, darauf herumkaut, sich damit ins Gesicht fährt usw. Es führt mit der Rassel Operationen aus. Für das Kind ist die Rassel zunächst noch kein Objekt, wie der Beobachter es sieht. Das Kind erfährt die Rassel durch seine Operationen nicht von vornherein als etwas Konstantes, als »Objektkonstanz« im Sinne Piagets.

Es hat noch keine senso-motorische Kompetenz entwickelt. Erst allmählich entwickelt es eine Stabilität des motorischen Verhaltens mit der Rassel. Mit der Zeit kann es die Rassel »gebrauchen«, die Rassel kontrollieren, erst allmählich »weiß« es, was man mit der Rassel anfangen kann. Aber für das Kind ist die Rassel noch kein Gegenstand, nur stabiles senso-motorisches Verhalten. Das Kind hat nur Zugang zu dem, was auf der Retina repräsentiert ist, und zu den sensorischen taktilen Empfindungen, die entstehen, wenn es Operationen mit der Rassel ausführt. Aber es hat stabiles Verhalten gegenüber der Rassel, es kann die Rassel kontrollieren, Vorhersagen machen in bezug auf die Rassel. Der senso-motorischen Kompetenz kann man einen Namen geben, z. B.: Rassel. Das Ding selbst wird auch Rassel genannt.

Die zwei, die Rassel und das Rasselverhalten sind komplementär. Wir haben also die folgende Gleichung:

$$\text{Name für das Verhalten} = \text{Name für das Objekt}$$

Das läßt sich mit der Theorie der rekursiven Funktionen darstellen. Jedes Verhalten des Kindes ist eine Operation (auch die) mit der Rassel. Das Ergebnis der Reihe von Operationen kann man als x_0, x_1, x_2 usw. darstellen. Wie bereits erwähnt, ist $x_\infty = Op\,(x_\infty)$.

Das rekursive Verhalten des Kindes, die Operation des Kindes an dem Ergebnis seiner vorherigen Operation, »errechnet« den »Eigenwert« des Gegenstandes, der Rassel. »Gegenstände: greifbare Symbole für Eigenverhalten« (»Objects: Tokens for Eigen-Behaviour«) nannte von Foerster einen seiner Aufsätze.

> »...the nervous system operates on itself. Each neuron fires after complex computations. The result of these computations is the input of another neurons' computations. So you can easily substitute the words ›computation of computation‹ for ›operation on operation‹.« (von Foerster in Segal, 1986, S. 141)

Heinz von Foerster und Ernst von Glasersfeld verweisen auf Piaget, der mit seinen Untersuchungen gezeigt hat, wie in der frühkindlichen Phase Wahrnehmen und Handeln, Handeln und Wahrnehmung in einen oft wiederholten Kreislaufprozeß zur »Konstruktion der Wirklichkeit beim Kinde« führen – so der Titel eines der wichtigsten Bücher Piagets. »Erkenntnis entspringt aus Tätigkeit« (Piaget zitiert nach von Foerster, 1985 a, S. 91). Dieser Satz könnte auch bei den sowjetischen Tätigkeitspsychologen stehen, etwa bei Leontjev (1977). Ich will damit keineswegs die Unterschiede zwischen Piagets Konstruktivismus und der sowjetischen Tätigkeitspsychologie verkleinern. Ich bin jedoch überzeugt, daß man bei beiden, Piaget und Leontjev, einen gemeinsamen Grundgedanken sehen kann, nämlich den Grundgedanken des Kreislaufprozesses, den Heinz von Foerster (1985 a, S. 50) so darstellt:

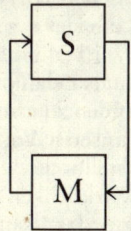

Abb. 4: Die Verbindung zwischen Motorium und Sensorium

Allerdings sind weder Piaget noch die sowjetischen Tätigkeitspsychologen Konstruktivisten im Sinne Heinz von Foersters, denn die Arbeiten von Piaget durchzieht der Gedanke einer wirklichen Wirklichkeit, einer adäquaten Auffassung der Wirklichkeit und die Tätigkeitspsychologen sprechen von Widerspiegelung, was ja auch nichts anderes meint, als daß es so etwas wie eine adäquate Erfassung der Wirklichkeit gibt. Wenn Heinz von Foerster formuliert

Wirklichkeit = Gemeinschaft (1985 b, S. 41),

kann man seinen Konstruktivismus sicher radikaler nennen. Aber wie kommt es zu dieser gemeinschaftlichen Definition von Wirklichkeit, und wie ist es möglich, daß wir uns in einer so gemeinschaftlich definierten, erfundenen Wirklichkeit zurechtfinden, daß wir überleben? Und wie überleben andere Lebewesen?

Die Geschichte des Konstruktivismus

Natürlich hat der Konstruktivismus seine Geschichte. Ernst von Glasersfeld (1985) geht etwas ausführlicher darauf ein. Bei Sextus Empiricus wird das Problem deutlich beschrieben. Der Erlebende kann das Erlebte nicht mit einer von ihm unabhängigen Welt vergleichen, sondern immer nur Erlebtes mit Erlebtem. Hier ist die Abgeschlossenheit der Lebewesen oder die Abgeschlossenheit des

Nervensystems schon klar formuliert. Erleben ist ein abgeschlossener Bereich, man kann diesen Bereich nicht verlassen.

Die Gegenthese, daß das Erlebte mit der Wirklichkeit außerhalb übereinstimmt, mit der ontischen Wirklichkeit übereinstimme, ist natürlich eine Auffassung, die viel angenehmere Gefühle auslöst, die uns Sicherheit gibt. So wird ja das berühmte Höhlengleichnis bei Plato gedeutet, nämlich als Behauptung einer Äquivalenz der Beziehungen von Gegenständen zu ihren Schatten, mit der Beziehung der Wirklichkeit zu unseren Vorstellungen. Auch wenn es nur »Schatten« sind – Vorstellungen – entsprechen sie doch den Gegenständen, bzw. der Wirklichkeit auf eine ganz bestimmte Weise, auch wenn die Sonne, das Licht – das eigentliche Licht – außerhalb der Höhle ist. Auch Giambattista Vico ist sich der Kreislaufprozesse zwischen Motorium und Sensorium bewußt und damit der Abgeschlossenheit der Kreislaufprozesse, wenn er schreibt: »... Wenn die Sinne (aktive) Fähigkeiten sind, so folgt daraus, daß wir die Farben machen, wenn wir sehen, die Geschmäcke, indem wir schmecken, die Töne, indem wir hören, kalt und heiß, indem wir tasten« (zitiert nach von Glasersfeld 1984, S. 18). »Verum ipsum factum«, »das Wahre ist dasselbe wie das Gemachte«, ist wohl der berühmteste Satz von Vico. Dieses Wahre wird von uns gemacht, erfunden, nicht gefunden.

Ein konsequenter Konstruktivist war Bischof Berkeley mit seinem Satz: »esse est percipii«, der oft interpretiert wird als »ich allein existiere, ich allein bin«. Das Ich sei die einzige Wirklichkeit, die Welt existiert lediglich in meinen Vorstellungen, deshalb ist das, woraus sich die Vorstellung bildet, die einzig existierende Realität. Dieser Solipsismus, den Kant einen »Skandal für die Philosophie« nannte, ist von einer faszinierenden Konsequenz, die in der These mündet, daß der Solipsismus eigentlich nicht über sich selbst sprechen kann, was aber eben – wie Heinz von Foerster gezeigt hat – wohl nicht stimmt. Berkeley greift die These der Skeptiker und des Sextus Empiricus auf, die Abgeschlossenheit und die Rückbezüglichkeit. »... we shall find it impossible for us to conceive a likeness except only between our ideas« (zitiert nach von Glasersfeld 1985, S. 4).

Was fangen wir mit dieser Rückbezüglichkeit und Abgeschlossenheit an? Die Frage wurde ja auch immer wieder so gestellt: Wie kommen wir aus dieser Rückbezüglichkeit, dieser Abgeschlossenheit, diesen Kreislaufprozessen heraus?

Auch bei den Gestaltpsychologen wird das Problem gesehen. Wolfgang Metzger schreibt: »Wir kommen nicht aus unserer Wahrnehmungswelt heraus, wir können niemals das andere Glied des Vergleichs, den ›wirklichen‹ Sachverhalt selbst, in die Hand bekommen und ihn neben eine Wahrnehmungserscheinung halten« (Metzger, 1975, S. 239). Den »wirklichen Sachverhalt« nennt Metzger auch den »erlebnisjenseitigen Tatbestand«. Relevant ist für ihn »das unmittelbar Gegebene«, das man den »Vergegenwärtigungen« vergleichen kann, aber eben nicht mit dem »Erlebnisjenseitigen«. Das entspricht weitgehend dem Satz von Foersters: »Erfahrung ist die Ursache, und die Welt ist die Konsequenz« (aus einem Vortrag 1985). Wir konstruieren die Welt aus unseren Erfahrungen. Metzger meint auch: »Nur unser Handeln ... spielt sich jenseits unserer Wahrnehmungswelt ab.« Das Handeln kann erfolgreich oder erfolglos sein, allerdings gewinnen wir durch Handeln nicht den Einblick in den erlebnisjenseitigen Tatbestand, auch wenn es »das letzte und schlechthin entscheidende Kennzeichen der Übereinstimmung« ist, d. h. es ist daher sogar »dem Handelnden selbst ebensowenig unmittelbar gegeben, wie die wirklichen Dinge, auf die es sich bezieht ...«.

Das schrieb Metzger 1941. Wir bleiben in der Wahrnehmungswelt. Die Übereinstimmung zwischen erlebnisjenseitigem Tatbestand und Wahrnehmungswelt ergibt sich nach Metzger durch die Isomorphie von Nervensystem und Welt in der »Gestaltverwandtschaft« (S. 304). Diese Isomorphiethese hat Metzger von Wertheimer und Köhler übernommen. Es ist zwar faszinierend, wie deutlich Metzger die Probleme sieht, mir scheint aber, daß der Isomorphiegedanke so etwas wie eine Kurzschlußreaktion ist.

Konstruktivisten sind auch Berger und Luckmann (1966) mit dem Buch »Die soziale Konstruktion der Wirklichkeit« und Moscovici (1973) mit seinen sozialen Konstrukten. Wenn Berger und Luckmann auch über die Kelly-Theorie der »personal constructs« hinausgehen, indem sie deutlich machen, daß die Konstrukte sozial sind und damit der These von Foersters »Wirklichkeit = Gemeinschaft« entsprechen, gehen sie doch nicht so weit zu behaupten, daß alles Soziale Konstruktion ist. Wenn die Moscovici-Schülerin, Claudine Herzlich (1973), das soziale Konstrukt »Krankheit« untersucht oder Moscovici die »menschliche Geschichte der Natur« und dabei die jeweiligen historisch unterschiedlichen Beziehungen des Menschen zur Natur (also wie er die

Natur konstruierte) beschreibt, dann wird deutlich, wie weit er geht.

Immer wieder wurden die Abgeschlossenheit, die Rückbezüglichkeit und die Kreislaufprozesse gesehen, immer wieder wurde die Frage gestellt: wie kommen wir aus unserer Wahrnehmungswelt heraus? Die Frage ist falsch gestellt. Wir kommen einfach nicht heraus. Die Frage muß heißen: Wie ist es möglich, daß wir mit unserem abgeschlossenen Gehirn in einer uns unzugänglichen Umwelt überleben? Die psychologische Frage heißt: Wieso sind wir überzeugt, daß wir die Umwelt wahrnehmen, daß wir glauben, objektiv sein zu können, d. h. ein »Objekt so zu kennen, wie es wäre, bevor es in dem Erlebnisbereich eines erkennenden Subjektes erscheint« (Glasersfeld, 1985, S. 19)? In der Formulierung Heinz von Foersters heißt es: »Objectivity is a subject's delusion that observation can be done without him.« (zit. n. von Glasersfeld, 1985, S. 19)

Kellys »Personal constructs«

Zu verweisen ist hier auch auf George A. Kellys Theorie der »personal constructs«. Kellys Theorie ist eine psychologische Theorie, sie hat erstaunliche Parallelen zur Autopoiese, so daß man Kelly als Vorläufer bezeichnen könnte. Eine der Wurzeln seiner Theorie ist sicherlich die Gestaltpsychologie, er erwähnt sie mehrfach. Das Universum existiert durch Geschehen (exists by happening, 1963, S. 7). »Zeit« ist die wichtigste Beziehung, Leben ist zu unterscheiden von toter Materie, denn Lebewesen haben die kreative Fähigkeit, nicht nur einfach auf die Umwelt zu reagieren, sondern die Umwelt zu konstruieren (construction of reality). Die Realität existiert unabhängig von den Lebewesen, aber die Lebewesen, insbesondere die Menschen, konstruieren die Realität. Für Kelly ist der Mensch vor allem Wissenschaftler, er versucht vorherzusagen und zu konstruieren.

> »Der Mensch kreiert seine eigene Art und Weise, die Welt zu sehen, in der er lebt, die Welt kreiert dies nicht für ihn. Er baut sich Konstrukte und probiert aus, ob sie passen. Seine Konstrukte sind manchmal in Systeme organisiert, Gruppen von Konstrukten, die untereinander eine unter- oder übergeordnete

Beziehung haben. Die gleichen Ergebnisse können im Lichte von zwei oder mehreren Systemen gesehen werden. Aber kein Ergebnis gehört zu einem System.« (S. 12)

Manchmal bedarf es einer Psychotherapie, daß der Mensch seine wenig passenden Konstrukte in passendere umwandelt, die keineswegs die richtigen oder wahren sein werden. Das, was der Mensch normalerweise überprüfen kann, ist, ob die Konstrukte passen (»fit«). Die übergeordneten Konstrukte sind dabei – weil sie abstrakter sind – schwerer zu verändern. »Fit« – »passen« ist im Sinne von von Glasersfelds Viabilität zu verstehen. Kelly nennt seine philosophische Position »constructive alternativism«. Er nimmt an, daß »alle« unsere »gegenwärtigen Interpretationen des Universums« revidiert und ersetzt werden können, »es gibt immer alternative Konstrukte, die man wählen kann im Umgang mit der Welt« (S. 15). Das hat Konsequenzen für die Autonomie des Menschen – denn »niemand braucht sich an die Wand gestellt zu sehen«, vollkommen von den Umständen bestimmt, niemand ist das Opfer seiner Biographie. Damit wendet er sich explizit gegen die Psychoanalyse. Es gibt immer den »constructive alternativism«.

Offensichtlich ist auch die Theorie der »personal constructs« eine Konstruktion. Kelly ist sich klar darüber, daß man seine Theorie auch auf seine Theorie selbstreflexiv anwenden können muß, wie Heinz von Foerster betont.

Eine Theorie sei nie durch Ereignisse determiniert, sondern durch den Theoretiker, aber sie muß »passen«, um Ereignisse vorhersagen zu können. »Die Anzahl der alternativen Arten, die passen, sind unendlich, soweit wir wissen, aber unterscheidbar von der unendlichen Anzahl, die nicht passen« (S. 19). Das ist der Grundgedanke, den Varela in seinem Postulat von Proskription und Praeskription beschreibt.

Kelly drückt das so aus: »Die Struktur, die wir errichten, beherrscht uns.« (S. 20) Wir errichten Konstruktionen, die uns determinieren, nicht die Ereignisse; indem wir Ereignisse unserer Konstruktion oder unserem Konstruktionssystem unterordnen, determinieren wir uns. Der Mensch kann sich durch seine eigenen Ideen versklaven.

Das ist eine deutliche Parallele zur Entfremdungsdefinition von Adam Schaff, der Entfremdung »die Herrschaft der Produkte des Menschen über den Menschen« nennt. Der amerikanische Psychologieprofessor Kelly hat aber sicherlich keine marxistische Schulung.

Kellys Gedankengänge weisen noch weitere Parallelen zu Varelas Gedankengängen auf. Varela (1979) legt Wert auf den Gedanken der Komplementarität und führt dafür ein mathematisches Zeichen ein. Komplementarität, sagt Kelly, sei schwer zu begreifen, aber Determinismus und Freiheit seien die »zwei Seiten einer Medaille« – »da Determinismus die Kontrolle charakterisiert, die ein Konstrukt über die untergeordneten Elemente ausübt, charakterisiert Freiheit Unabhängigkeit von den Elementen« (S. 21).

Kelly hat seine Theorie in Postulate und Korollare zusammengefaßt. Ich greife nur einige heraus.

a) Fundamentales Postulat. Die Prozesse einer Person werden psychologisch kanalisiert durch die Art und Weise, wie sie Ereignisse antizipiert.

b) Konstruktionskorollar. Eine Person antizipiert Ereignisse, indem sie ihre Wiederholung konstruiert.

c) Individualitätskorollar. Personen unterscheiden sich voneinander in der Konstruktion von Ereignissen.

Ähnlich wie Bourdieu behauptet Kelly im Dichotomiekorollar: »Das Konstruktionssystem einer Person ist aus einer endlichen Anzahl von dichotomen Konstrukten aufgebaut« (S. 103). Aufgrund dieses Korollars konstruierte Kelly sein wichtigstes Instrument, um persönliche Konstrukte zu erfassen, das Repertory Grid. Zu den weiteren Korollaren gehört, daß die Konstrukte durch die Person verändert werden, daß die Konstrukte durchaus untereinander widersprüchlich sein können. Wichtig sind noch das Kommunalitätskorollar und das Sozialitätskorollar. Kultur ist für Kelly »gemeinsame Erwartungen«. Soziales Verhalten erklärt er durch ein »spiralförmiges Modell«. »James erwartet, was John tun wird. James antizipiert, was John denkt, daß James tun wird. James antizipiert weiter, was John denkt, er erwarte, was John tun wird. Darüber hinaus antizipiert James, was John denkt, was James erwartet, was John vorhersagen wird, was James tun wird. usw.« (S. 94)

Das erinnert sowohl an Laings Knoten als auch an die »strukturelle Koppelung« bei Maturana. Kelly spricht deshalb von »mutual adjustment«. Für den Therapeuten – aber nicht nur für ihn – ist wichtig, um den anderen zu verstehen, nicht nur den anderen zu akzeptieren, sondern auch zu akzeptieren, wie der andere die Welt konstruiert. Gleiche Erwartungen, Gruppenerwartungen sind Bestätigungen (validators) für persönliche Konstrukte (S. 176). Es wäre ein Mißverständnis, würde man die Konstrukte rein intellektuell oder kognitiv auffassen, sie können »intellectually reasoned or vegatively sensed« sein (S. 9).

Das Interessanteste an Kellys Theorie ist, daß es eine Theorie mit psychotherapeutischem Ziel ist: Neukonstruktion von Konstruktion, wenn die alten Konstruktionen nicht passen. Das heißt bei Kelly nicht, daß es eine richtige oder wahre Konstruktion gibt – das ist das Mißverständnis vieler Therapien – sondern nur, daß man passendere Konstruktionen auswählen und ausprobieren kann. Kelly fordert auch nicht interne Konsistenz der Konstrukte, ihm geht es nur darum, dazu beizutragen als Therapeut, die Wählbarkeit der Konstrukte klarzumachen. Die ethischen Konsequenzen scheinen hier auf der Hand zu liegen – es geht ihm um mehr Freiheit für den einzelnen. Kellys Theorie zeigt für mich, daß man, wenn man sich wie er auf den Konstruktivismus einläßt und von Lebewesen als sich verändernden – eben Lebe-Wesen – ausgeht, notwendigerweise zu bestimmten Schlüssen kommt, die dann bei Maturana und Varela radikaler formuliert wurden.

Kellys Theorie hat für die Psychologie keine allzu großen Konsequenzen gehabt. Er hat sie vielleicht zu früh formuliert. Seine Theorie ist ein System von Konstrukten, das von der herrschenden Psychologie zu weit abwich. Konsequenterweise lehnt er aufgrund seiner Theorie das Konzept Motivation ab. Permanenter Wandel, gerade bei Lebewesen, braucht nicht das physikalische Energiekonzept, Lebewesen sind keine »träge Materie« – wobei das Energiekonzept in der Physik bei der Auffassung von Materie als Bewegung (matter as motion form) eben auch nur ein Konstrukt ist. Diese Auffassung hat auch Bateson in seinem Metalog über Instinkt und Schwerkraft, die er als Erklärungsprinzip bezeichnet, das »alles oder nichts erklärt« und nicht mehr ist als eine »konventionelle Übereinkunft« von Wissenschaftlern. Kelly würde sagen: Ein gemeinsam validiertes Konstrukt.

Aber wie verändert man Konstrukte und vor allem übergeordnete Konstrukte, die möglicherweise so selbstverständlich sind, so implizit, daß sie dem Bewußtsein nicht zugänglich sind?

Solche Konstruktsysteme sind sehr ähnlich dem, was Bourdieu »Habitus« nennt, was Bateson »Gewohnheiten« nennt, die sehr schwer zu ändern sind. Sollen Konstrukte nur durch Konstrukte ersetzt werden, oder kann man durch ein besonderes Lernen, bei Bateson Lernen III, über die Konstrukte, den Habitus, die Gewohnheiten hinausgelangen? Damit will ich mich im Kapitel V beschäftigen.

Tätigkeitstheorie: Leontjev und Lektorskij

Die wichtigste Verbindung zwischen der Theorie der Autopoiese und deren Konstruktivismus einerseits und der sowjetischen Tätigkeitstheorie von Leontjev besteht darin, daß sie übereinstimmen in dem, was Maturana und Varela (1987) »diese Zirkularität, diese Verkettung zwischen Handlung und Erfahrung« (S. 31) nennen oder in ihrem »Kernaphorismus« zusammenfassen: »Jedes Tun ist Erkennen und jedes Erkennen ist Tun«, denn Erkennen sei »wirksame Handlung«, die einem Lebewesen erlaube, seine Existenz in einem Milieu fortzusetzen, indem es dort – und das ist der Unterschied zu Leontjev – »seine Welt hervorbringt«. Leontjev spricht dagegen von Widerspiegelung und von »adäquater« Widerspiegelung. Maturana und Varela sprechen vom »Tun, »Handeln«, »Verhalten« und nicht von »Tätigkeit« im Sinne Leontjevs. »Tätigkeit« ist eine »ganzheitliche« Lebensäußerung, ein »System mit eigener Struktur«, sie ist immer »gegenständliche« Tätigkeit, und die Tätigkeit jedes einzelnen Menschen hängt von dessen Platz in der Gesellschaft ab. Leontjev kritisiert mit dem Konzept der Tätigkeit das »Postulat der Unmittelbarkeit«, das S-R-Schema, oder das zweigliedrige Schema »Einwirkung des Objektes → Veränderung der gegebenen Zustandsgrößen und Zustandseigenschaften des Subjektes« und postuliert ein dreigliedriges Schema mit subjektgebundener Tätigkeit als »Mittelglied«.

»... in der Tätigkeit vollzieht sich die Umwandlung des Objekts in seine subjektive Form, in das Abbild, und gleichzeitig erfolgt der Übergang in die objektiven Ergebnisse, in ihre Produkte.« (1977 S. 22)

Den Prozeß würden wohl auch Maturana und Varela so sehen, nur würden sie nie vom »Abbild« reden: Das Wichtige für sie ist die zirkuläre Verkettung, die Selbstreferentialität dabei. Auch Leontjev spricht von »Ringstruktur« der Prozesse, die die »Wechselwirkung von Organismus und Umwelt realisieren« (S. 25). Aber dann sagt Leontjev: »Das Wesentliche ist jedoch nicht die

›Ringstruktur‹ an sich, sondern die Tatsache, daß die physische Widerspiegelung der gegenständlichen Welt nicht unmittelbar durch äußere Einwirkungen (einschließlich der Rückkoppelungseinwirkungen), sondern durch jene Prozesse hervorgebracht wird, in denen das Subjekt praktische Kontakte mit der gegenständlichen Welt aufnimmt, und die daher notwendigerweise deren unabhängigen Eigenschaften, Beziehungen und Verbindungen untergeordnet sind.« (S. 25)

Gerade dieser Unterordnung würden Maturana und Varela widersprechen, »notwendigerweise untergeordnet« schreibt Leontjev, aber das scheint mir nicht zwingend zu sein. Die »Ringstruktur«, die »zirkuläre Verkettung«, ist bei Maturana und Varela durch die Selbstreferentialität gegeben, also durch die Eigenschaft eines Systems, das *rekursiv* oder *zirkulär mit den eigenen Zuständen* interagiert, so daß jeder Zustand aus der Interaktion *früherer Zustände resultiert*. Das macht die *Abgeschlossenheit* des Systems aus und seine *Autonomie* und hat zur Konsequenz, daß wir »unsere Welt hervorbringen«, daß wir sie konstruieren müssen.

Es ist wohl die Zirkularität, die Selbstreferentialität mit ihren Konsequenzen, die für Leontjev »verboten« ist, wie Russell es getan hat, um Paradoxien zu vermeiden: Für Lektorskij, der in vielem weiter geht als Leontjev, auch wenn er sich auf die Tätigkeitstheorie beruft, ist das nach wie vor ein Verbot (1985, 121).

Für Lektorskij ist es nicht akzeptabel, »daß die Erkenntnis eines Objektes prinzipiell mit seiner Erschaffung, Konstruktion identisch sei« (S. 38), obwohl er klar darlegt, daß es kein »absolutes Wissen« geben kann.

Die marxistisch-leninistische Erkenntnistheorie gehe von der Anerkennung der »Einheit von Widerspiegelung gegenständlicher praktischer Tätigkeit und Kommunikation, vom Verständnis der Erkenntnis als sozial vermittelter, historisch sich entwickelnder Widerspiegelungstätigkeit aus« (S. 168). Lektorskij beschäftigt sich ausführlich mit Quines Theorie, daß mir die Welt als Gesamtheit der Objekte immer nur durch ein sprachliches System gegeben sei. Lektorskij widerspricht damit auch dem Satz Maturanas »...beyond language there are no things«, obwohl er von der Einheit von Widerspiegelung gegenständlicher Tätigkeit *und* Kommunikation spricht und von der *sozialen Vermitteltheit* der Erkenntnis. Die soziale Vermitteltheit geschieht bei Lektorskij durch die sogenannten »Mittel-Gegenstände«. Das sind Werkzeuge, Instrumente, Geräte, Sprache, Texte, Schemata, grafische Darstellungen, Theorien, Modelle, Symbole. Sie sind künstlich geschaffen und unterliegen »spezifisch sozialen Gesetzen des Funktionierens« und tragen in sich »gesellschaftlich kognitive Erfahrung«. Sprache ist nur *ein* »Mittel-Gegenstand« von vielen für Lektorskij (40). Erkenntnistätigkeit ist mit dieser besonderen »sozio-kulturellen Welt« von Mittelgegenständen verknüpft. Deshalb betrachtet der Mensch die Welt »mit den Augen der Gesellschaft«.

Das scheint mir ein wichtiger Gedanke zu sein. Zu bedenken ist dabei zusätzlich, daß das Kind von Anfang an mit gesellschaftlich geformten Gegenständen umgeht, mit der Rassel, dem Ball usw. Das Hauptargument Lektorskijs gegen Quine ist, daß das Kind vor der Aneignung der Sprache Objekte der Außenwelt schon unterscheiden kann, um sie dann benennen zu lernen. Das Problem ist nur, daß dieser »Gegenstand« nicht intersubjektiv ist, nicht »objektiv«, sondern rein subjektiv und nicht mitteilbar. Nur der Beobachter, so würde Maturana argumentieren, kann in der Sprache feststellen, daß das Kind Objekte unterscheiden kann. Menschen können über Gegenstände sprechen, da sie die Gegenstände, über die sie sprechen, eben dadurch erzeugen, daß sie über sie sprechen (Maturana 1982, 264). Denotation sei keine primitive Operation, sondern setze Übereinstimmung, Konsens, voraus hinsichtlich der Unterscheidung sowohl des Bezeichnenden als auch des Bezeichneten. Wir brauchen gemeinsame Kriterien der Unterscheidung. In der Sprache sein (languaging) heißt vor allem in der »rekursiven, konsensuellen Koordination des Handelns« sein. Dadurch wird Realität hergestellt und validiert. Hinzu kommt, daß man alle oder zumindest die meisten »Mittel-Gegenstände« als »Sprache« verstehen kann, als »Sprache und andere Zeichensysteme.« (Maturana, 1982, 261)

Daß »Gegenstände« und »Erkenntnis« gesellschaftlich bestimmt sind, ist für Maturana und Varela klar. Das liegt einmal an der Sprache als rekursiver konsensueller Koordination des Handelns und andererseits daran, daß das soziale System das Medium ist, indem allein der Mensch durch »strukturelle Koppelung« überleben kann. Das soziale System wird als »Selektionsinstanz« für die strukturelle Veränderung seiner Komponenten, d. h. der Menschen betrachtet (Maturana, 1980).

Heinz von Foersters Rekursionstheorie

Formal haben wir es mit nicht-trivialen Maschinen zu tun, bei welchen ihre Wirkungen zu ihren Ursachen werden, d. h. sie sind abgeschlossen in Kreislaufprozessen von Motorium und Sensorium. Und das bedeutet nichts anderes, als daß aus kursivem Rechnen rekursives Rechnen wird. Diese selbstbezüglichen – rückbezüglichen – Operationen führen bei unendlicher Rekursion zu einem Wert, der, wenn die Operation wiederholt wird, »sich selbst reproduziert« – so selbstbezügliche Sätze oder Operationen haben keine, eine oder mehrere stabile Lösungen. Diese »Werte« heißen Eigenwerte, Eigenfunktionen, Eigenoperatoren. Ein wichtiger Aufsatz Heinz von Foersters, den er Piaget widmete, heißt konsequenterweise »Objects: Tokens for Eigenbehaviours« (»Gegenstände: Greifbare Symbole für Eigenverhalten«).

Er vergleicht die selbstdefinierende und selbsterzeugende Natur der Eigenwerte – ihre Abgeschlossenheit – mit einer Schlange, die sich in den eigenen Schwanz beißt: »Kognition errechnet ihre eigenen Kognitionen.« Er schreibt:

> »Es hat sich nun gezeigt, daß Eigenwerte ontologisch diskret, stabil, voneinander trennbar und miteinander verknüpfbar sind, während sie ontogenetisch als Gleichgewichtszustände entstehen, die sich in zirkulären Prozessen selbst bestimmen. Ontologisch können Eigenwerte und Objekte – und entsprechend ontogenetisch: stabiles Verhalten und die Manifestation des Begreifens eines Objektes durch ein Subjekt – nicht unterschieden werden. In beiden Fällen sind »Objekte« ausschließlich in die Erfahrung der eigenen sensomotorischen Koordination eingeschlossen, d. h. »Objekte« sind durchweg subjektiv. (›Objects‹ appear to be exclusively subjective). Unter welchen Bedingungen erlangen Objekte dann Objektivität? Offensichtlich geschieht es erst dann, wenn ein Subjekt S1 die Existenz eines weiteren Subjekts S2 feststellt, das ihm selbst nicht unähnlich ist, welches seinerseits die Existenz eines weiteren Subjekts, das ihm nicht unähnlich ist, behauptet, das mit S1 identisch sein kann.« (1985 b, S. 212)

Subjekt 1 und Subjekt 2 oder Beobachter 1 und Beobachter 2 bilden einen abgeschlossenen Kreislauf. Das »Gleichgewicht«

wird erreicht, wenn das Eigenverhalten eines Beteiligten (rekursiv) das Eigenverhalten des anderen generiert. Das Symbol für von Foerster sind zwei Schlangen, die jeweils in den Schwanz der anderen Schlange beißen, als sei es ihr eigener (S. 213).

Gegenstände – das ist die Antwort auf die psychologische Frage von weiter oben – erscheinen uns als etwas Stabiles und Gemeinsames durch die Rekursion, dadurch daß Operationen auf Operationen angewendet werden. »Das Nervensystem ist so organisiert – oder organisiert sich selbst so – daß es eine stabile Wirklichkeit errechnet.« Aber das Nervensystem ist nicht allein in der Welt. Ich will die witzige didaktische Darstellung des Herrn mit Melone verwenden, die von Foerster selbst mehrfach verwendet hat und die sein Argument gegen den Solipsismus darstellt, daß das Ich, das sich die Vorstellung der Welt bildet, die einzige Wirklichkeit ist.

Der Herr mit Melone behauptet, das einzige Reale zu sein und alles übrige existiere nur in seiner Vorstellung. Aber in seinem Kopf – in seiner Vorstellung – wohnen »Geistergestalten«, die ihm selbst nicht unähnlich sind, die ebenfalls Geistergestalten im Kopf haben, auch den Herrn mit Melone. Das Relativitätspostulat besagt jedoch: Eine Hypothese, die für A gilt und ebenso für B gilt, wird zurückgewiesen, wenn sie nicht für A und B gilt. Erd- und Venusbewohner mögen übereinstimmend behaupten, im Mittelpunkt des Universums zu leben, doch würden ihre Ansprüche unhaltbar, sobald sie sich je begegneten. Der solipsistische Standpunkt wird unhaltbar, nicht sobald sich ein weiteres Nervensystem neben mir befindet, sondern »sobald mein Nervensystem sich ein weiteres Nervensystem neben sich *erfindet*« (1985 b, 40).

Von außen betrachtet, von oben als Superbeobachter gesehen, kann man behaupten, daß das Leben ein Traum sei, die Welt eine Illusion, daß letztlich jedes Lebewesen in seiner Abgeschlossenheit einsam ist. Heinz von Foerster zeigt, wie es möglich ist, daß wir von Objekten »träumen«, wie »Gegenstände« durch rekursive Operationen errechnet werden in einem Nervensystem, das sich selbst so organisiert, daß es eine stabile Wirklichkeit errechnet. »Ich existiere (im Sinne von ›entstehen‹, ›entspringen‹) durch den anderen und er durch mich: wir sind unser gegenseitiges Eigenverhalten.« (1985 a, S. 64) Ernst von Glasersfeld geht es mehr um die Behandlung der Frage: Wie ist es möglich, daß wir überleben, wenn es sich so verhält, wie Heinz von Foerster behauptet, daß wir die Wirklichkeit erfinden?

Viabilität bei von Glasersfeld

Glasersfeld verwendet folgendes Gleichnis. Er nennt es ein metaphorisches Beispiel.

»Ein blinder Wanderer, der den Fluß jenseits eines nicht allzu dichten Waldes erreichen möchte, kann zwischen den Bäumen viele Wege finden, die ihn an sein Ziel bringen. Selbst wenn er tausendmal liefe und all die gewählten Wege in seinem Gedächtnis aufzeichnete, hätte er nicht ein Bild des Waldes, sondern ein Netz von Wegen, die zum gewünschten Ziel führen, eben weil sie die Bäume des Waldes erfolgreich vermeiden. Aus der Perspektive des Wanderers betrachtet, dessen einzige Erfahrung im Gehen und zeitweiligen Anstoßen besteht, wäre dieses Netz nicht mehr und nicht weniger als eine Darstellung der verwirklichten Möglichkeiten, an den Fluß zu gelangen... In diesem Sinne »paßt« das Netz in den »wirklichen« Wald, doch die Umwelt, die der blinde Wanderer erlebt, enthält weder Wald, Bäume, wie ein außenstehender Beobachter sie sehen könnte...« (1985, S. 9).

Der Wanderer erlebt die Welt als Widerstand, als Gehemmt-werden, als Hindernis, eventuell als Scheitern. Der Schlüsselbegriff bei von Glasersfeld ist »Viabilität«, wörtlich übersetzt »Gangbarkeit«, gebildet aus dem englischen »viable«. »›Brauchbar‹ oder ›viabel‹ aber nennen wir ... eine Handlungs- oder Denkweise, die an allen Hindernissen vorbei (den ontischen wie den aus der Handlung selbst erwachsenen) zum erwünschten Ziel führt« (von Glasersfeld, S. 18).

Was wir erwerben können, ist ein Wissen, »das sozusagen in die Hohlräume der Wirklichkeit paßt und sie darum nicht ikonisch widerspiegeln kann« (S. 25), wobei »paßt« (fit) ein Schlüsselwort für von Glasersfeld ist, er stellte es dem »übereinstimmen« (match) der herkömmlichen Epistemologie gegenüber. Unser Wissen kann »passen« in den Hohlraum der Wirklichkeit, und in der Regel gibt es viele Sichtweisen, die passen könnten, aber unser Wissen stimmt nicht mit der Wirklichkeit überein, kann nicht übereinstimmen, wegen der Abgeschlossenheit des Nervensystems und braucht damit nicht übereinzustimmen; was wir zum Überleben brauchen, ist ein »passendes«, »viables« Wissen, das durch die zirkulären Prozesse zwischen Sensorium und Motorium zustande kommt.

Auch für von Glasersfeld ist die Frage, wie wir zum Eindruck der Objektivität kommen, relevant. Erste Voraussetzung dafür ist die Selbstreferentialität des Nervensystems oder anders ausgedrückt, die Fähigkeit des kognitiven Subjekts, den ˉFluß seines Erlebens reflektiv zu betrachten. Zweite Voraussetzung ist die durch Reflexion und Vergleich mögliche Konzeption von Wiederholungen. Wenn sich ein Eindruck wiederholen läßt, »gewinnt er Realität« (S. 20). Dritte Voraussetzung ist, daß unser Erleben von anderen bestätigt wird, die eine erstaunlich ähnliche Erlebniswelt haben. Daß »intersubjektive Wiederholung« nun als objektiv erscheint, ist eine alte These, aber dadurch entsteht immer noch keine Widerspiegelung oder Übereinstimmung mit der Wirklichkeit. Denn innerhalb der konstruktivistischen Theorie ist natürlich auch der andere eine Konstruktion, eine viable Konstruktion, wie alles andere auch.

Von Glasersfeld zitiert Kant: »Es ist offenbar: daß wenn man sich ein denkendes Wesen vorstellen will, man sich selbst an seine Stelle setzt und also dem Objecte, welches man erwägen wollte, sein eigenes Subject unterschieben müsse...« (von Glasersfeld, 1985, S. 22). Diese Tätigkeit, sich in den anderen hineinzuversetzen, ist nichts anderes, als sich gegenseitig etwas zu »unterschieben«, was aber dazu führt, daß die jeweiligen kognitiven Strukturen (Begriffe, Beziehungen und Regeln), die man im Aufbau des Erlebens verwendet hat, in zweierlei Hinsicht ›viabel‹ sind, einmal beim eigenen »Ordnen und Organisieren« des Erlebens und zweitens beim Modell des anderen, das man sich gemacht hat. Was man damit erreicht hat durch das gegenseitige Hineinversetzen und Unterschieben ist, daß die Konstruktionen zusammenpassen, nicht, daß sie übereinstimmen. Die Umwelt draußen, die ontische Wirklichkeit, bleibt draußen. Der abgeschlossene Bereich bleibt ein abgeschlossener Bereich. Auch die Sprache hilft da nicht weiter. Um Wittgensteins Beispiel aufzugreifen: Ich werde nie feststellen können, ob das, was der andere als Zahnschmerzen bezeichnet, das gleiche ist, wie das, was ich als Zahnschmerzen erlebe, so genau und ausführlich ich es auch beschreiben würde.

Aber ich kann zu einem Konsens kommen, wenn wir zwei Schlangen uns gegenseitig in den Schwanz beißen, als wäre es unser eigener (wie Heinz von Foerster zeigt). Maturana ist mit von

Glasersfelds Auffassung nicht einverstanden (Mendez, Coddon, Maturana 1986). Sogar Konstruktivisten sprächen von »fitness of experience«, zitiert er von Glasersfeld, als eine Art zu »wissen, was korrekt und was nicht korrekt« sei. »Wir Menschenwesen könnten nicht den Anspruch auf eine objektive Realität erheben, weil so ein Anspruch nur in Sprache gemacht werden kann, nur in Sprache entsteht Realität; wir könnten auch keinen Anspruch auf einen privilegierten Zugang zu einer objektiven Realität erheben unabhängig vom Sprechenden als dem Validierungskriterium, was der Fall ist.« »Beyond language there are no things« (Mendez, Coddon, Maturana, 1986, S. 38).

Die Bedeutung der Sprache bei Maturana

Der Beobachter

Bei Maturana (1982) bekommen die hier geschilderten Vorgänge trotz großer Übereinstimmung mit von Glasersfeld und von Foerster einen besonderen Akzent, wobei seine strikte Trennung zwischen den »Domänen« oder Bereichen, die in sich abgeschlossen sind, wichtig ist. Um es zu wiederholen: »Alles, was gesagt wird, wird von einem Beobachter zu einem anderen Beobachter, der er selbst sein kann, gesagt.« Alles, was ich hier schreibe oder von Maturana zitiere, findet im abgeschlossenen Bereich der Sprache statt. Wie kommen wir als menschliche Lebewesen zur Sprache?

1. Wenn das Nervensystem ein geschlossenes Netzwerk ist, gibt es für dieses Netzwerk kein Innen und kein Außen, das ist eine Unterscheidung, die der Beobachter trifft, der sich im Medium, in der Umwelt befindet.

2. Was dem Beobachter als »adäquates Verhalten« erscheint, ist für das abgeschlossene Netzwerk die permanente *wechselseitige* Verkoppelung der Struktur des Organismus mit der Struktur der Umwelt – der Organismus wird nicht durch die Umwelt determiniert; das Nervensystem, der Organismus ist determiniert durch seine eigene Struktur (Strukturdeterminismus).

3. Was dem Beobachter von außen determiniert erscheint, ist bei dem geschlossenen Netzwerk Nervensystem eine Veränderung der Struktur, die von den Interaktionen mit der Umwelt *ausgelöst*, aber nicht *festgelegt* wurde.

4. Organismen und ihr Nervensystem sind strukturell dynamische oder strukturell plastische Systeme. Jede Strukturveränderung des Nervensystems führt zu einer Veränderung seines Interaktionsbereiches und zu einer Veränderung seines Zustandsbereiches. Die jeweilige Struktur ist das Ergebnis der Interaktionsgeschichte des Nervensystems mit seiner Umwelt, aber der Interaktionsbereich des Nervensystems und der Zustandsbereich des Nervensystems überschneiden sich nicht – die Interaktionen selektieren nur die Strukturveränderungen des Nervensystems.

5. Die Struktur des Nervensystems legt fest:
   a) einen Bereich struktureller Veränderungen, die es nicht zerstören, seine Organisation nicht verändern;
   b) einen Bereich struktureller Veränderungen, die es zerstören;
   c) einen Bereich von Interaktionen, die Veränderungen seines Strukturzustandes auslösen, das sind die Störeinflüsse;
   d) einen Bereich von Interaktionen, die Strukturveränderungen auslösen, die es zerstören oder die zum Verlust der Organisation führen.
   – Da sich die Strukturen verändern, verändern sich auch diese Bereiche (1982, S. 23).

6. Da das Nervensystem ein geschlossenes Netzwerk ist, kann man trotz des Auslösemechanismus nicht von Information oder Instruktion sprechen – das ist nur eine mögliche Sichtweise des Beobachters, eine Illusion des Beobachters, denn das Nervensystem arbeitet als ein durch seine eigene Struktur determiniertes System.

Das Nervensystem ist durch seine Geschlossenheit und durch seine Kreislaufprozesse, also durch seine Selbstreferentialität zur »Erzeugung rekursiver Bereiche« fähig. Operationale Rekursion führt zur Erzeugung von Metabereichen der strukturellen Koppelung. Das Ergebnis der permanenten Interaktion mit einem Medium, einer Umwelt mit rekurrenter Struktur, kann daher zu der fortgesetzten Selektion einer Struktur des Systems führen, die einen möglichen Bereich möglicher Zustände und möglicher Interaktionen festlegt. Zwei plastische Systeme können dann reziprok gekoppelt sein. Diese ontogenetische reziproke Koppelung der Strukturen strukturell plastischer Organismen nennt Maturana einen *konsensuellen Bereich* (1982, 256). Aus der Ontogenese wurde Coontogenese.

»Die Struktur des Nervensystems jedes Lebewesens zu jedem Zeitpunkt (ist) eine Funktion einer Geschichte phylogenetischer und ontogenetischer Selektion« und verkörpert sich »in fortgesetzter erfolgreicher *struktureller Koppelung*« (1984, S. 26). Kognition, Erkennen ist Leben.

Für einen Beobachter erscheint diese strukturelle Koppelung als sei sie nur durch die Interaktion entstanden, aber das jeweilige System ist strukturdeterminiert, und Veränderungen werden nur ausgelöst, nicht festgelegt. »Wenn die Organismen, die in einem konsensuellen Bereich operieren, in rekursiver Weise durch interne Zustände beeinflußt werden können, die durch ihre konsensuellen Interaktionen erzeugt werden, und wenn sie die durch diese rekursiven Interaktionen erzeugten Verhaltensweisen als Bestandteil ihres Verhaltens in ihren konsensuellen Bereich einbeziehen können, dann wird Konsensualität zweiter Ordnung hergestellt« (Maturana, 1982, S. 257). Gemeint ist Konsensus über Konsensus. Und das ist Sprache. Koordination von Aktionen, ein konsensueller Bereich, ist zum Beispiel der Paarungstanz von Fliegen oder die Interaktion von Herr und Hund. Wenn nun, wie Maturana beschreibt, eine Koordination der Aktionen über die Koordination von Aktionen möglich ist, dann entsteht Sprache und mit der Sprache entsteht der Beobachter, der Beschreibungen herstellen kann. Sprache ist ein System konsensueller Interaktionen, und Denotation ist lediglich eine rekursive konsensuelle Operation.

Sprache ist ein Metabereich. Sprache ist eben ein abgeschlossener Bereich, und wir bleiben im Bereich der Sprache, wenn wir sprechen. »(Ich-)Bewußtsein ergibt sich aus der Existenz in einem sprachlichen Bereich aus dem spezifischen Verhalten von Organismen, die Sprache besitzen und dabei zu Operationen der Selbstbeschreibung fähig sind.« (Maturana, 1982, S. 26)

Das Nervensystem des Menschen kann auf eine besondere Weise mit sich selbst interagieren, wir können mit unseren Beschreibungen interagieren, »als ob diese unabhängige Gegenstände wären« (S. 76).

Objekte, Gegenstände entstehen nur durch die konsensuellen Prozesse der Sprache. »Menschen können über Gegenstände sprechen, da sie die Gegenstände, über die sie sprechen, eben dadurch erzeugen, daß sie über sie sprechen« (S. 264).

Die »Realität« als eine Welt unabhängiger Gegenstände, über die wir reden können, ist »notwendigerweise eine Fiktion des rein deskriptiven Bereiches« (S. 76). Man könnte deshalb die »Erfindung« der Sprache den »Sündenfall« nennen, der uns zu der Verwirrung gebracht hat, daß Beschreibungen Realitäten sind. Es sind sicher nicht die einzigen Verwirrungen. Wenn wir mit unseren Beschreibungen interagieren und sie für Realität halten, dann sind Beschreibungen auch der Ursprung für Pathologien.

Pathologie

In einem interessanten, bereits erwähnten Aufsatz zusammen mit Mendez und Coddon beschreibt Maturana das »Hervorbringen von Pathologie«, »The bringing forth of pathology«. »Jeder Akt des Erkennens bringt eine Welt hervor«, schreiben Maturana und Varela in ihrem neuen Buch »Der Baum der Erkenntnis« (1987, 31). Damit es ein psychologisches Problem (problem of mental health) überhaupt gibt, muß jemand ein Problem hervorbringen, indem er behauptet, da sei ein Problem in einer sozialen Domäne, in der diese Behauptung akzeptiert wird. Die Definition muß akzeptiert werden. Diese Definition wird in der Regel nur akzeptiert, wenn dem Definierenden Macht zugeschrieben wird. Es sind meistens die dafür anerkannten Experten, nämlich Ärzte, Psychotherapeuten, Psychologen oder auch Eltern usw., denen eine solche Definitionsmacht zugeschrieben wird. Das ist die Funktion der Diagnostik. Diesen Experten wird diese soziale Definitionsmacht zugeschrieben aufgrund der Überzeugung, sie hätten Zugang zu einer objektiven Realität. Der Anspruch auf objektives Wissen ist eine absolute Forderung nach Gehorsam. Die objektive Realität gibt es jedoch nicht. Die Wissensphänomene entstehen dadurch, daß der Beobachter Unterscheidungen trifft und dadurch Dinge durch Operation in der Sprache hervorbringt.

Die Therapeuten Mendez und Coddon erwähnen in diesem Aufsatz, wie sie immer wieder bei der Paartherapie fasziniert waren, wie die Partner unterschiedliche »Wahrheiten«, verschiedene »objektive Realitäten« »wahrnehmen« und sich auf ihre »objektive Realität« beriefen. Deshalb sollte man »Objektivität in Klammern« (»objectivity in parenthesis«) setzen.

Wie gehen wir denn tatsächlich vor?

1. Wir *unterscheiden*. *Wir* machen die Unterschiede, die einen Unterschied machen (Bateson).

2. Übereinstimmung über etwas entsteht nur, wenn ein *gemeinsames Kriterium der Unterscheidung* akzeptiert wird.

3. Zwei Dinge sind nur dann gleich, wenn sie durch die gleiche wiederholte Unterscheidungsoperation hervorgebracht werden.

4. Mit »Objektivität *ohne* Klammern« gibt es Leute, die die Wahrheit »haben«, die anderen irren sich, denken falsch oder sind verrückt. Es gibt jedoch keinen privilegierten Zugang zur objektiven Realität. Bei »Objektivität *in* Klammern« geht es nicht mehr darum, wer recht hat und wer unrecht, was wahr und was falsch ist, sondern darum, ob wir a) ›coexistieren‹ wollen, miteinander leben, b) ob wir die Konsequenzen einer bestimmten Realität (auf die wir uns geeinigt haben) wünschen oder nicht.

5. Mit »Objektivität in Klammern« ist offensichtlich, daß es viele mögliche Weisen von Unterscheidungsoperationen gibt, und daß Nichtübereinstimmung nicht durch Berufung auf Wahrheit gelöst werden kann, sondern nur durch Bewußtheit (awareness) und den Wunsch nach Koexistenz, nach Miteinander-leben.

6. Folglich ist zu akzeptieren, daß wir Menschen verantwortlich sind für die Welt, die Realität, die wir im Zusammenleben mit anderen hervorbringen.

7. In der Sprache sein (»languaging«) ist eine Weise des Zusammenlebens (coexistence). »Menschen existieren als solche nur in der Sprache« (S. 18). In-der-Sprache-sein besteht in der rekursiven, konsensuellen Koordination des Verhaltens, also in der konsensuellen Koordination von konsensuellen Koordinationen von Handlungen. Das Zusammenleben in Sprache, »that consensual operational coherences, that operations of distinction in language, constitute the generation and validation of all reality« (38).

8. Wir behaupten, daß objektives Wissen uns bestimme. Das ist falsch. Wir können nicht leugnen, »daß es die Präferenz (Emotion) ist, die uns bestimmt« (Krüll, Luhmann, Maturana, 1987, S. 19), und Liebe ist die »fundamentale Emotion, welche die Anerkennung der Koexistenz ermöglicht«.

Pathologien werden also zugeschrieben oder schreibt man sich selbst zu in der Sprache. Die Unterscheidung in gesund und krank ist eine Unterscheidung, die *wir* treffen. Wenn Personen zusammenleben, z. B. in einer Familie, und auf »Objektivität ohne Klammern« bestehen, entstehen Machtbeziehungen, Machtkämpfe, die sich gründen auf die Überzeugung, daß es nur *eine* Wahrheit, eine Realität gibt, es kommt zu »Konversationen von Charakterisierungen und Anklagen« statt zu »Konversationen und Koordinationen von Aktionen.«

Ziel der Therapie kann also nur sein, »Objektivität in Klammern« herzustellen. Der Therapeut oder die Therapeutin muß darauf achten, nicht in die »Konversation von Charakterisierungen und Anklagen« hineingesogen zu werden, in die »Objektivität *ohne* Klammern«, er oder sie muß »orthogonal« vorgehen. Selbst-Bewußtheit (self-awareness), die rekursive Bewußtheit, daß man als Sprechender in der Sprache rekursive konsensuelle Koordination von Handeln betreibt und dadurch sich selbst einem strukturellen internen Wandel unterzieht, verändert und bringt strukturellen Wandel bei den Interaktionspartnern hervor. Indem er sich selbst wandelt oder verändert, verändert oder wandelt er den oder die Interaktionspartner, auch wenn er bei ihm nur Perturbationen auslösen kann und der Interaktionspartner nach seiner internen Struktur, also autonom, sich verändert.

Wissenschaftliche Erklärungen

Nach Maturana sieht eine Erkärung folgendermaßen aus (Maturana und Varela 1987; Maturana 1982, 236 ff., Segal 1986, 60 ff.):

1. *»Draw a distinction!«* Dieser Satz von Spencer-Brown aus dem Anfang seines Buches »Laws of Form« (1979), den von Foerster als Motto verwendet hat, könnte am Anfang des ersten Schrittes stehen. Dieser erste Schritt besteht darin, daß der Beobachter die Unterscheidungsoperationen darlegt, die zur Beschreibung des zu erklärenden Phänomens führen, in einer für die Gemeinschaft der Beobachter annehmbaren Weise.

2. *Konstruiere eine Hypothese!* Der Beobachter stellt ein konzeptuelles System auf, welches das zu erklärende Phänomen in einer für die Gemeinschaft der Beobachter annehmbaren Weise zu erzeugen in der Lage ist. Die Hypothese ist einfach ein mechanisches explikatives System, das, wenn es operiert, das Phänomen erzeugt, das er erklären will.

3. *Berechne!* Der Beobachter leitet, ausgehend von 2., ein Phänomen ab, das in dieser Aufstellung nicht explizit berücksichtigt
   wurde. Das explikative System würde dieses Phänomen erzeugen, wenn man es operieren läßt. Der Beobachter beschreibt
   die Unterscheidungsoperationen in einer für die Gemeinschaft
   der Beobachter annehmbaren Weise.
4. *Validierung.* Beobachtung dieser aus 2 in 3 abgeleiteten Phänomene.

Eine Erklärung ist eine Aussage, die für Personen, die ein Validi-
tätskriterium teilen, annehmbar ist. Die Eigenschaften des Beobachters determinieren den Bereich seiner möglichen Beobachtungen, sie sind deshalb beobachterabhängig, – valide in einer Gemeinschaft von Beobachtern; sie validieren sie durch den Akt des
Anerkennens und Annehmens. Objektivität erscheint in diesen
Operationen nicht, es gibt nur den Zusammenhang von Beobachtungen durch einen Beobachter beschrieben in Sprache. Es gibt ihn
nicht, den absoluten und festen Bezugspunkt, statt dessen ein
Schwindelgefühl durch die »gänzlich zirkuläre Situation« (Maturana und Varela, 1987, 148).

Es ist eine Gratwanderung, die Maturana und Varela vorschla-
gen, den »*mittleren Weg*« zwischen den Fallen *Repräsentationis-
mus* und *Solipsismus*. Es geht ihnen um die »*logische Buchhaltung*«.

Als Beobachter können wir eine Einheit in verschiedenen Bereichen betrachten, einerseits das abgeschlossene System, das Lebewesen, das strukturdeterminiert ist, und für dessen interne Dynamik (z. B. sein Nervensystem) wir uns zu interessieren entschieden
haben. Dafür – für die interne Dynamik – ist die Umgebung
irrelevant. Wir können uns aber als Beobachter andererseits auch
dazu entscheiden, eine Einheit in ihren Interaktionen mit dem
Milieu zu betrachten, und die Geschichte der Interaktionen beschreiben. Der Beobachter stellt Beziehungen zwischen dem Milieu und dem Verhalten der Einheit, also Strukturkoppelungen
fest, dafür ist die innere Dynamik der Einheit irrelevant.

Wir können als Beobachter von außen die beiden genannten
Bereiche korrelieren. Bei klarer »logischer Buchhaltung« stellen
wir als Beobachter fest, daß die Struktur des Systems seine Interaktionen determiniert, und wir stellen als Beobachter fest, daß das
Milieu das System perturbiert, aber die Strukturveränderungen

vom System determiniert werden; das Milieu instruiert nicht, schreibt nichts vor.

Maturana (1982) und Maturana und Varela (1987) verwenden als Analogie immer wieder den Blindflug oder das Auftauchen eines Unterseeboots. Stellen wir uns vor, der Steuermann eines Unterseebootes habe sein ganzes Leben in dem Unterseeboot verbracht und das Steuern des Bootes aufgrund der Anzeiger genau gelernt. Wir als Beobachter stehen am Strand und sehen, wie das Boot elegant auftaucht, alle Riffe vermeidet und sanft landet. Wir könnten dem Steuermann zur guten Landung gratulieren. Er würde uns nicht verstehen, er hat nur Schalter bedient, Anzeiger verglichen, bestimmte Relationen zwischen Anzeigern hergestellt. Er kennt keine Riffe, keinen Strand, keine Landung. Nur wir als Beobachter sehen Riffe und Strände, für den Steuermann gibt es nur die Dynamik der internen Strukturveränderungen.

Freiheit

Die »Erfindung« der Sprache sei der »Sündenfall«, hieß es weiter oben. Andererseits verhilft uns aber die Sprache und damit die Fähigkeit, Beobachter zu sein, zur Freiheit. Der Organismus und sein Nervensystem sind strukturdeterminiert, wie dargestellt wurde, d. h. das Nervensystem ist determiniert, und es gibt da keine freie Wahl. Das bedeutet jedoch nicht – wie Heinz von Foerster ja auch gezeigt hat – daß wir als Lebewesen oder unser Nervensystem vorhersagbar sind. Vorhersagbarkeit ist ein Ereignis im Bereich des Beobachters, also in einem ganz anderen Bereich als dem des Operierens des Organismus.

»Der Organismus ist frei, obwohl sein Operieren deterministisch ist, wenn er konsensuelle Bereiche zweiter Ordnung generieren kann. Er kann nämlich dann als rekursiver Beobachter seiner Verhältnisse operational voneinander unabhängige konsensuelle Gegenstände generieren« (1982, S. 270). Durch die Sprache gewinnt der Mensch im Gegensatz zu den nichtsprachlichen Lebewesen Freiheit. Mit der Freiheit erwirbt er ebenfalls Verantwortung.

Lebewesen sind autonom, d. h. nicht von außen bestimmt, nicht heteronom determiniert, sie sind autonom determiniert durch ihre Struktur, das ist Determiniertheit und Autonomie. Freiheit entsteht durch Sprache, dadurch daß der Mensch als Beobachter Beschreibungen anfertigen kann, mit welchen er und andere interagieren können. Insofern hat Heinz von Foerster doch wieder recht, wenn er sagt, daß Autonomie Verantwortung impliziert. Aber die »Erfindung« der Sprache ist nicht nur »Sündenfall«, es ist auch die »Erlösung«, um in dieser Symbolik zu bleiben, die »Erlösung« zur Freiheit.

Trotzdem: Der kognitive Bereich eines Menschen ist »begrenzt und unendlich«. Wenn Wissen Interaktionen voraussetzt, und der Interaktionsbereich abgeschlossen ist, dann können wir nicht aus dem Interaktionsbereich heraus, aber innerhalb des Interaktionsbereiches sind unendliche Interaktionen möglich. Wenn Erkennen gleichbedeutend mit Leben ist, und wenn Erkennen beim Menschen heißt, »in einem Beschreibungszusammenhang zu leben, nicht Gegenstände zu beschreiben« und »sich in einem operationalen Konsens mit anderen zu bewegen, nicht eine vom Erkennenden unabhängige Wahrheit zu erwerben« (1982, S. 28), dann bedeutet das, daß wir nicht auf eine vom Erkennenden unabhängige Wahrheit uns berufen können, sie nicht mehr als Beweis anführen können. Übereinstimmung mit der Wahrheit, der Wirklichkeit kann kein Kriterium mehr sein.

Unsere Konstruktionen lassen sich nicht an der Wirklichkeit überprüfen. Das bedeutet, daß statt des Wahrheitskriteriums für unsere Konstruktionen ethische und ästhetische Kriterien angewendet werden können und sollten. Unsere Konstruktionen sind sozial, denn ein Beobachter existiert nicht allein, seine Existenz setzt zumindest ein weiteres Wesen voraus, mit dem er einen konsensuellen Bereich herstellen und Konsensus über den Konsensus erzielen kann. Jeder bleibt innerhalb seiner operationalen Geschlossenheit. Und die Realität bleibt »außen vor«.

Das gibt uns eine ungeheure Freiheit, nämlich die Freiheit, unsere Konstruktionen gemeinsam so zu konstruieren, wie wir wollen, und gleichzeitig gilt: »Es gibt keinen festen Bezugspunkt« (Varela, 1979, S. 166).

Unsere Konstruktionen hängen letzten Endes in der Luft, wie Wolkengebilde, sie sind bodenlos.

Hejl (1985) vertritt die These, daß die Gehirnentwicklung des Menschen den Spielraum, den Bereich der strukturellen Veränderungen des Nervensystems (ohne daß es zerstört wird), derartig erweitert hat, der Freiheitsspielraum wurde so groß, daß im Gegensatz zu den übrigen phylogenetisch enger festgelegten Lebewesen die Verschiedenartigkeit so groß hatte werden können, so

daß zu einem »Punkt« der Evolution Gesellschaft »erfunden«
werden mußte, um gleichsam die Menge der möglichen Konstruktionen einzuschränken. »By combining (and partly sup-
planting) individual definitions of realities with social ones, it
became possible to secure biological maintenance and, at the
same time, to provide domains where the selfreferential capaci-
ties of our cognitive systems could display their innovative potential« (Hejl, 1985, S. 67).

Diese These riecht mir zu sehr nach einem übernatürlichen steu-
ernden Geist, aber worauf sie aufmerksam macht, ist, daß durch
die strukturelle Koppelung und die Produktion eines konsensuellen Bereiches und des Konsensus über den Konsensus oder der
Koordination der Aktionen über die Koordination der Aktionen,
d. h. durch soziale Interaktion, eine Einschränkung im Spielraum
der Konstruktionen entsteht.

Aber es gibt nicht nur den Zwangscharakter des Sozialen. Es gehe
darum, schreibt Hejl: »... neben dem Zwangscharakter sozialer
Verhältnisse (Handeln auf der Basis sozial erzeugter Realitätsdefinitionen) auch den ebenso wichtigen Aspekt der Erzeugung und/
oder Veränderung dieser Realitätsdefinitionen durch soziales
Handeln hervorzuheben« (Hejl, 1985, S. 8).

Wichtig ist mir in diesem Zusammenhang, daß Sozialisation
eben nicht nur durch Normen, Gebote und Verbote, Rollen etc.
erfolgt, sondern vor allem durch Realitätsdefinitionen oder -kon-
struktionen. Kulturen unterscheiden sich durch Realitätsdefinitionen, ebenso sind historisch verschiedene Realitätsdefinitionen in
ein und derselben Gesellschaft zu finden (vgl. Elias 1969, Ariès
1980, Gernot Böhme 1985).

Das Kind beginnt sehr früh, solche Realitätsdefinitionen und
Realitätskonstruktionen zu »lernen«.

Der Mensch ist prinzipiell autonom und frei und damit verantwortlich. Das ist jedoch in der Regel nicht seine Überzeugung. Das
»beliebte Gesellschaftsspiel«, wie Heinz von Foerster sagt, ist, sich
als abhängig, als determiniert von anderen Menschen und Umständen zu sehen und damit die Verantwortung abzugeben.

Wenn wir beim Menschen von Selbstreferentialität ausgehen,
von rekursiven Operationen, dann folgt daraus, daß er ein abgeschlossenes System ist. Diese Abgeschlossenheit führt einerseits zu
seiner Autonomie und Verantwortlichkeit und andererseits –
komplementär dazu – auch dazu, daß er die Welt konstruiert.

Durch seine Tätigkeit, durch seine Handlungen, sein Tun erkennt er: »Tun ist Erkennen und Erkennen ist Tun«. Er bringt *seine* Welt hervor. Durch Sprache – rekursive konsensuelle Koordination von Handlungen – erlangt er einerseits Freiheit, andererseits ist sie die Basis von Pathologien und Verwirrungen.

Kapitel III
Sozialisation und Habitus

Die prinzipielle Autonomie des Menschen als Lebewesen, seine Autonomie in der Konstruktion wird eingeengt durch Sozialisation. Den blinden Waldläufer aus von Glasersfelds Metapher gibt es ja nicht, er wurde von einer Mutter geboren und konnte nur in der Obhut eines anderen Lebewesens seine frühen Jahre überleben. Er ist sozialisiert. Die Konstruktionen betreffen nicht nur Gegenstände, sondern auch Abläufe, Eigenschaften, Ethik und Ästhetik. Er übernimmt sie durch Sozialisation.

Vielleicht beginnt die Sozialisation schon im Mutterleib. Vielleicht stellen die Neugeborenen gar nicht die Barbareninvasion dar, von der Coleman (1971) spricht. Früher faßte man Sozialisation als einseitig gerichteten Einflußprozeß auf (z. B. Ronneberger, 1971). Der Sozialisator sozialisiert, beeinflußt den Sozialisanden. Der Sozialisand sei ein passives, dem Einfluß des Sozialisators unterworfenes Wesen, so meinte man. Als man von der frühkindlichen zur späteren sekundären und tertiären oder lebenslänglichen Sozialisation die Aufmerksamkeit lenkte, mußte man die Auffassung vom passiven Sozialisanden aufgeben, und man beachtete mehr die Tatsache, daß der Sozialisand sich auch selbst aktiv sozialisiert, und daß es oft sehr schwierig ist, zumindest bei der Sozialisation im späteren Alter, zwischen Sozialisator und Sozialisand zu unterscheiden. In jeder Interaktion sozialisiert man sich gegenseitig. Das entspricht auch Maturanas Auffassung von der Entstehung einer konsensuellen Domäne durch Koordination von Aktionen und der Koordination von Koordination der Aktionen, also Sprache.

Zu beachten ist, daß die Mutter als zunächst wichtigster Interaktionspartner, eventuell auch sogar solange das Kind im Mutterleib ist, ja nicht isoliert ist, sondern eingebunden in ein Netzwerk von Interaktionen und Koordination von Aktion und Sprache. Das Ungeborene und das Neugeborene begegnet ja fast nie der Natur. Es hat mit gesellschaftlich geformten Lebewesen – zum Beispiel der Mutter – und gesellschaftlich geformten Gegenständen oder Prozessen zu tun. Die Bewegungen der Mutter während der

Schwangerschaft, ihre Arztgänge, die verschiedenen Schwangerschaftsuntersuchungen, die Geburt selbst, die Muttermilch, all das, alles ist gesellschaftlich geformt, ist durch die Kultur bestimmt und von der historischen Zeit, in der die Schwangerschaft stattfindet.

Sozialisation hat Sprache nicht zur Voraussetzung. Sozialisation findet auch ohne Sprache statt, sicherlich ist Sprache aber für Menschen das wichtigste Sozialisationsmedium.

Ein Lebewesen unterliegt immer durch seine Aktionen, die ja Interaktionen mit Gegenständen, mit Mit-Lebewesen sind, einem ontogenetischen Wandel. Beim Menschen sind Gegenstände und Mit-Lebewesen gesellschaftlich geformt. Jede Aktion ist eine Interaktion und ist Sozialisation. Maturana spricht von ontogenetischer struktureller Koppelung oder Koontogenese. Trotzdem gilt auch für die Sozialisation:

Das Lebewesen oder der Mensch ist strukturdeterminiert, die Interaktion löst aus, aber sie bestimmt nicht die Strukturveränderung, die der Beobachter als Sozialisation bezeichnet. Die aus der Interaktion zwischen Lebewesen und Milieu sich ergebenden Veränderungen werden zwar durch die Perturbierung des Agens »entfesselt«, aber von der Struktur der Perturbierten determiniert.

Für den Biologen Maturana ist das soziale System »Kollektion von interagierenden Lebewesen, die durch die Realisierung ihrer Autopoiese durch die aktuelle Operation ihrer Eigenschaften als autopoietische Einheiten ein System konstituieren, das als ein Netzwerk von Interaktionen und Relationen operiert, dadurch daß es für sie (die Einheiten) das Medium darstellt, in welchem sie ihre Autopoiese realisieren, indem sie das System integrieren« (1980, S. 11). Damit beschreibt er soziale Systeme als Systeme mit einer bestimmten Organisationsform. Er rechnete auch multizelluläre Organismen zu sozialen Systemen, was nach seiner Definition möglich ist (1980).

In ihrem jüngsten Buch »Baum der Erkenntnis« unterscheiden Maturana und Varela (1987) zwischen »Meta-Zellern«, also »autopoietischen Einheiten 2. Ordnung«, einerseits und »Koppelungen 3. Ordnung«, also »Koppelungen zwischen Organismen mit Nervensystem«, »soziale Phänomene« andererseits.

»Meta-Zeller« sind neben den Vielzellern biologische Einheiten höherer Ordnung und Gesellschaften, denn die Lebewesen werden ja eingeteilt in Trokaryoten, Eukaryoten, Tiere, Pflanzen und Pilze, die autopoietische Systeme zweiter Ordnung bilden, nämlich Organismen, Kolonien, Gesellschaften. Die Frage, ob autopoietische Systeme zweiter Ordnung auch autopoietische Systeme erster Ordnung sind, lassen die Autoren offen. Es genügt ihnen, darzulegen, daß sie operational abgeschlossen sind und autonom, und daß es immer um die Erhaltung der Autopoiese der sie bildenden Zellen geht.

Lebewesen seien weder in ihrer Strukturdeterminiertheit einzigartig noch in ihrer Strukturkoppelung. Das Eigentümliche sei, daß bei ihnen, ob als Einheit erster oder zweiter Ordnung, Determiniertheit und Strukturiertheit im Rahmen der ständigen Aufrechterhaltung der Autopoiese verwirklicht werden (Maturana und Varela, 1984, S. 99). Für die Existenz eines lebenden Systems sind zwei Dinge unbedingt notwendig: die Erhaltung seiner Organisation (Autopoiese) und die Erhaltung seiner Anpassung (strukturelle Koppelung).

Soziale Phänomene beruhen darauf, daß die beteiligten Organismen ihre individuellen Ontogenesen mittels ihrer gegenseitigen Koppelungen im Netz von reziproken Interaktionen erfüllen, die sie bei der Bildung von eben diesen Einheiten dritter Ordnung konfigurieren. Menschliche soziale Systeme sind eine besondere Art von sozialen Phänomenen durch die Sprache.

Sprache setzt »operational kongruente Strukturen« der Lebewesen voraus, die durch strukturelle Koppelung entstanden sind, d. h. durch koordiniertes Verhalten, das einem Beobachter als Domäne der Indikation und Distinktion erscheint, und diese Domäne ist ein Resultat einer spezifischen Form der wechselseitigen Adaptation von Organismen, die durch wiederholte Interaktionen in ihrer Ontogenese entsteht. Etwas vereinfacht stellt es Hejl dar. Für Hejl (1984) entsteht eine soziale menschliche Domäne im Prozeß von wechselseitiger Interaktion und Modulation, welcher in einer »partiellen Parallelisierung« der interagierenden Systeme resultiert.

Der Prozeß der Interaktion wird zur Modulation des Zustandes des Organismus, zur Definition einer neuen Realität, was zur modifizierten Interaktion wird und damit zur modifizierten Modulation des Zustandes des Organismus und so weiter, und so weiter ... Aber, das sei schon an dieser Stelle erwähnt, das soziale System als ein System von autopoietischen Einheiten ist selbst nicht autopoietisch nach Maturana (1980) und auch Hejl (1984), auch wenn Beer (1982) und Luhmann (1984) das behaupten. Hejl (1984) nennt soziale Systeme syn-referentiell. Soziale Systeme sind nicht selbst-referentiell, weil sie nicht alle Zustände ihrer Komponenten, d. h. der sie konstituierenden Lebewesen modulieren, sondern nur diejenigen, die an der sozialen Domäne teilhaben, also nur insofern, als sie einander ihre parallelisierten Zustände modulieren durch ihre Interaktion in einer operational geschlossenen Weise. Das heißt nichts anderes, als daß das Individuum Komponente verschiedener sozialer Systeme sein kann, der Familie, eines Clubs, einer Partei, einer Nation usw. Bourdieu widerspricht m. E. der These, daß *nicht* alle Zustände, oder wie Hejl sagt, «die Totalität der Zustände eines Lebewesens» moduliert werden, indem er behauptet, die frühe Sozialisation an dem sozialen Ort, in dem man hineingeboren wurde, würde immer durchschlagen.

In allen Kulturen gibt es Rituale, die das junge Individuum, das noch nicht der zentralen Gemeinschaft angehört, zum vollen Mitglied oder zur Komponente machen. Das sind die Initiationsrituale, die in der Konfirmation, Firmung, der Reifeprüfung oder Matura, im juristischen Akt der Volljährigkeit oder Mündigkeit ihre Entsprechung haben. Trotzdem geht danach die Sozialisation weiter, z. B. auch in der Hochschule. Das Lebewesen wurde »trivialisiert«, wie Heinz von Foerster sagen würde. Bourdieu behauptet nun, daß der ursprüngliche »Habitus«, die einverleibte gesellschaftliche Struktur, immer Bedeutung hat.

Ein kleines Experiment

Um die Idee des Habitus begreiflich zu machen und um Betroffenheit zu erzeugen, habe ich mehrfach ein kleines Experiment mit Wissenschaftlern verschiedener Disziplinen, mit Studenten, mit Hochschullehrern aus der dritten Welt durchgeführt. Ich legte ihnen folgenden Text vor, der von Wolfgang Schütte (1982) stammt. Die Aufgabe war:

»Sie werden von jemandem, der weiß, daß Sie Jurist, Biologe usw. sind, gebeten, dieses Problem zu bearbeiten. Wie würden Sie das Problem sehen? Welche Fragen würden Sie stellen?«

»Da haben sich zwei Familien im Süden Hamburgs ihre Bungalows gebaut und viel Wert auf die Gartengestaltung gelegt. Es kommt nun zu Knatsch wegen zwei Quadratmetern, weil die Grundstücke nicht richtig ausgemessen wurden, beiläufigen Gehässigkeiten usw., bis hin zur Vermutung des Nachbarn A, die Birke auf dem Grund des Nachbarn B entziehe seinem Boden so viel Wasser, daß die Möhren verdorren. Eines Tages fordert A den B ultimativ auf, die Birke zu entfernen, B lehnt ab. Daraufhin nimmt A einen Spaten und ein Beil und gräbt auf seiner Seite ein Loch und kappt die Wurzeln. Es kommt zum Wortwechsel. A nimmt eine kleine Gartenschaufel vom Boden auf und wirft damit nach B, verfehlt ihn aber. Nun kommt die Frau des B hinzu, sie hatte in der Küche den Streit gehört. Sie sieht die Gartenschaufel durch die Luft fliegen, will ihrem Mann zu Hilfe eilen, holt schnell eine Harke aus dem Geräteschuppen, drückt sie ihrem Mann in die Hand und sagt: »Los, hau zu.« B haut tatsächlich zu, in seiner Wut schlägt er dem A die Harke auf den Kopf, so daß dieser ohnmächtig wird und mit einer Gehirnerschütterung und einer schmerzhaften Platzwunde zwei Wochen im Krankenhaus liegen muß. A's Einkünfte vermindern sich in dieser Zeit um etwa ein Drittel, weil er seiner freiberuflichen Nebentätigkeit nicht nachkommen kann.«

Die Juristen machen verständlicherweise einen Strafrechtsfall daraus: Die Schaufel wurde zur »Tatwaffe«, es war von »Notwehr«, »Schadensersatz«, »Verdienstausfall« die Rede, von »Kläger« und »Beklagtem« usw. Ein Mediziner überlegte, wie die Kopfwunde wohl aussehen und ob sie Spätfolgen haben könnte. Der Biologe fragte sich, ob die Birkenwurzeln tatsächlich das Wachsen der Pflanzen des Nachbarn beeinträchtigen. Eine Biologin dachte an Territoriumskämpfe und daran, daß der Mann mit seinem »Männlichkeitsgefühl« das »schwache Weib verteidigt«. Der Soziologe sprach von »Komplexität« und »Komplexitätsreduktion«. Ich zitiere aus einem Tonbandprotokoll, das ich einmal bei einem solchen Experiment aufgenommen habe. Ich will zwei Reaktionen auf die Aufgabe etwas ausführlicher wiedergeben, weil sie zeigen, wie unterschiedlich die Zugangsweisen sind. Der Psychologe und der Jurist in den beiden Zitaten kommen zwar zu sehr ähnlichen Lösungsvorschlägen, aber sie argumentieren sehr unterschiedlich. Der Psychologe sagte:

»Bei der Analyse: Es handelt sich um eine hochemotionale Auseinandersetzung, um den Ausbruch einer Aggression, die angestaut war. Dann bestehen Kommunikationsschwierigkeiten zwischen diesen Leuten. Und ich stellte eine hohe Identifikation des Herrn Albrecht und des Herrn Becker mit ihren Grundstücken fest, wobei ich vermute, daß die Verletzung des Grundstückes als ein Eingreifen in die Ich-Grenze erlebt wird. Wobei nicht erklärt ist, daß diese hohe Notwendigkeit des Abgrenzens, die ich bei beiden sehe, die ist in der Geschichte nicht erklärt, scheint aber ein wichtiges Motiv für beide zu sein, das sind dann auch die Fragen, die man stellen müßte. Dann war die Frage nach der Lösung: In welchen Richtungen könnten gemeinsame Interessen liegen, haben die beiden Kinder? Könnte man über die Kinder die Kommunikation wieder aufbauen? Dann, ob schon einmal eine gemeinsame Aussprache probiert wurde, oder warum sie nicht zustande kam, mit dem Ziel, ob ein Miteinanderreden mit einer guten integrierenden dritten Person, die die emotionalen Anteile an dem Konflikt versucht herauszukriegen und zu lösen ...«

Einer der Juristen sagte:

»Ja, ich hatte gleich ein klares Raster. Nämlich 1. Frage: Was will der Betreffende? Da habe ich mich ganz stillschweigend identifiziert mit demjenigen, dem auf den Kopf geschlagen wurde, daß der eben der Anspruchsinhaber sein kann für irgendwas. Man kann die juristischen Konsequenzen durchspielen oder nicht-juristische Konsequenzen wollen. Juristisch kann der Schadensersatz für Verdienstausfall und Schmerzensgeld verlangen. Und Notwehr? Die Schaufel war ja schon früher geflogen, die Harke war nicht mehr als Notwehr nötig gegen die Schaufel oder sonstwie. – Und die nicht-juristischen Konsequenzen wären Gespräche, Versöhnung oder öffentliche Entschuldigung. Davon in der dritten Ebene ganz klar getrennt ein Rat, den ich gebe, unabhängig davon, das andere ist ein Angebot, man kann das und jenes machen, aber nicht geraten zu diesem oder jenem. Einen Rat hätte ich gegeben in die Richtung, die allgemeine Erfahrung zur Kenntnis zu nehmen, daß aus der Fortsetzung solcher Nachbarschaftsstreitigkeiten nichts Gutes mehr entsteht und es nur schlimmer werden kann, wenn man das nicht jetzt und gleich abwägt. Notfalls indem man auf Ansprüche verzichtet oder indem man jedenfalls die Sache beerdigt.«

Beeindruckend ist für die Teilnehmer an diesem kleinen Experiment regelmäßig die Tatsache, daß jede Fachwissenschaft einen ganz spezifischen Zugang zu der Wirklichkeit in dieser kleinen Geschichte hat. Jeder Fachwissenschaftler sucht sich seine ihm wichtigen Wirklichkeitsaspekte heraus, stellt fachspezifische Fragen und hat fachspezifische Lösungsvorschläge. Häufig sind sich die Teilnehmer bewußt, daß ihr Zugang nur einer der möglichen Zugänge ist, und nur einige wehren sich auch dagegen, ihren fachspezifischen Zugang zu wählen. Und welch unterschiedliche Wirklichkeiten entstehen durch den fachspezifischen Zugang!

Wenn wir unsere Reaktionen in diesem Experiment auf einer höheren Ebene analysierten, auf der Ebene, die uns zunächst nicht bewußt war, machte uns die Analyse noch betroffener. Eine solche Analyse war nur möglich, weil wir verschiedenen Fachdisziplinen angehörten und uns auf die jeweiligen blinden Flecken aufmerksam machen konnten. Ich will Beispiele geben: Der Psychologe kommt gar nicht auf den Gedanken, daß eine der Personen wegziehen könnte, seine Lösung liegt in der Aussprache »mit einer guten integrierenden Person« – er dachte an einen Psychologen.

Ein Wirtschaftswissenschaftler dagegen distanziert sich zunächst: »Streit zweier kleinkarierter Mitmenschen, vermutlich nicht lösbar, einer muß wegziehen«, um dann seine steuerlichen Überlegungen über die Frage des Wegzugs aufzubauen.

Das Distanzieren von den Problemen, von den Menschen, die da verwickelt sind, trat bei allen Fachwissenschaftlern nicht bewußt auf. Die Realität wurde umgewandelt in »Schmerzensgeld«, »Verdienstminderung«, »Territoriumskämpfe«, »Spätfolgen der Kopfwunde«, »Ausdruck von Aggression«, »Ich-Grenze«, »Kommunikationsproblem« usw. Durch solche Distanzierungen und Etikettierungen aber werden die Menschen verdinglicht oder ausgeklammert; sie oder die Beziehung zwischen ihnen werden zu bloßen Objekten gemacht. Als weiteres Beispiel erwähnenswert ist noch, daß viele Fachwissenschaftler, vor allem die Naturwissenschaftler, zwar bewußt ihre Fachwissenschaft auf das Problem anwenden, aber gleichzeitig das Problem als ein juristisches bzw. psychologisches definieren. Es ist ihnen dabei nicht bewußt, daß sie sich die Lösungskompetenz durch Alltagswissen dabei absprechen. »Ich hätte auch keine Lust«, sagte ein Biologe, »mich da auch irgendwie reinzuarbeiten und nachzudenken, wieviel Wasser nun so eine Gurke verbraucht. Das sollten entweder Juristen klären...« Immer wieder haben wir uns nach dem kleinen Experiment und seiner Analyse noch einmal gestritten, was nun die »richtige« Lösung sei. Als Psychologe war ich überzeugt, daß es auf die Lösung des Kommunikationsproblems ankomme. Ein Jurist dagegen war überzeugt, daß es dafür zu spät sei, es gehe nur noch juristisch, da müßten endlich klare Verhältnisse geschaffen werden. Und ein Vermessungstechniker war von mir nicht davon zu überzeugen, daß es wirklich keinen Sinn habe und die Streitigkeiten keineswegs beilegen würde, wenn man die Grundstücke endlich richtig ausmessen würde. Für ihn war das die Ursache allen Übels, für mich die Kommunikationsunfähigkeit. Ich bin immer noch überzeugt, daß ich recht habe. Der Vermessungstechniker wahrscheinlich auch.

Es war vor allem meine Unzufriedenheit mit dem Einstellungskonzept der frühen Hochschulsozialisationsforschung, die mich zum Habituskonzept geführt hat (vgl. Portele und Huber, 1983).

Wie konnte man das Ergebnis von Sozialisationsprozessen überhaupt fassen? Einstellungen, auch die Summe von Einstellungen, konnten Handeln offensichtlich nicht ausreichend erklären. Ich versuchte, das Sozialisationsprodukt als kognitive, motivationale und moralische Systeme zu fassen, aber dabei lag das Gewicht zu stark auf der Sozialisation des Individuums, auf der Individuation. Der zweite mir wichtige Aspekt der Sozialisation, die Reproduktion der gesellschaftlichen Struktur, vor allem der Klassenstruktur, wurde in dieser Konzeption zu stark unterbewertet (Portele, 1975). Das gilt auch für die modische Identitätskonzeption (Döbert u. a. 1975), bei der Sozialisation als Identitätsentwicklung dargestellt wird. Die Identitätskonzeption ist m. E. allerdings nicht nur wegen der Unterbewertung des Sozialisationsaspektes der gesellschaftlichen Reproduktion abzulehnen, sondern auch deswegen, weil Identität eine diffuse Stellungnahme des Individuums zu sich selbst impliziert. Es ist ein typisches Konzept der Mittelschicht: Für »Gebildetere« ist das Identitätskonzept wichtiger als für weniger »Gebildete«.

Das Habituskonzept hat meines Erachtens diese Schwächen nicht nur nicht, sondern darüber hinaus eine Reihe von Vorteilen, die ich im folgenden darstellen möchte.

Bourdieu stellt heraus, »daß Erkenntnisobjekte konstruiert und nicht passiv registriert werden« (1980, 1987) und »daß das Prinzip dieser Konstruktion das System strukturierender und strukturierter Dispositionen ist«, eben des Habitus, der durch Praxis erworben wird und stets auf praktische Funktionen ausgerichtet ist. Letzteres ist für Bourdieu etwas, was er immer wieder abgrenzend gegen andere mögliche Auffassungen betont. Das praktische Handeln ist für den Erwerb und für die Ausführung des Habitus allein entscheidend, nicht das Reden darüber oder Regeln oder was immer. Bourdieu knüpft also ans Praxiskonzept des frühen Marx an (H.-P. Müller 1986, S. 63). Bourdieu definiert:

»Die mit einer bestimmten Klasse von Existenzbedingungen einhergehenden Konditionierungen erzeugen die Habitusformen als Systeme dauerhafter und übertragbarer Positionen, als strukturierte Strukturen, die prädisponiert dafür sind, als strukturierende Strukturen zu fungieren, d. h. als Erzeugungs- und Organisationsprinzipien der Praktiken und Repräsentationen, die objektiv (d. h. für einen Beobachter im Sinne Maturanas; Anmerkung von G. P.) an ihre Ziele angepaßt sein können, ohne jedoch das bewußte Anvisieren ihres Zweckes und die ausdrückliche Beherrschung der zu ihrer Erreichung erforderlichen Operationen vorauszusetzen, die objektiv ›geregelt‹ und ›regelmäßig‹ sind, ohne in irgendeiner Weise das Ergebnis der Einhaltung von Regeln zu sein und eben deswegen kollektiv konzertiert sind, ohne das Produkt der organisierenden Tätigkeit eines Dirigenten zu sein« (1980, S. 88–89).

Für Bourdieu gilt auch die Unterscheidung zwischen proskriptiv und praeskriptiv (vgl. Varela 1984). Der Habitus ist proskriptiv:

». . . als erworbenes System von Generierungsschemata ermöglicht der Habitus die freie Erzeugung aller der in den Grenzen der besonderen Bedingungen seiner Erzeugung einbeschriebenen Gedanken, Wahrnehmungen und Handlungen und nur dieser« (1980, S. 92).

Er ermöglicht »unendlich viele«, aber »beschränkte Praxisformen«.

Die Praxisformen erscheinen als »evident« und »selbstverständlich«, sie entsprechen dem »gesunden Menschenverstand«, weil die Habitusformen in der Gruppierung, z. B. der Klasse von Existenzbedingungen entstanden sind. Aber gerade deshalb sind sie so schwer als vom Habitus geprägte Praxisformen zu erkennen, und deshalb ist es so schwer, darüber zu sprechen und sie damit in Frage zu stellen.

Denn für Bourdieu sind es die »Existenzbedingungen« in der jeweiligen »gesellschaftlichen Klasse (an sich)«, die denselben Habitus erzeugen. Auch wenn die Mitglieder derselben Klasse dieselben Erfahrungen nicht in derselben Reihenfolge machen, so wird jedes Mitglied der Klasse häufig genug mit den häufigsten Situationen seiner Klassengenossen konfrontiert. In seiner Theorie von den drei verschiedenen Kapitalsorten, dem ökonomischen, dem sozialen und dem kulturellen oder Bildungskapital, weicht Bourdieu von Marx weit ab, er übernimmt auch nicht das Klassenkonzept von Marx. Ich beschränke mich hier auf die Habitustheorie von Bourdieu (für eine Zusammenfassung und Einordnung von Bourdieu vgl. H.-P. Müller, 1986).

Der Habitus ist nicht nur erstens wegen seiner Homogenität mit dem Habitus der Klassengenossen so schwer veränderbar, und zweitens weil er evident und selbstverständlich ist, sondern vor allem auch, weil er – drittens – *selbstbestätigend* ist. Der Habitus gewährleistet seine »Eigenkonstanz und Eigenabwehr gegen Veränderung dadurch, daß er die Auswahl unter neuen Informationen trifft« durch den Habitus. Er »verstärkt sich selbst« (1980, 102).

Der Mechanismus, den Bourdieu da beschreibt, ist ja der der Rekursion im Sinne von Heinz von Foerster. Für »Selbstverstärkung« kann man auch »Verstärkung der Verstärkung« sagen. Schwer veränderbar ist der Habitus viertens, weil er »einverleibt« ist im wörtlichen Sinne. Der praktische Glaube sei weder ein »Gemütszustand« noch eine »Überzeugung« im Sinne einer Anerkennung von Dogmen und Lehren, sondern ein »Leibeszustand«.

»Das vom Leib Gelernte ist nichts, was man besitzt, wie ein wieder betrachtbares Wissen, sondern etwas, was man ist« (1980, 123).

Bourdieu zeigt das an der Körperhaltung für »männlich« und »weiblich« auf und daran, wie in so einfachen Hinweisen wie »halte dich gerade« und »nimm das Messer nicht in die linke Hand« eine »komplette Kosmologie, Ethik, Metaphysik und Politik über so unscheinbare Erwartungen« verwirklicht wird (1980,

117). Die Praxis führt zu dieser »Einverleibung« und damit zu dieser »stummen Erfahrung der Welt als einer selbstverständlichen« (1980, 115).

Die Konzeption des Habitus von Bourdieu als Sozialisationsergebnis führt m. E. über Maturana und Hejl hinaus, bei welchen Sozialisation vor allem als Sozialisation des Individuums, d. h. als Individuation betrachtet wird, wenn man so will als gesellschaftliche »Identitätsentwicklung« um diese Habermassche Kategorie zu verwenden. Bourdieu dagegen geht es mit dem Habituskonzept um beides, um Individuation und Reproduktion der gesellschaftlichen Struktur, z. B. in gesellschaftlichen Klassen.

Das Habitus-Konzept

In der Regel habe ich »Habitus« als »generative Grammatik der Handlungsmuster« (Bourdieu, 1974, 150) erklärt, obwohl Bourdieu diese Bezeichnung in neueren Publikationen nicht mehr verwendet. Ich nehme an, der Terminus »Grammatik« erinnert zu sehr an »Regeln«. Es ist Bourdieu aber sehr wichtig, daß es sich bei der »Praxis« nicht um »Ausübung« von »Regeln« handelt. Ich denke, man kann die Übersetzung »generative Grammatik von Handlungsmustern« für Habitus beibehalten, wenn man sich klar ist, daß Handeln nicht durch den Habitus »geleitet« wird (»is not guided by the rule«, so zitiert Bourdieu – 1979, 162 – zustimmend Quine), wenn der Habitus für den Beobachter auch einer »Regel« entspricht (»fits the rule«). Aber der Beobachter formuliert die »Regel«, die den Handelnden beim Handeln eben nicht »leitet«.

Das ist auch für Maturana wichtig. Man könne aus den Regelmäßigkeiten oder Regeln, die ein Beobachter beobachtet, nicht darauf schließen, daß die Physiologie homomorph sei, noch die Oberflächen- und Tiefenstrukturen der Grammatik, sie seien »Merkmale von Beschreibungen«, nicht »Merkmale der Prozesse der Erzeugung solcher Äußerungen«. Die Sprache ist ein System generativer konsensueller Interaktionen aufgrund des »Prozesses der rekursiven Strukturenkoppelung« (Maturana 1982, 260 ff).

Ich sehe folgende Vorteile im Konzept der generativen Handlungsgrammatik:

1. Die Handlungsgrammatik muß als System, als ein Ganzes und nicht als eine Summe von Dispositionen verstanden werden.

2. Das System besteht weitgehend aus impliziten und nicht bewußten Dispositionen. Der Vollzug der Dispositionen wird meistens nicht hinterfragt und erscheint als »selbstverständlich«.

3. Die Handlungsgrammatik wird nicht als explizites, abstraktes Dispositionssystem gelernt, sondern durch Handeln; sie wird praktisch gekonnt, nicht symbolisch gewußt.

4. Die Handlungsgrammatik erlaubt, unendlich viele »richtige« und »falsche« Handlungen voneinander zu unterscheiden, unabhängig davon, ob man diese Handlungen schon einmal wahrgenommen oder erfahren hat oder nicht. Genauso kann die Sprachgrammatik zwischen »richtigen« und »falschen« Sätzen unterscheiden.

5. Die Handlungsgrammatik erlaubt, unendlich viele »richtige« Handlungen zu generieren, selbst wenn diese Handlungen noch nie da waren, so wie man auch durch die Sprachgrammatik nie gehörte Sätze herstellen kann.

6. Es kann verschiedene Handlungsgrammatiken geben, z. B. kulturspezifische, disziplinspezifische usw. Sie können die gesellschaftliche Gruppe definieren.

7. Man kann dem Dispositionssystem der Handlungsgrammatik genau entsprechen und trotzdem seinen eigenen Stil an Handlungen entwickeln, individuell und persönlich handeln, so wie man unter Beachtung der Sprachgrammatik seinen eigenen Stil entwickeln und individuell und persönlich sprechen kann. Diese Tatsache weist auf das nicht ganz einfache Verhältnis von Autonomie und Regelgebundenheit hin.

8. Grammatiken, auch Handlungsgrammatiken, sind Voraussetzung für Verständigung, für personelle Interaktion.

9. Handlungsgrammatiken generieren soziale Konstruktionen von Realität; durch Wahrnehmung, Denken und Handeln wird Realität konstruiert. Ähnlich funktionieren Sprachgrammatiken.

10. Von einer Metaebene aus lassen sich von einem Beobachter die Handlungsgrammatiken aus den Handlungen rekonstruieren, wie die Sprachgrammatik aus den Sätzen der Sprache.

Am ausführlichsten hat Bourdieu das Habituskonzept in »Entwurf einer Theorie der Praxis« (1979) bei einer Kultur, den Kabylen, analysiert und den klassenspezifischen Habitus der Klassenfraktionen innerhalb der französischen Gesellschaft in »Die feinen Unterschiede« (1982).

Praxis als Ausgangspunkt

Ein wichtiger Vorteil ist, daß Habitus als praxisgenerierende Disposition aufgefaßt wird, das Habituskonzept also vom Handeln, von der Praxis ausgeht. Damit wird Praxis als das Gesamt des Handelns angesehen, und es werden nicht irgendwelche Aspekte davon isoliert betrachtet, z. B. kognitive, motivationale, moralische usw. Hier bilden demnach nicht Einstellungen den Ausgangspunkt, von welchen auf das Handeln geschlossen wird.

Von der Praxis der Sozialisierten auszugehen und nicht von mentalen Strukturen, Einstellungen, Formulierungen zur wissenschaftlichen Methodik, Wissenschaftstheorien usw., scheint mir sinnvoll zu sein. Die Vorstellungen der Handelnden über ihr Handeln oder ihre Praxis, ihre in Sprache gefaßten Selbstdeutungen oder ihre Einstellungen und ihre Identitätskonzeption sind bereits Deutungen, Abstraktionen, in die sich Sollvorstellungen hineinmischen; es wird so fast nur das erfaßt, was dem Bewußtsein der Handelnden zugänglich ist.

Erzeugungsprinzip

Habitus ist »Erzeugungsprinzip objektiv klassifizierbarer Formen von Praxis und Klassifikationssystem (principium divisionis) dieser Formen« (1982, 277). Bourdieu legt großen Wert darauf, Habitus nicht als generatives Regelsystem aufzufassen, sondern als »Erzeugungsprinzip«, als »generative Schemata«, »Operator«. Es werden keine »Regeln« »ausgeübt« (1979, 157). So funktioniert der Habitus nicht. Er ist vielmehr »einverleibt« im wörtlichen Sinne, ist in den Geschmacksnerven, im Gang, in der Körperhaltung usw. Die Koppelung von Habitus zur Praxis ist unmittelbarer als die von Regeln zur Ausübung. Es gibt keine Verfügungsgewalt über Habitus und Praxis. Über Regeln könnte man sich im Diskurs äußern, aber Habitus entzieht sich dem Diskurs. Das liegt daran, daß im Idealfall »objektive Ordnung« und »subjektive

Organisationsprinzipien« und Praxis vollkommen übereinstimmen (1979, 325). Diese Erfahrung nennt Bourdieu »Doxa«, durch sie werden die »Grenzen der Erkenntnis unkenntlich gemacht«: Für den Handelnden erscheint die »natürliche und soziale Welt selbstverständlich vorgegeben« (1979, 325).

Die Argumentation Bourdieus gegen »Ausbildung von Regeln« und für »Erzeugungsprinzip«, »Schemata«, »analogiestiftenden Operator« erscheint mir einleuchtend. Insbesondere die Tatsache der »Einverleibtheit« des Habitus und die viel engere Koppelung von Habitus an Praxis als von Regel an Ausübung ermöglicht es, die nicht bewußten Automatismen des sozialisierten Handelns zu erfassen. Bourdieu zitiert zustimmend Leibniz, daß wir Menschen »in dreiviertel unserer Handlungen Automaten sind« (1982, 740).

Zirkularität

Für Bourdieu – und darauf legt er großen Wert – ist der Habitus ein wichtiges Glied in folgendem Kreislaufprozeß: Die »objektiven Strukturen« der Gesellschaft, die »Existenzbedingungen« generieren den Habitus im einzelnen, der Habitus generiert die Praxis, die Praxis generiert die objektiven Strukturen. Bourdieu spricht von »strukturierten Strukturen, die strukturierende Strukturen generieren« (1979, 165), von »Interiorisierung der Exteriorität und Exteriorisierung der Interiorität« (1979, 164), um die Zirkularität zu verdeutlichen.

An anderer Stelle schreibt er: »Die Wahrnehmungs-, Denk- und Handlungsschemata funktionieren gewissermaßen wie praktische Operatoren, vermittels deren die objektiven Strukturen, deren Produkte sie sind, sich zu reproduzieren trachten« (1979, 229). Bourdieu wendet sich einigermaßen heftig gegen die von ihm so genannte »objektivistische Erkenntnisweise«, die gesellschaftliche Strukturen oder Kultur direkt mit Praxis verbinden möchte, ohne das »missing link« Habitus in Betracht zu ziehen. Er wendet sich andererseits auch gegen die »phänomenologische Erkenntnisweise« (z.B. Interaktionismus und Ethnomethodologie), weil sie die soziale Welt als gegeben, als natürlich und selbstverständlich betrachtet und sie nicht in Frage stellt (1979, 148 ff.).

Die These von der Zirkularität – die strukturierte Struktur generiert den Habitus, Habitus die Praxis, diese die strukturierte Struktur – erklärt meines Erachtens auch bei der Sozialisation, wie sich die Prozesse selbst stabilisieren, sich selbst bestätigen.

Diese »Selbstverstärkung« oder »Verstärkung der Verstärkung« durch Rekursionen beschreiben Maturana, Varela und Heinz von Foerster mit der zirkulären Verknüpfung von Sensorium und Motorium. Bei Bourdieu ist es die zirkuläre Verknüpfung von Habitus und Praxis.

System

Der Habitus bringt »sinnvolle Praxis« und »sinnstiftende Wahrnehmung« hervor und bewirkt, daß die Gesamtheit der Praxisformen systematischen Charakter trägt und systematisch unterschieden ist von Praxisformen anderer »Lebensstile« (1982, 278). Obwohl Bourdieu das nicht in der Ausführlichkeit diskutiert wie andere Aspekte des Habitus, ist die Systemkonzeption des Habitus, der Praxisformen und der Klassenstruktur wörtlich zu nehmen. Er spricht von »Beziehungsgeflecht« und dem notwendigen »Bruch« mit dem »linearen Denken« (1982, 184) und davon, daß es sich weder um eine »Summe« noch um eine einfache Kette der Verursachung handelt (1982, 182). Bei Bourdieu ist Wandel des Habitus kaum möglich, weil er dem der Klassengenossen homogen ist, weil er selbstbestätigend ist, weil er selbstverständlich ist und weil er einverleibt ist. Aber Veränderung ist möglich, auch wenn Bourdieu die Schwierigkeit der Veränderungen in den Vordergrund seiner Argumentation rückt. Für Maturana (1980) stehen Wandel und Erhaltung, was die Gesellschaft betrifft oder die Konstruktion oder die Sprache, gleichberechtigt nebeneinander. All dies sind Beschreibungen von der Domäne des Beobachters aus. Maturana hebt hervor, daß das Individuum Mitglied in verschiedenen Gruppen sein und damit unterschiedlich konsensuelle Domänen aufbauen kann und das auch dauernd tut, dadurch ist Wandel nicht zu vermeiden. Hejl betont, daß durch die Zugehörigkeit des Individuums zu verschiedenen gesellschaftlichen Formationen, das Individuum von einer Gruppe nicht in seiner »Totalität« moduliert werden kann (1984, S. 75). Bourdieu scheint mir zu sehr an der Erhaltung der Stabilität des Habitus orientiert zu sein. Er betont, daß neue Erfahrungen keine neuen Erfahrungen für den Habitus bedeuten, weil er sie als alte Erfahrungen, als bekannte einordnet. Darin liegt ja der Selbstbestätigungsmechanismus. Aber: Die Sozialisation ist bis zum Tod nicht abgeschlossen. Es gibt immer neue Erfahrungen, die sich im Habitus niederschlagen, er verändert sich dauernd und bleibt trotzdem auf der Ebene der Beschreibung durch den Beobachter als gesamtes System stabil. Die »strukturierte Struktur« verändert sich dauernd durch die Praxis der Akteure, die sich ihrerseits durch die Veränderung der Habitusformen der Akteure dauernd verändert, und doch bleibt die strukturierte Struktur auf der Beschreibungsebene durch den Beobachter stabil.

Man muß sich klarmachen, daß Bourdieu deutlich zwischen Proskription und Praeskription unterscheidet (1980, 92). Beim Habitus handelt es sich nicht um »mechanischen Determinismus« (Praeskription: »Das und das mußt du tun, alles andere ist verboten«), sondern der Habitus hat eine »unendliche, aber dennoch streng begrenzte Generierungsfähigkeit« und gewährleistet eine »konditionierte und konditionale Freiheit« (Proskription: »Das und das ist verboten, alles andere ist egal«). Da der Habitus »jeden Augenblick die neuen Erfahrungen nach den von den früheren Erfahrungen erzeugten Strukturen strukturiert« und »neue Erlebnisse jene alten Strukturen im Rahmen der durch ihr eigenes Auswahlvermögen gezogenen Grenzen beeinflussen« (1980, 101), ergibt sich, wenn man das Geschehen als Prozeß betrachtet, ein zirkulärer Spiralprozeß.

Analogie und Übertragung

Der Habitus funktioniert nach Bourdieu folgendermaßen: Er erzeugt »praktische Metaphern«, das heißt, jede Einzelpraxis ist die Metapher einer beliebigen anderen. Oder: Dasselbe Handlungsschema wird auf verschiedene Felder »übertragen« (1982, 281 ff.). Bourdieu meint damit vor allem einfache Dichotomien, die »männlich – weiblich«, »heiß – kalt« bei den Kabylen oder »Form – Substanz« und »distinguiert – vulgär« in »Die feinen Unterschiede« heißen. Ein gutes Beispiel für das, was er meint, gibt er selbst:

> »Ein vertrautes Paradigma für diesen analogiestiftenden und auf Analogien basierenden Operator, eben den Habitus, liegt im »Schreiben« vor: kraft dieser Disposition, das heißt dieser be-

sonderen Art und Weise des Zeichnens von Buchstaben, wird
stets die gleiche Schrift erzeugt, das heißt graphische Linien, die
ungeachtet aller Unterschiede in Größe, Stoff und Farbe der
Schreibunterlage (Blatt Papier oder Schiefertafel), oder des
Schreibmaterials (Füller oder Kreide), ungeachtet also der Unterschiede des jeweils aufgewendeten motorischen Gesamtkom-
plexes, auf Anhieb eine Art Familienähnlichkeit sichtbar werden lassen, ähnlich wie die stilistischen Merkmale oder die
Manier, an denen man einen Maler oder Schriftsteller ebenso
unfehlbar erkennt wie einen Menschen an seiner Gangart«
(1982, 282).

Ich meine, daß bei den eingangs zitierten Reaktionen auf die
Geschichte vom nachbarlichen Streit sehr deutlich die »Übertragung von Handlungsschemata« des fachspezifischen Habitus auf
eine bis dahin unbekannte Situation nachzuvollziehen ist.

Abgestimmtheit

Die »Praxisformen und Werke« des Akteurs sind in »objektivem
Einklang« miteinander, »objektiv abgestimmt«, auf die Praxisformen und Werke derselben sozialen Klasse (1982, 281) und »kollektiv abgestimmt« innerhalb einer Gesellschaft, »ohne das Werk
der planenden Tätigkeit eines ›Dirigenten‹ zu sein« (1979, 165)
und ohne daß das vom einzelnen, der Klasse oder der Gesellschaft
absichtlich und bewußt anvisiert wird, einfach kraft des Habitus,
diesem »einheitsstiftenden Erzeugungsprinzip aller Formen von
Praxis« (1983, 283).
  Da ist Maturana mit seiner strukturellen Koppelung, die durch
Interaktion zu einer konsensuellen Domäne führt und zu operational kongruenten Strukturen, genauer und einfacher. Auch Hejl
(1984) mit der »partiellen Parallelisierung« der Zustände oder der
Strukturen des Organismus zeigt noch einmal die Absurdität der
Annahme auf, es könne sich um das Werk eines Dirigenten handeln. Es handelt sich ausschließlich um die Folge von Interaktio-
nen.

Inkorporierte Strukturen

Die stärkste These Bourdieus ist wohl folgende: »Die von den sozialen Akteuren im praktischen Erkennen eingesetzten Strukturen sind inkorporierte soziale Strukturen«, die »jenseits von Bewußtsein und diskursivem Denken arbeiten« (1982, 730), d. h. die Teilung in logische Klassen ist die Verinnerlichung der Teilung in soziale Klassen (1982, 279). Das macht die Logik und die »mentalen Strukturen« und wohl auch Denken und Wahrnehmen – die Wissenschaft – abhängig von der sozialen Struktur. Mir scheint aber seine Annahme, daß soziale Strukturen nur hierarchisch durch Überordnung oder Unterordnung gegeben sind, überzogen. Es könnte auch ein Nebeneinander geben, ein Davor und Dahinter; es kommt darauf an, welche und wie viele Dimensionen man konzipiert und welche Dimension als dominant angesehen wird. Ich könnte mir vorstellen, daß in der Universität die mentalen Strukturen des fachspezifischen Habitus den so gefaßten sozialen Strukturen zwischen den Fächern und innerhalb der Fächer entsprechen, ohne daß man gleich eine Hierarchie der Fächer annimmt.

Mit der hierarchischen Differenzierung der Gesellschaft und der von Bourdieu dargestellten Teilung in logische Klassen als Verinnerlichung der Teilung in soziale Klassen beschäftigt sich Maturana nicht. Freilich gibt es auch bei Maturana die »zirkuläre Verstärkung« von Strukturen im Organismus. Hejl spricht von der operationalen Abgeschlossenheit sozialer Systeme, die die Modulation einer Komponente des Systems zur Modulation einer anderen und wieder zurück zur ursprünglichen führt. Also die These Bourdieus wird von Maturana und Hejl auf eine nicht explizite Weise gestützt. In einer Anmerkung schreibt Bourdieu, nachdem er dargestellt hat, daß das Haus bei den Kabylen männliche und weibliche Teile hat, man sähe, »wie die Standpunkte zum Haus einander nach derselben Logik (männlich/weiblich) gegenübergestellt werden, die sie auf dieses anwenden: Eine derartige Verdoppelung, die ihre Grundlage in der Entsprechung zwischen den Gesellschaften und den logischen Unterteilungen hat, und die daraus resultierende zirkuläre Verstärkung tragen mit Sicherheit dazu bei, die Handlungssubjekte in einer endlichen und geschlossenen Welt und in einem doxischen Erleben dieser Welt einzuschließen« (1980, 146).

Alltagserkenntnis und wissenschaftliche Erkenntnis

Habitus hat – dies betont Bourdieu immer wieder – einen Doppelcharakter. Er generiert »klassifizierbare Praxisformen« und »klassifizierbare Klassifikationsverfahren« eben dieser Praxisformen (1982, 277). Die Alltagserfahrung, das Alltagsverhalten, auch des Soziologen, stellt durchaus »Erkennen« aufgrund der durch den Habitus generierten Klassifikationsverfahren dar. Aber bei diesem »primären Erkennen« handelt es sich um ein »Verkennen wie Anerkennen einer auch in den Köpfen festsitzenden Ordnung« (1982, 281) oder um »Verkennung, folglich Anerkennung der Willkür«, die deshalb noch nicht einmal legitimiert zu werden braucht (1979, 325). Bei hochdifferenzierten Gesellschaften gibt es deshalb »konkurrierende und antagonistische Klassifikationssysteme« (1979, 325) und »der Kampf der Klassifikationssysteme« ist eine »vergessene Dimension der Klassenkämpfe« (1982, 755).

Wie ist dann überhaupt wissenschaftliche Erkenntnis möglich? Es handelt sich dabei nicht um einen »Widerspiegelungsakt«, sondern um einen »Konstruktionsakt« – sowohl bei der Alltagserkenntnis wie bei der herkömmlichen, »primären wissenschaftlichen Erkenntnis« (1982, 728) – und wirklich wissenschaftlich ist Erkenntnis nur dann, wenn sie einen Meta-Meta-Standpunkt einnimmt. Einfache Reflexion genügt nicht, Reflexion der Reflexion ist notwendig. Ebene O: Praxis und Klassifikationsverhalten; Meta-Ebene: Reflexion der Praxis und des Klassifikationsverhaltens; Meta-Meta-Ebene: Reflexion der Reflexion der Praxis und des Klassifikationsverhaltens. Bourdieu drückt das so aus: »In der Konzeption des ›Habitus‹ ist diese Absicht verankert: Dem Gegenstand (d. h. der Gesellschaftstheorie – G. P.) das Wissen der Akteure von diesem und den Beitrag zu integrieren, den dieses Wissen zur Wirklichkeitskonstitution des Gegenstandes leistet« (1982, 728). Das Habituskonzept soll also diese Meta-Meta-Theorie ermöglichen. Bourdieu spricht immer wieder von einem »zweiten Bruch« (1980, 46), womit er meint, daß »die mit der Position des ›objektiven‹ Beobachters untrennbar verbundenen Voraussetzungen in Frage (zu) stellen« seien. Es geht um die »kritische Erkenntnis der Grenzen jeder theoretischen Erkenntnis«, nämlich des »sozialen Privilegs, das sie erst ermöglicht, rechtfertigt oder verschafft« (1980, 48). Der (Meta-)Beobachter des Beobachters oder des »Erkenntnissubjekts« kann zwar die Verzerrungen des Beobachters beobachten und kritisieren, was von Vorteil ist, er bleibt aber zugleich innerhalb seiner (des Meta-Beobachters) Grenzen. Maturana meint, daß Gesellschaften versuchen zu verhindern, daß das Gesellschaftsmitglied zum Beobachter wird (Meta-Domäne) und mehr noch wahrscheinlich zum Beobachter der Beobachtung (Meta-Meta-Domäne) als Ergebnis von Erfahrungen eventuell in einer anderen Gruppierung »that forces him into a metadescriptive domain« (1980, S. 18). Aber der Sprung zur Meta-Meta-Domäne wird nicht weiter erklärt.

Die Idee Bourdieus, daß in der Praxis bei den Akteuren ihr »primäres Erkennen« vorhanden und bei der wissenschaftlichen Analyse zu berücksichtigen ist, scheint mir gerade für die Hochschulsozialisation fruchtbar zu sein. Ob die Reflexion der Reflexion allerdings so ohne weiteres dann »den kritischen Bruch«, das »Fremdwerden der vertrauten, familialen und angestammten Welt«, gar einen »epistemologischen Bruch« bei denjenigen bewirkt, die sich mit den Ergebnissen dieser Analyse beschäftigen – wie das Bourdieu sich von seinem Buch erhofft (1982, 15) – wage ich zu bezweifeln.

Produkt der Existenzbedingungen

Generiert wird Habitus durch die »Lebensbedingungen« oder »Existenzbedingungen«.

»In der Disposition des Habitus ist somit die gesamte Struktur des Systems der Existenzbedingungen angelegt, so wie dieses sich in der Erfahrung einer besonderen Lage mit einer bestimmten Position innerhalb dieser Struktur niederschlägt« (1982, 279).

Zur Erfahrung der Existenzbedingungen gehört nicht nur die Erfahrung von Gleichem (in der Klassenlage), sondern auch von Gegensätzlichem. Die frühkindliche Erfahrung in der Familie, die Primärsozialisation ist für Bourdieu also entscheidend.

Doxa und Veränderung des Habitus

Verändern läßt sich der Habitus, der ja »einverleibt« ist nach Bourdieu, kaum.

»Erst wenn die gesellschaftliche Welt ihren Charakter als natürlich gegebene Welt verliert, kann die Frage nach physis und nomo (Konvention) gestellt werden« (1979, 331).

Kritik ist notwendig zur Infragestellung der Doxa, aber nicht

hinreichend, »kulturelle Kontakte« oder »politische oder ökonomische Krisen« müssen hinzukommen (1979, 331). Es handelt
sich um eine »abgeschlossene Welt«. Auch darauf will ich noch
genauer eingehen. Maturana würde »abgeschlossene Domäne«
sagen.

Erwerb des Habitus und die Theorie hierarchischer Lernordnung von Bateson

Der Habitus wird erworben – Bourdieu beschreibt das sehr anschaulich unter der Überschrift »Die Einverleibung der Strukturen« (1979, 189 ff.) – durch Handeln wie die Sprache durch Sprechen. Die alltäglichen Handlungen in gesellschaftlich geformten
Lebensbedingungen, in denen das Kind aufwächst, die das Kind
nachahmt auch im Spiel, der Umgang mit den gesellschaftlich
geformten Gegenständen in der Wohnung, draußen auf der Straße
– wo immer, Lieder, Rätsel, Sprichwörter, all das ist das unge-
heuere Material, aus dem das Kind die »kleine Anzahl zusammen-
hängender praktischer Prinzipien« zieht (1979, 190), ohne daß sie
im Bewußtsein thematisiert werden und ohne daß auch nur erkannt wird, daß dies geschieht. Dabei wird der Körper als »Gedächtnisstütze« benutzt. Der »wilde Körper« wird zum »habitu-
ierten, zeitlich strukturierten Körper«, »zum Referenzschema für
die Ordnung der Welt« (1979, 193, 199). Die Prinzipien werden
wirklich »einverleibt«. Und dieser Habitus der Primärsozialisation wird nach der Vorstellung von Bourdieu »mitgeschleppt«
(1982, 188), auch wenn das Individuum in eine andere Klasse auf-
oder absteigt. Der Habitus »perpetuiert jene materiellen Lebensbedingungen, aus denen er hervorgegangen ist« (1982, 686).

Und was erworben wird, scheint umfassend zu sein. Das Faszi-
nierende an Bourdieus Buch »Die feinen Unterschiede« ist für
mich, daß Bourdieu nachweist, wie der »Geschmack«, unsere
Präferenzen und damit unsere Wünsche und Bedürfnisse, unsere
Urteile und deshalb unsere Tätigkeiten und Handlungen gesellschaftlich sind, »tief in den Körper hinein geformt«, dem Bewußtsein während der Handlung und Tätigkeit, während des Vorhan-
denseins eines Wunsches, während der Urteile kaum, wenn überhaupt, zugänglich. Deshalb hinterläßt dieses Buch das Gefühl,
vollkommen manipuliert zu sein und nicht autonom.

Wenn es so wäre, der Herkunftshabitus schlüge immer durch. Aber so streng meint es Bourdieu anscheinend doch nicht, zum Beispiel schreibt er über Ausbildungsschulen von Hostessen: Junge Mädchen aus einfachen Verhältnissen kommen »als anderer Mensch heraus«. »Die Art zu gehen, sich zu setzen, zu lachen und zu lächeln, zu sprechen, sich zu kleiden, zu schminken und vieles mehr ist danach von Grund auf umgemodelt« (1982, 328). Es gibt also auch bei Bourdieu die Vorstellung von einer recht weitgehenden »Ummodelung« des ursprünglichen Habitus, einer recht tiefgehenden »Restrukturierung« bis in den Leib hinein (1979, 188). Wahrscheinlich handelt es sich tatsächlich um eine Restrukturierung des ursprünglichen Habitus und nicht um einen neuen, völlig anderen, zweiten (oder dritten) Habitus.

Ludwig Huber und ich haben über den fachspezifischen Habitus durch die Hochschulsozialisation insbesondere bei Hochschullehrern spekuliert (Portele und Huber 1983). Die »Ummodelung« des ursprünglichen Habitus gilt auch beim fachspezifischen Habitus. Ich vermute, daß der fachspezifische Habitus genauso durch Handeln gelernt wird wie der Habitus in der Primärsozialisation, also nicht durch die explizite Vermittlung von Regeln, Normen, Rollen, Methodologien. Nicht nur in den Disziplinen, in welchen Praktika vorkommen, beim Umgang mit Geräten, Texten, wird der Habitus »einverleibt«, sondern auch in anderen Fächern wird der Habitus in der alltäglichen Praxis vor allem im Diskurs, beim Schreiben von Referaten, Diplomarbeiten erworben. Der Student, die Studentin muß vielleicht zunächst »bluffen« (Wagner, 1977), so tun, »als ob«, wie die Kinder im Spiel tun, »als ob« (nur daß es bei ihnen als »Spiel« anerkannt und nicht abgewertet wird). Die disziplinspezifischen Prinzipien der wissenschaftlichen Praxis werden auch hier so gelernt, daß sie dem Bewußtsein nur »partiell« zugänglich sind in einem rationalisierenden Diskurs, welcher nichts anderes ist als habitusgenerierte Praxis und die deshalb den Habitus wiederum bestätigt. (Vgl. Knorr-Cetina, 1984.)

»Die Evidenz der Welt wird durch die Evidenz des institutionalisierten Diskurses über die Welt gleichsam verdoppelt, und damit erfährt die Zustimmung der Gruppe zu dieser Evidenz ihre Bekräftigung« (1979, 329). »Tacit assumptions« werden nicht hinterfragt, können kaum hinterfragt werden. Wieder hat man den Eindruck von einem abgeschlossenen System.

Mir hat die Theorie hierarchischer Lernordnungen von Gregory

Bateson geholfen, die Vorgänge, die Bourdieu meint, klarer zu verstehen. Für Bateson sind die gesellschaftlichen Bedingungen dieses Lernens nicht das zentrale Anliegen (vgl. Bateson 1981, 634), aber diese Theorie erlaubt Überlegungen zu den Veränderungsmöglichkeiten des Habitus. Ich kann in diesem Rahmen nur die zentralen Punkte von Batesons Theorie darstellen. Das Entscheidende ist, sagt Bateson, daß wir nicht nur Handlungen lernen, sondern »Kontexte«. Er macht das an einem Beispiel deutlich. Im Lernexperiment von Pawlow ist der Hund festgebunden. Es wird ihm die Klingel geläutet, sein Speichel läuft, dann erhält er Futter. Er ist passiv. Die Skinnersche Ratte lernt im Labyrinth herumzulaufen, sie lernt, daß man einen Hebel bedienen muß, um Futter zu bekommen. Sie ist aktiv. Der Pawlowsche Hund lernt folgenden Kontext: Wenn ich mich passiv verhalte und abwarte, dann geschieht etwas Positives. Die Skinnersche Ratte lernt: Wenn ich herumlaufe, etwas manipuliere, dann geschieht etwas Positives. Sie ziehen ihre Schlüsse aus der Situation und gehen Situationen in Zukunft mit dieser passiven oder aktiven Haltung, »Gewohnheit« an (Bateson 1981, 390). Der Beobachter könnte sagen: Der Hund hat einen passiven Charakter, die Ratte einen aktiven Charakter. »Charakter«, sagt Bateson (1981, 385), ist nichts anderes als etwas, das wir als Beobachter anderen oder uns selbst an Eigenschaften zuschreiben, aber nichts anderes als der gelernte Kontext; er nennt Beispiele: Abhängigkeit, Kühnheit, Ängstlichkeit, Sorgfalt, Passivität, Fatalismus, Optimismus.

Ich will noch einmal von vorn anfangen. Wenn wir sinnlose Silben lernen, dann lernen wir nicht nur die sinnlosen Silben, sondern auch wie man sinnlose Silben lernt. Das ist sicherlich genau nachgewiesen, die Lernkurven beim zweiten und den wiederholten Versuchen mit den Einheiten sinnloser Silben, die zu lernen sind, werden immer flacher. Es scheint vollkommen unbewußt und vom Lernenden nicht veränderbar zu sein, daß man beim Lernen (sinnloser Silben) lernt, sinnlose Silben zu lernen. Bateson nennt das Lernen sinnloser Silben Lernen I und das Lernen, sinnlose Silben zu lernen, Lernen II – das Lernen einer Gewohnheit, des Charakters, des Habitus. Das wichtige daran ist, daß Lernen zu lernen die Operation des Lernens auf der Operation des Lernens ist, also selbstreferentiell oder rekursiv. Zweifellos kann man sich vorstellen, daß man diese Operation wiederholt, also lernt zu lernen, wie man lernt. Zum Beispiel lernen zu lernen, wie man sinnlose Silben lernt. Das nennt Bateson Lernen III.

Selbst ein Lernen IV ist denkbar. Bateson meint, das sei von Menschen nicht mehr leistbar.

In seiner Theorie der Hierarchie der Lerntypen geht Bateson von der logischen Typenlehre aus, die Whitehead und Russell in den Principia Mathematica bearbeitet haben. Es geht dabei um Elemente und Mengen, Mengen von Mengen usw. und das Verbot der Selbstreferentialität zur Vermeidung von Widersprüchen, die sich aus Paradoxien ergeben (vgl. Kap. II). Daß sich Bateson auf die inzwischen überholte Theorie von logischen Typen von Whitehead und Russell beruft (vgl. Howe und von Foerster, 1975, Spencer-Brown 1969, Stegmüller und Varga von Kibed 1984), tut seinen Argumentationen keinen Abbruch. Worauf er hinweist, ist ja vor allem, daß man die Ebene nicht verwechseln sollte. Aber bleiben wir erst mal bei Lernen II, den Gewohnheiten, den Routinen.

»Gewohnheiten« haben natürlich ihre Vorteile. Sie ordnen die Welt, sie machen eigenes und fremdes Handeln besser vorhersagbar. »Charakter« ist immer etwas gesellschaftlich Erwünschtes. Und Charakter manifestiert sich nicht nur im Geist, sondern auch körperlich, zum Beispiel als Charakterpanzer im Sinne von Wilhelm Reich. Aber diese »Gewohnheiten« haben vor allem Nachteile. Sie bestätigen sich selbst und sind deshalb schwer veränderbar. Es handelt sich um einen rekursiven oder zirkulären Prozeß (vgl. den Abschnitt über Zirkularität bei Bourdieu in diesem Kapitel). Da es sich bei »Charakter« in der Regel um Interaktionen mit anderen handelt, um Beziehungen, gelingt es uns häufig – ich drücke es mal so grob aus –, den anderen so zu manipulieren, daß sich unsere Weltsicht, unsere »Gewohnheit«, bestätigt. Wir manipulieren auch uns so, daß sich unsere Gewohnheiten selbst bestätigen: Wenn Vorträge etwas sind, wovor ich Angst habe, werde ich so den Vortrag halten, daß ich allen Grund habe, beim nächsten Vortrag Angst zu haben.

Für Bateson ist das Lernen des »Kontextes« auf einer logisch höheren Ebene angesiedelt als das Lernen von Verhalten: Ich kann aber immer nur Verhalten verstärken, nicht den »Kontext«, den macht der Kontextmacher ganz von allein, da ist er autonom. Dann bilden diese »Kontexte«, diese »Gewohnheiten« ein System, ein Ganzes. Und eine dritte Eigenschaft dieser »Gewohnheiten«

(oder des Habitus) ist: Sie sind »selbstverständlich«. Das heißt, sie werden nicht in Frage gestellt, sie sind für den Handelnden oft nicht mehr wahrnehmbar, weil sie »selbstverständlich« sind, weil sie als »natürlich« erscheinen.

Bateson ist der Meinung, daß nicht so sehr einzelne traumatische Erlebnisse diese »Gewohnheiten« hervorrufen, sondern sich wiederholende Konstellationen, z. B. in der Familie. Bateson meint: »Dieses selbstbestätigende Charakteristikum des Inhalts von Lernen II hat die Auswirkung, daß solches Lernen fast unauslöschlich ist. Es folgt, daß Lernen II, wie es in der Kindheit erworben wird, sich tendenziell im ganzen Leben durchhält« (Bateson 1981, 387). Bateson kommt somit zu einem sehr ähnlichen Schluß wie Bourdieu. Wichtiges Beispiel für Lernen II ist für Bateson die »Übertragung« im Freudschen Sinne, z. B.: Der Ehefrau wird die gleiche Beziehungspraxis entgegengebracht wie der Mutter in der frühen Kindheit. Das geschieht in der Regel nicht bewußt; Bateson ist wie Bourdieu der Meinung, daß es überhaupt nichts nützt, das jemandem bewußt zu machen. Bateson kommt überdies zu dem Schluß, daß das, was in Lernen II gelernt wird, »weder wahr noch falsch ist« (Bateson 1981, 388), und man kann es nicht an der Realität überprüfen, weil die Praxis diesen selbstbestätigenden Charakter hat. Bourdieu ist da nicht so eindeutig, obwohl die These vom »Konstruktionsakt« so etwas meines Erachtens impliziert. Die Verwandtschaft mit dem Denken von G. A. Kelly scheint mir offensichtlich.

Wenn »Gegenstände greifbare Symbole für (Eigen-)Verhalten« sind (tokens for [eigen-]behaviour), wie Heinz von Foerster gezeigt hat, Errechnungen von Errechnungen von Errechnungen von Errechnungen – symbolisch mit einer Schlange zu vergleichen, die sich in den eigenen Schwanz beißt – ist Lernen II von Bateson, das Lernen zu lernen, genauso zu verstehen.

Heinz von Foerster geht – wie bereits erwähnt (Kap. II) – in seinem Aufsatz von Piagets sensomotorischer Interaktion bei der »Konstruktion der Wirklichkeit beim Kinde« aus. Sein »Gegenstand« ist durch die sensomotorische Interaktion, wenn also der Beobachter miteinbezogen wird in einer zirkulären oder geschlossenen Epistemologie, ein »Zeichen für stabile Verhaltensweisen«. Diese stabilen Verhaltensweisen kann man als Gleichgewichtszustände betrachten – Piaget spricht von Äquilibration – »die sich in zirkulären Prozessen selbst bestimmen« (von Foerster 1985b,

S. 213). Wie kommt es nun zum Habitus, zu gesellschaftlich bestimmten »Gegenständen«, »stabilem Verhalten als Manifestation des ›Begreifens‹ des Objektes durch ein Subjekt«, zu den Gewohnheiten oder Routinen?

Wenn ein Subjekt die Existenz eines weiteren Subjektes, das ihm nicht unähnlich ist, feststellt, das wiederum die Existenz eines weiteren Subjektes feststellt, das auch identisch sein kann mit dem ersten Subjekt, so handelt es sich wieder um einen geschlossenen Zirkel. Von Foerster schreibt: »In diesem atomaren sozialen Kontext kann nunmehr die Erfahrung der eigenen sensorisch-motorischen Koordinationen des Subjektes (jedes Beobachters) durch ein Zeichen (token), das heißt ein ›Objekt‹ repräsentiert werden, das gleichzeitig als Zeichen dafür dient, daß der gemeinsame Raum eine Außenwelt abbildet. Hier wird das Gleichgewicht dann erreicht, wenn das Eigenverhalten eines Beteiligten (rekursiv) das Eigenverhalten eines anderen generiert... Wenn eine Schlange in den Schwanz der anderen Schlange beißt, als ob es ihr eigener wäre...« (von Foerster 1985 b, 212) Psychologisch sind diese »Gleichgewichte«, dieses stabile Verhalten, das durch zwei Subjekte entstanden ist, wohl stabiler, weniger veränderbar, als durch ein Subjekt allein entstandene. Sie sind gleichsam im anderen mit verankert und von einem allein kaum zu verändern.

Bourdieu spricht vom Habitus als Wahrnehmungs-, Denk-, Urteils- und Handlungsschemata, m. E. macht er damit deutlich, daß es sich einfach um stabiles Verhalten handelt, gleichgültig ob wir nun von Gegenständen, Gewohnheiten, von Handeln oder... oder... reden – es ist immer gesellschaftlich bestimmt, »gelernt« im Sinne Batesons, »rekursiv errechnet« im Sinne Heinz von Foersters. Was Bourdieu Habitus nennt, diese Handlungsgrammatik ist nichts anderes als unser System von Gewohnheiten.

Soziale Systeme bei Maturana

Jede Gesellschaft sei konservativ, behauptet Maturana (1985 b), sowohl was die Organisation der Gesellschaft betrifft als auch, was die charakteristischen Merkmale der Mitglieder der Gesellschaft betrifft. Dieser Konservativismus der Mitglieder ist meines Erachtens der Habitus, die Gewohnheiten der Mitglieder.

Wenn Lebewesen, so definiert Maturana (1985 b, 9), ein *Netz-*

werk von Interaktionen bilden, das für sie dann ein Medium ist, in dem sie als Lebewesen, d. h. als autopoietische Systeme, sich verwirklichen, indem sie ihre autopoietische Organisation erhalten und ihre Angepaßtheit, dann sei dies ein soziales System. Diese Angepaßtheit an das Medium ist die strukturelle Kongruenz von Organismus und Medium, die durch die strukturelle Koppelung (in Phylo- und Ontogenese) entstanden ist, also durch das wechselseitige Perturbieren und die jeweils von der internen Struktur determinierten Veränderungen.

Das soziale System wirkt sich als Selektionsinstanz aus für die strukturellen Veränderungen seiner Komponenten, nämlich der Lebewesen, und folglich für deren Eigenschaften; genauer muß man sagen: Die Interaktionen der Komponenten, ihr Verhalten, selektiert das Verhalten ihrer Komponenten, indem sie interagieren. Deshalb ist jede Gesellschaft konservativ. »Die Mitglieder jedweder menschlichen Gesellschaft verwirklichen diese durch ihr Verhalten, und durch ihr Verhalten selektieren sie sowohl bei ihren alten als auch bei ihren neuen Mitgliedern beständig die gleichen Verhaltensweisen. So definieren z. B. im Falle eines Vereins die Verhaltensweisen der Mitglieder diesen Verein, so daß alle diejenigen ausgeschlossen werden, die sich nicht in entsprechender Weise verhalten, und alle diejenigen Mitglieder bestätigt werden, die das betreffende Verhalten zeigen« (1985 b, 10).

Der Ausschluß ist also der Mechanismus, der die Sozialisation durchsetzt. Zu bedenken ist, daß Menschen in verschiedenen sozialen Systemen Mitglied sein können, daß sie jedoch immer durch ihr Verhalten das soziale System generieren. Es handelt sich also wieder um ein abgeschlossenes Netzwerk. Für Maturana ist es wichtig, daß die Komponenten des sozialen Systems Lebewesen sind, denn die Erhaltung des Lebens sei eine konstitutive Bedingung für das Funktionieren des Systems. Er widerspricht damit Luhmann (1984, 192), der als Komponenten des sozialen Systems ja nicht Menschen definiert, sondern Kommunikation, das ist für ihn das »Element« des sozialen Systems.

Gegen Luhmann wendet Maturana ein, daß, wenn es bei Luhmann um die Erhaltung der Kommunikation als der Komponenten des sozialen Systems geht und nicht wie bei Maturana um die Erhaltung der »menschlichen Verwirklichung«, dies die Erhaltung des Systems nur durch die Unterordnung der Menschen unter die Handlungen, Rollen und Institutionen impliziere. »Im zweiten

Fall dagegen beinhaltet die Erhaltung des Systems die Unterordnung der im Verlauf seiner Verwirklichung entstehenden Handlungen, Rollen und Institutionen unter die Verwirklichung der Menschen, die das System konstituieren« (Krüll, Luhmann, Maturana, 1987, 9).

Maturana meint sogar, daß man, wenn man wie Luhmann soziale Systeme durch Kommunikation definiere, zur »fortlaufenden Negation derjenigen Menschen bei(trägt), die es verwirklichen« (S. 9).

Trotz ihres Konservativismus befinden sich soziale Systeme in ständiger Veränderung, denn (a) das System verliert Mitglieder durch Tod oder Emigration und (b) es gewinnt Mitglieder durch Geburt und Immigration mit Eigenschaften, die zur Eingliederung notwendig sind und mit für das System neuen Eigenschaften und (c) aufgrund der Veränderungen der Eigenschaften seiner Mitglieder, z. B. dann, wenn sie Mitglieder verschiedener sozialer Systeme sind (Verein, Partei, Kirche, Familie usw.).

Menschliche soziale Systeme unterscheiden sich von anderen sozialen Systemen durch die Sprache, sie ist der »fundamentale Interaktionsmechanismus« im Operieren menschlicher sozialer Systeme. Sprache – die Koordination von Verhaltenskoordination – erzeugt eine Welt von Handlungen und Objekten, die nur im sozialen Bereich existieren und Bedeutung haben, sowie die Ausbildung der Selbstbeobachtung und Reflexion und das Selbstbewußtsein. »Wir werden gezeugt, wachsen auf, leben und sterben versunken in unseren Worten, in der sprachlichen Reflexion, in der Andeutung von Selbstbewußtsein und manchmal in Selbstbewußtsein.« (1985b, 11)

Es ist also so: Einerseits ist das soziale System konservativ und andererseits verändert es sich dauernd, und die Stabilität eines sozialen Systems hängt davon ab, »daß es seinem konservativen Charakter nicht erliegt« (1985b, 12). In menschlichen sozialen Systemen gibt es als Veränderungsmechanismen nicht nur die Veränderung durch Geburt/Tod, Migration, Erfahrungen außerhalb, sondern auch durch »sprachliche Reflexion«, die eben deshalb in diktatorischen Gesellschaften, z. B. durch Behinderung der freien Meinungsäußerung, eingeschränkt wird. Was Maturana also nicht sieht, ist, daß Reflexion eben nicht ausreicht, wie Bourdieu gezeigt hat, denn wie er an Intellektuellen nachweist, ist diese »erste« Reflexion gebunden an die »Klassenlage«, noch ganz im Rahmen der »konservativen« Interaktionen, generiert vom Habitus, also angepaßt im Sinne Maturanas.

Erst der »doppelte Bruch«, die »Reflexion der Reflexion« könnte das ermöglichen, was Maturana meint, die Veränderung der menschlichen Gesellschaft. An vielen Stellen weist Maturana auf die Liebe hin (1982, 1985 a/b, 1986, 1984 mit Varela). Durch »Zerstörung der Liebe, indem Ethik (die Anerkennung des anderen) durch Moral (die Durchsetzung von Verhaltensnormen) und Hierarchisierung ersetzt wird, so daß die bestehenden Abhängigkeitsverhältnisse und sozialen Rangordnungen institutionalisiert werden« (1985 b, 12), zerfallen menschliche Gesellschaften. Die Sprache ist für den Menschen »seine Verdammung und seine Befreiung«, sie ermöglicht eine Welt von Beschreibungen und Reflexionen und Selbstreflexionen, und sie ermöglicht eben auch ideologische Beschreibungen, *was sein soll* und damit den Ausschluß aus der menschlichen Gesellschaft.

Hinzu kommt die »Versuchung der Gewißheit«, die Versuchung der Überzeugung von »Objektivität ohne Klammern«, wodurch die Verantwortung für unser Handeln abgegeben und Machtausübung und Unterdrückung legitimiert werden.

Der Schlüssel zu Lernen III wäre nach Maturana und Varela (1987) einerseits, Erkennen zu erkennen als Hervorbringen *einer* Welt (nicht *der* Welt), also als Konstruktion – wir machen die »Unterschiede, die einen Unterschied machen« – und damit nicht der Versuchung der Gewißheit zu erliegen, und andererseits Liebe, weil wir nur die Welt haben, die wir mit anderen hervorbringen, und »nur die Liebe ermöglicht uns, diese Welt hervorzubringen« (Maturana und Varela, 1987, 267), wobei alle unsere Handlungen, für die wir verantwortlich sind, zur Bildung der Welt beitragen.

Veränderung des Habitus: Lernen III

Was ist dann Lernen III? Lernen, wie man Gewohnheiten bildet; Lernen, wie man den Habitus bildet; Lernen, wie man lernt zu lernen. Das ist die dritte Ebene in der Hierarchie logischer Typen. Um das Beispiel vom Silbenlernen wiederaufzunehmen: Silben lernen; lernen, Silben zu lernen; lernen, wie man lernt, Silben zu lernen. Es geht dabei nicht um das Ersetzen einer Gewohnheit durch eine andere, eines Habitus durch den anderen, sondern darum, »irgendwie« über den Habitus, die Gewohnheiten, hinauszukommen. Bateson schreibt dazu:

»Aber jede Freiheit von der Knechtschaft der Gewohnheit muß auch eine tiefgreifende Neudefinition des Selbst kennzeichnen. Wenn ich auf der Ebene des Lernens II stehenbleibe, bin ›ich‹ die Gesamtheit derjenigen Charakteristika, die ich als meinen ›Charakter‹ bezeichne. ›Ich‹ bin meine Gewohnheiten, im Kontext zu handeln und die Kontexte zu gestalten und wahrzunehmen, in denen ich handle. Individualität ist ein Resultat oder eine Ansammlung aus Lernen II. In dem Maße, wie ein Mensch Lernen III erreicht und es lernt, im Rahmen der Kontexte von Kontexten wahrzunehmen und zu handeln, wird sein ›Selbst‹ eine Art Irrelevanz annehmen. Der Begriff ›Selbst‹ wird nicht mehr als ein zentrales Argument in der Interpunktion der Erfahrung fungieren.« (Bateson, 1981, 393)

Lernen III ist für Bateson etwas, was auch Zenmeister, abendländische Mystiker und Psychiater kaum in Worten ausdrücken können. Es geht ja auch nicht nur um das Ersetzen von Prämissen, »tacit assumptions« oder was immer durch andere, was sicherlich schwierig genug ist, nicht um Ersatz einer Gewohnheit durch eine andere. Bateson vermutet, daß man durch Gegensätze auf der Ebene II zur Ebene III getrieben werden kann. Er spricht von »Auflösung« der Gegensätze auf Ebene III. Das Wort Auflösung verwendet er ambivalent. Lernen III kann auch Auflösung des Selbst sein und als Psychose bezeichnet werden. Eine weitere Auflösung kann zur »Offenbarung einer Einfachheit« führen, und die Person auf Stufe III lebt dann einfach wie eine Pflanze – das seien die »unbestechlich Unschuldigen« der Welt. Die dritte Möglichkeit der Auflösung sieht Bateson so: »Jede Einzelheit des Universums wird so gesehen, als ermögliche sie eine Sicht des Ganzen«, und er zitiert Blake:

»Die Welt sehn in einem Körnchen Sand,
den Himmel in einem Blütenrund,
die Unendlichkeit halten in der Hand,
die Ewigkeit in einer Stund.« (396)

Das klingt alles so, als sei Lernen III so etwas wie das von den westlichen und östlichen Mystikern erstrebte Ende des Mystischen Weges; wer Lernen III erreicht hat, ist ein Weiser, ein Meister.

Wenn Lernen III unter anderem Lernen ist, daß man Gewohnheiten bildet, Routinen, stabile Verhaltensweisen, die als Gegenstände erscheinen, wenn Lernen III die Einsicht ist, daß wir die Welt konstruieren, daß wir keinen festen Boden unter den Füßen haben mit der »Wirklichkeit«, daß auch das Ich nur konstruiert ist, dann kann man vielleicht erahnen, was Bateson mit Lernen III meint, wahrscheinlich etwas Ähnliches wie den Begriff »Leere« (Shunyatta) bei Nagarjuna. Was Bateson mit Lernen III meint, ist ja nicht mehr wie bei Lernen II, daß die Operation des Lernens auf die Operation des Lernens angewendet wird, also Selbstreflexivität, Selbstreferenz oder Rekursivität, sondern was von Foerster »Metaoperation« nennt, also daß die rekursive Operation selbst als Rekursion behandelt werden kann, also als »Eigenoperator«. (1985 b, S. 215)

Wie ich bereits erwähnt habe, will Bourdieu etwas Ähnliches, auch wenn er sich der Konsequenzen nicht so bewußt zu sein scheint; er schrieb sein Buch »Die feinen Unterschiede« (so begründet er in dem Vorwort zur deutschen Ausgabe) in der Absicht, einen Beitrag zu leisten zum »einzigen rationalen Fundament einer universellen Kultur«, indem er die Partikularität »der an die soziale Struktur gebundenen geistigen Strukturen objektiviert« und den »kritischen Bruch mit der vertrauten familialen und angestammten Welt« provoziert durch seine zweifache Reflexion (1982, 15). Bourdieu und Bateson halten ein Ersetzen des Lernens II durch ein anderes Lernen II für schwierig und ein Lernen III für fast unmöglich. Bourdieu behauptet – wie erinnerlich –, daß Kritik, vor allem die Kritik der Intellektuellen, und Bewußtwerdung des Habitus sowie der habitusgenerierten Praxis nichts nützen. Die Grenze des Erkennens wird unkenntlich gemacht, der Diskurs bekräftigt nur. Kritik ist zwar notwendig, aber nicht hinreichend zur Infragestellung der Doxa. »Kulturelle Kontakte« oder »politische und ökonomische Krisen« müssen, wie erwähnt, dazukommen. Unter Doxa versteht Bourdieu all das, »was stillschweigend als selbstverständlich genommen wird« (1979, 331). Deshalb ist es nicht benennbar und kann nicht bezeichnet werden. Hinzu kommt noch, daß die »Zwänge in Präferenz« verwandelt werden, so daß »man hat, was man mag, weil man mag, was man hat«

(1982, 286). Darum gibt es auch keinen Leidensdruck bei den Betroffenen und keinen Veränderungswunsch. Nur Gegensätze, Widersprüche können weiterhelfen. Außer der schon erwähnten zweifachen Reflexion der Wissenschaft nennt Bourdieu zwei Situationen, in welchen die Doxa »aufgelöst« und damit der konventionelle Charakter der gesellschaftlichen Welt erkennbar wurde: erstens die Entwicklung der Städte (1979, 82 Anmerkung) und zweitens bei der gegenwärtigen »geprellten Generation« (1982, 238 ff.). »Geprellt« ist diese Generation, da das Bildungssystem, das sie durchlaufen hat, Hoffnungen und Erwartungen weckte, aber dann zu einer »Titelinflation« führte: Der Titel ist nichts mehr wert. Der (früher) erworbene Habitus entspricht nicht mehr der sozialen Struktur. Die »globale Verweigerung« aufgrund dieser kollektiven Desillusion führt zu »Aufkündigung der doxischen Zustimmung und zu den von ihr (der gesellschaftlichen Ordnung) vorgegebenen Zielen und der von ihr vorgegebenen Werte« (1982, 243). Aber was wird daraus? Nur »Identitätskrisen«, nur ein Ersetzen eines Habitus durch einen anderen, also das Ersetzen von einer Gewohnheit (Lernen IIa) durch eine andere (Lernen IIb)? Sich von der Knechtschaft der Gewohnheit, des Habitus zu befreien, kann ja wohl nicht heißen, keine Gewohnheiten, keinen Habitus zu haben, dann könnte man wohl nicht leben, auch nicht sich verständigen.

Bateson meint, Veränderungen, die man als Lernen III bezeichnen könnte, seien u. a.: zu lernen, daß man ein Lebewesen ist, das unbewußt Gewohnheiten bildet; zu lernen, die Gewohnheiten zu ändern; und zu lernen, Lernen II einzuschränken und zu steuern, was voraussetzt, daß man sich die »Auswege verbaut«, das Lernen III zu umgehen, das heißt auch, die Selbstbestätigung der Gewohnheiten zu verhindern (Bateson 1981, 392). Lernen III heißt also, über die Gewohnheiten, den Habitus zu verfügen – nicht, keine Gewohnheiten, keinen Habitus zu haben.

Den »Selbstverständlichkeiten«, der Doxa, den »Stempel des Auffallenden« zu verleihen, war für Brecht das Ziel seiner »Verfremdungstechnik«; Bourdieu will mit seinem Buch »Die feinen Unterschiede« ebenfalls »Verfremdung« beim Leser provozieren (1982, 15). Das zu Beginn geschilderte kleine Experiment an der Hochschule ist von der »Verfremdungspädagogik« inspiriert. Im Gegensatz zu Brecht und Bourdieu meine ich jedoch, daß Verfremdung nur ein Anfang ist. Die Lektüre von Bourdieus Buch allein verändert keinen Habitus, keine Gewohnheit. Zum Bewußtwerden muß die Umsetzung in die Praxis hinzukommen. Aber wie?

Veränderungen von einzelnen Gewohnheiten in Richtung auf Lernen III, wie es Bateson schildert, habe ich bisher nur als Gestalttherapeut in der Therapie erlebt – z. B. das Aufgeben des oben erwähnten Übertragungsmechanismus, was ja bedeutet, in keiner Handlung mehr der Ehefrau gegenüber in die Gewohnheit zu verfallen, die Relation Kind-Mutter zu konstruieren, sondern darüber zu verfügen, welche Relation man konstruiert. Es ist sicher nicht verwunderlich, daß dies den Handelnden wie den Partner verunsichert. Andererseits entsteht nur dadurch eine lebendige, sich dauernd verändernde Beziehung voller Überraschungen, Neuheit und Kreativität. Das Ziel der Gestalt-Psychotherapie ist es ja, über solche früh gelernten, tief verankerten Gewohnheiten neu verfügen zu lernen. Dabei geht es jedoch nicht darum, sie durch neue Gewohnheiten zu ersetzen, sondern darum, die Unsicherheit auf sich zu nehmen, immer wieder etwas Neues, anderes in der Praxis auszuprobieren, zu experimentieren, der jeweiligen Situation entsprechend – und nicht der jeweiligen Gewohnheit gehorchend! – zu handeln, und offen zu sein für neue Erfahrungen. Dadurch wird man autonomer und weniger vorhersagbar.

Ich beende dieses Kapitel an dieser Stelle in dem Bewußtsein, daß Lernen III nur andeutungsweise dargestellt wurde, ich werde an anderer Stelle von anderer Seite darauf zurückkommen.

Kapitel IV
Konsequenzen für Psychologie und Epistemologie

Sozialpsychologie der Erkenntnis

Wenn Lebewesen, auch Menschen, nicht-triviale Maschinen sind, dann sind sie grundsätzlich nicht prognostizierbar. Das heißt auch, psychologische Gesetze sind unmöglich. Das ist eine Konsequenz aus der Nichttrivialität, und das ist eine Konsequenz aus der prinzipiellen Autonomie von Lebewesen, auch von Menschen, oder eine Konsequenz der Strukturdeterminiertheit von Lebewesen.

Nun wurden aber zweifellos psychologische Gesetze oder auch nomologische Hypothesen aufgestellt. Abgesehen davon, daß es sich dabei immer nur um statistische Regelmäßigkeiten handelt, die keine Einzelfallprognosen erlauben, betreffen solche statistischen Regelmäßigkeiten nur Menschen als »trivialisierte Maschinen«, es handelt sich also um sozialisierte Menschen, um gesellschaftlich geprägte, nicht mehr autonome Individuen. Es handelt sich also um gesellschaftlich bestimmte historische Regelmäßigkeiten, die, da es verschiedene Gesellschaften gibt und innerhalb der verschiedenen Gesellschaften verschiedene Klassen mit unterschiedlicher Sozialisation – unterschiedlicher Einverleibung des Habitus – nicht universell sein können.

Das ist sicherlich keine neue Behauptung. Sehr ähnlich haben lange marxistisch orientierte Psychologen argumentiert, wenn sie die gesellschaftliche Determination von Menschen behauptet haben. Was hier behauptet wird, ist, daß es bei Annahme einer Autonomie des Menschen prinzipiell keine psychologischen Gesetze geben kann, sondern nur statistische Regelmäßigkeiten, die durch die »Trivialisierung« und Entautonomisierung von Menschen zustande gekommen sind. Schwartz (1981) argumentiert rein logisch, daß Autonomie (im Sinne Varelas) nach Varelas (1975) Kalkül der Selbstreferenz mit »totaler rekursiver Unentscheidbarkeit« gleichzusetzen ist, und daß solche autonomen Systeme »mechanisch unerkennbar« sind und »empirisch untestbar«, und daß gleichzeitig solche autonomen Systeme, also Menschen, etwas konzeptualisieren können, was unerkennbar ist und daß sie sich dessen bewußt sein können. Dazu braucht man eine dreiwertige Logik mit den Werten: wahr, falsch und unentscheidbar.

Man muß damit die Aristotelische zweiwertige Logik aufgeben. Erwähnenswert erscheint mir, daß der Wert »unentscheidbar« nur bei statischer Betrachtung auftritt. Durch Selbstreferentialität entstehende Paradoxa »oszillieren« zwischen Ja und Nein, Wahr und Falsch. Spencer-Brown (1979) in seinem »neuen Kalkül von großer Mächtigkeit und Einfachheit«, wie Russell sagte, interpretiert dieses Pulsieren als »Zeit«.

Die Konsequenz der Nicht-Prognostizierbarkeit ergibt sich auch aus von Foersters (1985 b) Unterscheidung zwischen trivialen und nicht-trivialen Maschinen. Was mir wichtig erscheint, ist, daß wohl keine trivialen Maschinen existieren; von Foerster erwähnt spöttisch den Rolls-Royce, der zwar als triviale Maschine konzipiert ist, aber der durch den »Pfeil der Zeit« zu einer nicht-trivialen Maschine sich verwandelt. Das ist jedoch ein harmloses Beispiel im Vergleich zu Atomkraftwerken und Waffensystemen, insbesondere atomaren; seit der Katastrophe von Tschernobyl wissen wir, daß dies auch nicht-triviale Maschinen sind, nicht nur weil es Mensch-Maschinen-Systeme sind.

Nun kann man argumentieren, daß all das ja nur eine der möglichen Konstruktionen ist, denn eine Konsequenz aus dem Autonomiepostulat (das soll hier stehen auch für das Postulat der nicht-trivialen Maschinen, des Strukturdeterminismus, der Abgeschlossenheit) ist ja, daß alle unsere Behauptungen nur unsere Konstruktionen sind, also auch das Autonomiepostulat mit seinen Konsequenzen der Unerkennbarkeit und Untestbarkeit und Unmöglichkeit der Prognose. Was ich hier nur tun kann, ist zu zeigen, daß diese Konstruktionen konsistent und ziemlich vollständig sind, praktisch brauchbar und ethisch verantwortbar.

Wenn man Kellys (1959) Axiom zugrunde legt: »a person's processes are psychologically channelized by the ways in which he anticipates events«, Personen also ihre persönlichen Konstrukte erfinden, um Ereignisse prognostizieren zu können, Menschen gleich Wissenschaftlern sind (»man the scientist«) und dies als plausibel betrachtet, dann ist zu fragen, welche Art von Prognosen wir im Alltag oder als Wissenschaftler verwenden. Wir konstruieren ja nicht nur unsere Konstrukte als Erwartungen, sondern wir konstruieren auch die Ereignisse, die unsere Konstrukte validieren, und wir konstruieren die Validierung. Wir machen die »Unterschiede, die einen Unterschied machen« (vgl. Bateson, 1982). Das verweist noch einmal auf die Bodenlosigkeit unserer Konstruktionen, wir können ja nicht an der Wirklichkeit überprüfen, die Wirklichkeit ist kein Kriterium mehr, wie alle Nichtkonstruktivisten glauben. Bateson weist mit Nachdruck darauf hin, daß unsere Konstrukte – er sagt Gewohnheiten – sich hauptsächlich selbst bestätigen und deshalb so schwer zu ändern sind. Es gibt keinen Überschneidungsbereich zwischen der »Wirklichkeit«, der »erlebnisjenseitigen Welt« (im Sinne von Metzger, 1975), und unseren Konstrukten, der Name ist nicht die benannte Sache, und die Karte nicht das Territorium. Wir bleiben immer im Bereich, in der Domäne unserer Konstruktionen. Sie sind ein abgeschlossenes System.

Es gibt erstens das Kriterium der Viabilität (nach von Glasersfeld, 1985), was ein eher schwaches Kriterium ist, da es mehrere viable Konstruktionssysteme geben kann, wie wir ständig erleben und wie von Glasersfeld gezeigt hat. Es gibt zweitens das Kriterium der Widerspruchsfreiheit und der Vollständigkeit des Konstruktionssystems, das in der Logik bekanntlich eine so große Rolle spielt (vgl. Tarski, 1966, Stegmüller und Varga von Kibed, 1984). Nach Tarski geben Widerspruchsfreiheit und Vollständigkeit die Gewähr, daß jedes Problem sich in einem deduktiven System entscheiden läßt, und zwar in einer Richtung. »... durch die Widerspruchsfreiheit ist die Möglichkeit ausgeschlossen, daß irgendein Problem zugleich auf zwei Weisen – positiv und negativ – gelöst werden kann, aus der Vollständigkeit folgt dagegen, daß es jedenfalls auf eine Weise entschieden werden kann« (Tarski, 1966, 145). Das Problem ist dabei nur, daß nach dem Gödelschen Theorem jedes konsistente System, also jedes widerspruchsfreie System selbst von geringer Komplexität, unvollständig ist, d. h. unbeweisbare, obwohl völlig sinnvolle Sätze enthält. Man muß so tun »als ob«. Diese Kriterien können in die Psychologie übersetzt werden (vgl. Portele, 1979). Streben nach Widerspruchsfreiheit ist als Dissonanztheorie (Festinger) beschrieben worden. Das Streben nach Vollständigkeit als intrinsische Motivation oder Neugiermotivation (Portele, 1975). Aber es sind mehrere vollständige und widerspruchsfreie Konstruktionssysteme nicht nur denkbar, sondern tatsächlich vorhanden, z. B. verschiedene Mathematiken,

Geometrien und mehrstellige Logiken. Kelly weist darauf hin, daß die Konstruktionssysteme der einzelnen Personen in der Regel nicht intern konsistent sind (Kelly, 1955, S. 58). Das ist sicherlich im Alltag auch bei uns selber immer wieder zu beobachten, zumal sich unsere Konstruktionssysteme ja auch immer wieder wandeln. Und wessen Konstruktionssystem ist schon vollständig? Vollständigkeit und Widerspruchsfreiheit sind jedoch ein Hinweis auf die Abgeschlossenheit und die Selbstreflexivität dieser Konstruktionssysteme; die Schlange beißt sich selbst in den Schwanz.

Und es gibt drittens das Kriterium der sozialen Vergleichbarkeit. Kein Kind konstruiert seine Konstruktionssysteme ohne sozialen Einfluß, ohne mütterliche Person, ohne Peer-Gruppen-Einfluß, ohne den Einfluß der gesellschaftlich geformten Gegenstände oder der gesellschaftlich geformten »Natur«. Diese gemeinsamen, untereinander vergleichbaren Konstruktionen ermöglichen ja erst Verständigung, ermöglichen erst Sprache. Bourdieu weist mit seiner Habitus-Theorie auch darauf hin, wie schwer solche Konstruktionen, solche Doxa veränderbar sind, da sie miteinander verbunden sind in einem Netz von Ähnlichkeiten und auch Gegensätzlichkeiten. Er weist auch darauf hin, daß, als Habitus gefaßt, solche sozial beeinflußten Konstruktionssysteme klassenspezifisch und gesellschaftsspezifisch verschieden sein können, daß es also mehrere gibt. Er geht ja mit der Habitustheorie weit über Moscovici und Claudine Herzlich und ihre »sozialen Konstruktionen« hinaus, indem er behauptet, daß es sich *immer* um soziale Konstruktionen handelt und nicht nur teilweise.

Es handelt sich eben nicht nur um kognitive, intellektuelle Konstruktionen, darauf weist ja auch Kelly hin, obwohl die Bezeichnung »Konstruktionen« zu dieser Auffassung verführt. Bei Bourdieu wird in der Habitustheorie ganz deutlich, daß es bei diesem Konstruktionssystem sich um mehr handelt, auch um Präferenzen, um Valenzen, um Motivationen, um Gefühle, um Körperhaltungen, Körpererfahrungen und Moral, nicht nur um Wahrnehmungen und Denkmuster. Er faßt es also als Wahrnehmungs-, Denk-, Urteils- und Handlungsmuster zusammen.

Es scheint mir auch immer weniger sinnvoll, zwischen diesen konventionellen Unterscheidungen strikt zu trennen. Ich habe darauf hingewiesen, warum das Konzept der Handlungsgrammatik, wie es Bourdieu verwendet, so sinnvoll ist (vgl. Kapitel über Bourdieu), insbesondere als Metakonzept, als Konzept der Beschreibung von Konstruktionssystemen, was ja wieder nur eine Konstruktion ist, die der Beobachter aus seinen »Beobachtungen« konstruiert.

Die herkömmliche Subjekt-Objekt-Trennung ist im Konstruktivismus ja aufgehoben. Die Welt existiert nur im Kopf des Beobachters, genauer in den Köpfen der miteinander vernetzten Beobachter. Es handelt sich bei uns immer um Subjektivität oder genauer Intersubjektivität. Objektivität im herkömmlichen Sinne als wahre oder falsche Aussagen über die Wirklichkeit ist nicht möglich. So neu ist diese Aussage sicherlich nicht (vgl. von Glasersfeld, 1981). Aber diese Aussage hat verschiedene Konsequenzen. Eine davon ist, daß es sicherlich nicht sinnvoll ist, zwischen Psychologie und Epistemologie zu unterscheiden. Eine Erkenntnislehre ohne Subjekt, ohne die erkennenden Individuen ist unsinnig, ebenso eine Erkenntnislehre, die objektiv über die Relation Subjekt-Objekt berichtet. Schon bei Piaget (1985) findet sich die These, daß Philosophie inklusive Erkenntnislehre eigentlich Psychologie ist. Im Konstruktivismus kann Epistemologie nur die Beschreibung (Konstruktion) von Ereignissen, Vorgängen im Individuum, im Subjekt sein bzw. in den vernetzten Individuen und Subjekten, so daß es sinnvoll erscheint, weder Psychologie getrennt von Epistemologie zu behandeln und umgekehrt noch Epistemologie als Psychologie aufzufassen, sondern daß man am ehesten das alles als Sozialpsychologie, Psychosoziologie auffassen kann.

Eine andere Konsequenz ist, daß die Haltung des Menschen, des Wissenschaftlers (man the scientist) zu dem, was außerhalb des Individuums ist, »Objekt« war, sich ändert; es ist nicht mehr manipulierbar wie ein »Objekt«, es zwingt ihm geradezu eine gewisse »Ehrfurcht« auf, zumal wenn es sich um Lebewesen handelt. Auf diese vielleicht altmodisch anmutende »Ehrfurcht vor dem Leben« im Sinne von Albert Schweitzer werde ich weiter unten noch zurückkommen.

Das Menschenbild der herkömmlichen Psychologie

Ich will für einige Gebiete der herkömmlichen Psychologie andeuten, was sich durch den Konstruktivismus – im dargestellten Sinne – ändert. *Wahrnehmung* ist keine Wahrnehmung, sondern Konstruktion, auch nicht Widerspiegelung, keineswegs Repräsentation der Welt außen. Daß dabei Sensorium und Motorium gekoppelt sein müssen, die Umwelt gleichsam im synaptischen Spalt zwischen Sensorium und Motorium steht, ist etwas, worauf die Tätigkeitstheoretiker, Maturana und Varela und Piaget nicht müde wurden hinzuweisen: »Keine Erkenntnis kommt allein durch Perzeption, denn diese sind immer von Aktionsschemata begleitet, Erkenntnis entspringt aus Tätigkeit.« (Piaget zitiert in von Foerster, 1980) Die Gestaltpsychologen haben sich, wie ich an Metzger versucht habe zu zeigen, sehr weit vorgewagt mit der Trennung zwischen phänomenaler Welt und transphänomenaler oder erlebnisjenseitiger Welt, aber Metzger hat eben die letzte Konsequenz nicht gezogen, wenn er behauptet, man könne »ohne großen Schaden konstruierte Realität« als »Stellvertreter« für die transphänomenale Welt verwenden (1975, S. 427).

Stadler und Kruse (1986) zeigen, daß die Gestalttheorie Ergebnisse erarbeitet hat, die »mit den Prinzipien der Selbstorganisation (wie sie es nennen, was hier radikaler Konstruktivismus heißt) weitgehend vergleichbar« ist. Die Frage ist ja in der »Wahrnehmungs«-Psychologie des Konstruktivismus nicht mehr: Wie nimmt das Individuum die Welt wahr?, sondern: Wie *konstruiert* das Individuum die Welt? Wie kommen Konstruktionen zustande, wenn sie nicht an der erlebnisjenseitigen Welt geprüft werden können? Wieso erlebt das Individuum die Konstruktionen als wirklich? Warum kann es – häufig – zwischen Traum und Nichttraum unterscheiden? Welchen Einfluß hat seine Eingebundenheit in eine soziale Welt auf die Konstruktionen? Wie wirken interne Prinzipien, z. B. der Konsistenz oder eventuell der hierarchischen Ordnung, auf die Konstruktion von Konstruktionen? Wie werden welche Valenzen den konstruierten »Gegenständen« zugeschrieben und auf welche Weise? usw. usw. Wie läßt sich das Konzept der Viabilität nach von Glasersfeld am besten fassen und operationalisieren? Solche Fragen und sicher noch viele andere sind mit Einschränkung nur teilweise zur Zeit beantwortet.

Motivation

Motivation ist, wie ich schon angedeutet habe, eine Vorstellung, ein Konstrukt, das davon ausgeht, daß Lebewesen so ähnlich wie tote Materie träge Masse sind und es einer Kraft oder einer Energie bedarf, um sie zu bewegen. Wenn man Lebewesen aber als Wesen definiert, die im Gegensatz zu toter Materie leben und sterben können, also aus sich heraus »spontan« sich verändern und organisieren, dann wird das Motivationskonzept obsolet. Kelly geht noch weiter, was der neuen Physik durchaus entspricht, wenn er behauptet: »the universe ... exists by happening«; dann bedarf es eigentlich keines Energiekonzeptes im herkömmlichen Sinne mehr, wobei Energie tote Materie antreibt, denn Materie ist Energie (Dürr, 1986), und natürlich auch keines Motivationsbegriffs, was er ja auch explizit formuliert. Er unterscheidet (wie auch Metzger) zwischen push- und pull-Theorien, Stimulustheorien und Bedürfnistheorien, die er beide ablehnt. Es ist sicherlich schwer, sich eine Psychologie ohne Motivationskonzept vorzustellen, da unsere Sprache und vorgefundenen Alltagsdenkweisen mit dem Motivationskonzept dauernd umgehen, z. B. Hunger, Durst, Leistungsmotivation, Sexualtrieb usw. Wir konstruieren damit andere und uns selbst als abhängig von solchen Motivationen, eventuell sogar als determiniert, und sehen nicht mehr die Autonomie, die wir als Lebewesen haben. Man kann natürlich von Wachstumsmotivation reden, wie es in der humanistischen Psychologie üblich ist, z. B. auch bei Maslow (1970); das ist Unsinn, denn Wachstum ist ein dem Leben immanenter Wesenszug, etwas, das zu Selbstorganisation, Selbstproduktion, Autopoiese einfach dazugehört.

Wenn ich argumentiere, den Motivationsbegriff fallenzulassen, indem ich wie oben darauf hinweise, daß er eventuell der Auffassung von Lebewesen als autonomen Wesen widerspricht, tue ich das, indem ich Kriterien anwende, die zwischen Konstruktionen unterscheiden, hier: daß ich es psychologisch sinnvoll finde, ein Konzept aufzugeben, wenn es zu einem bestimmten Denken verführt. Ich werde darauf zurückkommen. Was ich vom Motivationskonzept behalten möchte, ist das, was Kurt Lewin (1951) Valenzen nannte, für mich die Zuschreibung von Wertigkeiten durch den Konstrukteur. Diese Valenzen scheinen mir eindeutig sozial bedingt zu sein und äußern sich in Präferenzen. Was also im Konstruktivismus an der herkömmlichen Motivationstheorie interessiert, ist, wie wir Motivationen oder Valenzen oder Präferenzen, Bewertungen konstruieren.

Lernen

Lernen ist, wie Kelly meint, auch kein sinnvolles Konzept mehr, weil alles, was Menschen tun, Lernen sei. So ähnlich behaupten dies Maturana und Varela, z. B. wenn Maturana (1982, S. 39) behauptet: »Leben als Prozeß ist ein Prozeß der Kognition« oder Maturana und Varela annehmen, daß sich die Struktur eines Lebewesens bei Aufrechterhaltung seiner Organisation dauernd ändert durch strukturelle Koppelungen an seine Umwelt. Bei der herkömmlichen Lerntheorie werden sicherlich Hinweise darauf zu finden sein, wie solche Veränderungen ablaufen, aber sie reichen sicher nicht aus. Eine weitere Revision der herkömmlichen Lerntheorie ergibt sich aus der Theorie von der Hierarchie der Lerntypen, Lernen I, II und III bei Bateson (1981), obwohl Bateson bei der herkömmlichen Bezeichnung Lernen bleibt. Insbesondere Lernen III wurde meines Wissens kaum untersucht.

Eine Ausweitung der herkömmlichen Lerntheorie ergibt sich auch durch die Habitustheorie von Bourdieu, insbesondere wenn man versucht, die Aneignung des Habitus (Lernen) als Aneignung einer Handlungsgrammatik aufzufassen.

Persönlichkeitstheorien

Persönlichkeitstheorien sind wohl auch neu zu konzipieren, auch wenn Kelly seine Theorie der »persönlichen Konstrukte« eine Persönlichkeitstheorie nennt. Wenn das Ich, das Selbst, die Persönlichkeit, der Charakter, das Konglomerat »Gewohnheit« ist, wie Bateson behauptet, und Lernen III ein Irrelevant-werden des Selbst der Persönlichkeit bedeutet und drittens das Selbst, die Persönlichkeit, eine Konstruktion von der Person selbst ist und aus der Interaktion mit anderen heraus entstand, dann scheint der herkömmliche Persönlichkeitsbegriff zweifelhaft zu werden, der ja ein Selbst außerhalb der Veränderungen annimmt. Wenn darüber hinaus Bourdieu zeigt, wie ästhetische, ethische und andere Präferenzen gesellschaftlich beeinflußt sind, so eindrucksvoll wie in »Die feinen Unterschiede«, dann wird einem die Auffassung von Persönlichkeiten als die Wandlungsprozesse übergreifenden Einheiten, die sich voneinander in ihrem Wesen (ihrer Persönlichkeit) unterscheiden, zweifelhaft.

Klinische Psychologie

Daß sich für die *klinische Psychologie* aus dem Konstruktivismus wichtige Konsequenzen ergeben, nämlich daß es um Konstrukte geht und gesellschaftlich definierte »falsche« Konstrukte, die erst durch die Sprache entstehen können, scheint mir so offensichtlich, daß ich dies nur kurz hier erwähnen möchte, zumal ich schon darauf hingewiesen habe und noch genauer darauf eingehen werde.

Die vorherrschende klinische Psychologie geht von Pathologien aus, ihr Ziel ist die Heilung. Im Gegensatz dazu steht zum Teil die humanistische Ideologie, deren Menschenbild, zusammengefaßt, davon ausgeht, daß Menschen am Wachstum gehindert werden oder sich selbst hindern, ihr Ziel ist Wachstum. Allerdings kann man die Wachstumsbehinderung als pathologisch auffassen.

Für ein autopoietisches System gibt es keinen pathologischen Zustand, es lebt (überlebt) oder es stirbt (verliert seine autopoietische Organisation). Erscheinungsformen autopoietischer Systeme kann man nur dann als pathologisch beschreiben, wenn man vergleicht. Vergleichen kann man als Beobachter zwischen der autopoietischen Einheit und anderen solchen Einheiten oder zwischen historischen Zuständen derselben autopoietischen Einheit. Voraussetzung für einen solchen Vergleich ist ein Beobachter, ein Fremd- oder Selbstbeobachter. Daneben muß eine Bewertung der Zustände erfolgen – gesund/pathologisch –, und das setzt Sprache voraus, also eine Gemeinschaft von Beobachtern, die ihre koordinierten Aktionen koordinieren, also über Sprache verfügen und die Macht des bezeichnenden Experten (Mendez, Coddon, Maturana, 1986).

Die Definition von »pathologisch« oder »krank« ist also gesellschaftlich bestimmt. Das erscheint plausibler bei psychischen Krankheiten als bei somatischen, gilt aber auch bei somatischen Krankheiten.

Ein Kriterium des Klienten, sich für psychisch krank zu halten, ist die Selbstbeobachtung »mir geht es nicht gut«. Das kann sehr verschiedenen Inhalt haben; wenn er einen Therapeuten aufsucht, definiert er die Situation so, daß er sich nicht allein weiterhelfen kann, und er erwartet Hilfe vom Therapeuten, d. h. er definiert sich als nicht autonom. In der Regel werden unangenehme Gefühle als Leiden bezeichnet, als das, was man weghaben möchte.

Der Therapeut der humanistischen Psychologie wird beide Annahmen versuchen zu verwerfen: Der Klient ist autonom und kann nur sich selbst verändern, und Leiden – Trauer, Schmerz, Scham, Angst, was immer – sind Gefühle, Erscheinungsformen, die dazugehören, wenn man lebt.

Die Fremddefinition von psychischer Krankheit kann man in dem Satz zusammenfassen: »Er/sie kommt nicht zurecht.« Das heißt nichts anderes, als daß er/sie nicht das tut, was man von ihm/ihr erwartet, daß er/sie auffällig ist, d. h. nicht im Durchschnitt mit einer gewissen Varianzbreite der gesellschaftlichen Gruppe entspricht, der er/sie angehört. Danach ist es nicht weiter verwunderlich, daß Pathologien klassenspezifisch verteilt und auch je nach Nationalität verschieden sind.

Die Abweichung vom Durchschnitt kann die Intelligenz betreffen, die Grundstimmung, sie kann sich in »Verhaltensauffälligkeiten« äußern, in »kriminellen Handlungen«. Bei den Abhängigkeiten von Drogen, Alkohol, Medikamenten usw. ist interessant, daß es besonderer gesellschaftlicher Prozesse bedarf, damit die Fremddefinition »Alkoholiker« zur Eigendefinition wird; das ist ja das Ziel der Anonymen Alkoholiker. Bei den »Verrücktheiten« Paranoia, Schizophrenie usw. können es ganze Konstruktionssysteme des Individuums sein, die vom Durchschnitt abweichen. Das Besondere an diesen Verrücktheiten ist, daß die subtile, gelernte Unterscheidung zwischen »Wirklichkeit« und »Nichtwirklichkeit« zusammengebrochen ist. Diese Unterscheidung ist ja auch gesellschaftlich bestimmt.

Unterscheidung zwischen Wirklichkeit und Nichtwirklichkeit.

Kohlberg hat gezeigt, wie das Konzept des Traumes in den verschiedenen Kulturen entwickelt wird (Kohlberg, 1974). Dies erinnert daran, daß es eine der wichtigsten kulturellen Leistungen ist, den Kulturangehörigen die Unterscheidung zwischen Konstruktionen, die als wirklich gelten, und Konstruktionen, die als Halluzination gelten, beizubringen. Kohlbergs Untersuchung setzt Untersuchungen von Piaget (1969) fort bei den Atayal, einer Volksgruppe malaysischen Ursprungs auf Formosa, die Kohlberg häufiger untersucht hat. Bis zum elften Lebensjahr verlaufe die Entwicklung des Traumkonzepts bei Atayaljungen und amerikanischen Jungen sehr ähnlich – von der Auffassung, Träume seien real, zur Auffassung, Träume seien subjektiv oder mental – und entspräche bei den Atayaljungen nicht der Auffassung der Eltern, die Träume nicht als subjektiv auffassen. Sie setzen angeblich Seele, Traum und Geister gleich, die Träume werden durch Geister verursacht, und während des Traumes verlasse die Seele den Körper und mache an anderen Orten reale Erfahrungen. Kohlberg meint, daß bei den Atayaljungen die eigenständige, kognitive Entwicklung durch ein spezifisches Training durch die Eltern revidiert werde. Revidiert werden »kulturell universale Invarianten der Sequenz« (S. 28). Zuerst müsse zwischen Zeichen und Bezug differenziert werden, es gibt also reale Ereignisse und unwirkliche symbolische Ereignisse. Dann müsse unterschieden werden zwischen Äußerem-Gemeinsamem und Innerem-Nichtgemeinsamem, es gibt also unwirkliche, körperinnere Ereignisse, die für andere unsichtbar sind, und unwirkliche äußere Körperbewegungen (Bilder, Filme). Schließlich lerne man zwischen Materiellem und Immateriellem unterscheiden, es gibt also innere geistige Vorgänge und innere physische Vorgänge.

Das macht, glaube ich, ein wenig einsichtig, welche komplizierten Vorgänge nötig sind, um zwischen Traum und Wirklichkeit unterscheiden zu können. Ich bezweifle zwar, daß es sich um eine universelle invariante Entwicklungssequenz handelt, sondern meine, daß es sich um Kontextlernen im Sinne Batesons handelt. Träume sind vor allem Träume, weil der Kontext ihr nächtliches Auftreten während des Schlafes ist. Die Hauptschwierigkeit besteht meines Erachtens darin, daß wir zwischen Erinnerungen unterscheiden müssen, Traum-Erinnerungen und »realen« Erinnerungen, also keine Möglichkeit irgendeiner Überprüfung in der Gegenwart haben. Das macht ja oft Erwachsenen Schwierigkeiten, zwischen Traum-Erinnerung und Real-Erinnerung zuverlässig zu unterscheiden. Sicherlich bekommt das Kind häufig von den Eltern gesagt, daß die Träume Einbildungen sind, daß es keine Angst zu haben braucht, daß Träume nur im Kopf stattfinden usw.

Es ist aufschlußreich, sich klarzumachen, daß wir immer wieder in Situationen sind, in welchen die uns scheinbar so klare Trennung zwischen Halluzination und Wirklichkeit, Phantasie und Realität abhanden kommt. Beispielsweise ist ja der Untergang der Sonne, wie wir ihn real erleben, eine Illusion, seit nachgewiesen wurde, daß die Erde sich um die Sonne dreht. Daß der Tisch, auf dem ich schreibe, fest ist, ist nach der Theorie der Physik ebenfalls eine Illusion, das Beständige daran ist die Energie (Dürr, 1986). Eindrucksvoll ist für mich die Begegnung mit Hologrammen, der dreidimensionale »Schein« erscheint als real, und ich »sehe«, daß er nicht real ist. Daß unser »selektives« Gedächtnis »Halluzinationen« in der Vergangenheit hervorbringt, wissen wir z. B. von Unfallschilderungen, Familienlegenden (»Mutter hat dich nie verlassen«), Kriegserinnerungen. Daß Zukunftsängste häufig Phantasien sind, erfahren wir tagtäglich, ebenso daß sie unser Leben trotz dieses Wissens stark bestimmen. In den Experimentalanordnungen von Ames, über die Bateson so anschaulich berichtet (1981), in den Experimenten zur phänomenalen Kausalität von Michotte (1946) wird deutlich, wie »illusionär« unsere Wahrnehmung in der Gegenwart ist. »Er wollte mich absichtlich verletzen« ist z. B. eine Äußerung über die Realität, die sich als Illusion herausstellen kann (oder auch nicht), aber aufzeigt, wie leicht Halluzinationen unser Leben bestimmen können, denn wir sind ja von unserer »Wahrnehmung« als real überzeugt. Aber auch schon so einfache, alltägliche Situationen wie Filme oder Fernsehen machen uns selbst bei geringer Bewußtheit klar, wie wir dauernd zwischen Realität und Illusion schwanken, immer wieder lassen wir uns in die Film- oder Fernsehrealität, die ja Illusion ist, »hineinziehen«. Kinder müssen bekanntlich mühsam die »Kontexte« erwerben, die deutlich machen, daß Märchen, Fernsehspiele, Theaterstücke nicht Realität sind.

Für Maturana heißt »Objektivität in Klammern« Anerkennung der erfahrungsmäßigen Nicht-Unterscheidbarkeit von Wahrnehmung und Illusion.

Das Menschenbild der westlichen Psychologie

Ziel der Therapie ist in der Regel, die Symptome, das Leiden, die Abweichung zu beseitigen oder die Personen aus der Gesellschaft herauszunehmen. Bei bestimmten Abweichungen sind das Gefängnisse, bei anderen Pathologien die psychiatrischen Kliniken – Verwahranstalten. Durch dieses Ziel wird eine Haltung gegenüber den Symptomen, dem Leiden, den Abweichungen erzeugt, die sie als »Feinde« betrachtet, die bekämpft werden müssen. Das scheint mir jedoch genau die falsche Haltung zu sein. Darauf will ich im letzten Kapitel noch eingehen.

Wenn es eine Pathologie im Konstruktivismus gibt, dann eigentlich nur die, daß man an »Objektivität *ohne* Klammern«, an die Erkennbarkeit der wahren Wirklichkeit glaubt statt an »Objektivität *in* Klammern«. Als äußerster Spielraum kann natürlich »Überleben« angenommen werden. Innerhalb dieses Spielraumes sind unendlich viele Konstruktionen, Gewohnheiten vorstellbar (Proskription). Was problematisch ist, ist zunächst einmal alles, was Gewohnheit ist. Voraussetzung für Gewohnheit ist ja, daß Gegenstände, Ereignisse, Situationen, Personen, Handlungen als gleich betrachtet werden, also aufgrund von Vergleichen etwas als gleich definiert wird. Etwas Gleiches gibt es jedoch nicht, nur individuelle, einmalige Gegenstände, Ereignisse, Situationen, Handlungen, Personen. Gewohnheiten sind also wohl immer prinzipiell unangepaßt an die jeweilige Gegebenheit. Es gibt keine Wiederholung. Ideal wäre es demnach von diesem Standpunkt aus, keine Gewohnheiten zu haben. Andererseits würden wir wohl ohne Gewohnheiten, Routinen gar nicht leben und überleben können. Das Ziel ist demnach wohl Lernen III: Über Gewohnheiten und Habitus verfügen, nicht sich von Gewohnheiten und Habitus beherrschen lassen, also Freiheit von der »Knechtschaft der Gewohnheiten«. Das beinhaltet auch Veränderung des Habitus, der Gewohnheiten.

Die Aufgabe des Therapeuten besteht bei Kelly darin, mit dem Klienten zusammen »partnerschaftlich« dessen Konstrukte zu testen, damit er Gelegenheit bekommt, sie zu verändern. Dabei sind die Kriterien Viabilität und Konsistenz (Vollständigkeit und Widerspruchsfreiheit) sowie soziale Vergleichbarkeit wichtig, jedoch nicht das Realitätskriterium. Gewohnheiten, z. B. die Gewohnheit, auf Frauen, auch die Ehefrau, immer die Praxis zu »übertragen«, die bei der eigenen Mutter gelernt wurde, können zu unangenehmen Situationen führen. Gewohnheiten kann man auch als das Gegenteil von Leben oder Lebendigsein sehen. Die eigenartige Starrheit, Unlebendigkeit von einigen Menschen besteht ja darin, daß sie für alles eine Gewohnheit haben und die Anzahl der Gewohnheiten außerdem noch relativ gering ist. Diese starren Gewohnheiten verhindern, daß Neues erlebt wird, sie verhindern, daß man jede Gelegenheit individuell, einmalig und damit kostbar »sieht« und jedesmal »anders handelt«. Im Buddhismus wird darauf aufmerksam gemacht, daß Vergleichen und Deindividualisieren, also in Kategorien zu packen, zu den Wurzeln des irdischen Leidens gehören.

Bei Mendez, Coddon und Maturana (1986) besteht das Ziel der Therapie darin, wie ich bereits erwähnt habe, daß der »Klient« erkennt, daß wir die Welt konstruieren, daß wir nicht mit einem privilegierten Zugang zur Wirklichkeit argumentieren können und nicht mit der Wahrheit, sondern daß wir mit unseren Konstruktionen koexistieren und uns auf Konstruktionen einigen können. Das Ziel ist »Objektivität in Klammern«, die Bewußtheit, daß wir im Miteinanderleben Konstruktionen konstruieren in der Sprache. Möglicherweise ist dies Lernen III von Bateson.

Während des Schreibens wird mir bei vielen Sätzen deutlich, wie stark die Sprache De-Individualisierung – auch von Menschen – begünstigt. Es ist angebracht, den Leser darauf aufmerksam zu machen, daß es ebenfalls die Sprache ist, die es mir ermöglicht, die Thesen hier vorzutragen, die also Freiheit ermöglicht, Freiheit von der Knechtschaft der Gewohnheiten.

Der herkömmlichen Psychologie liegt ja ein bestimmtes Menschenbild zugrunde. Es ist nicht verwunderlich, daß das Reiz-Reaktionsmodell vorherrschend wurde und selbst nach der »kognitiven Wende« sich nicht grundsätzlich veränderte, außer daß das Zwischenglied Kognition eingeführt wurde. Wie jede Wissenschaft hat die Psychologie auch ein technisches Interesse. Im Zweiten Weltkrieg, aufgrund des Sputnikschocks und für die Industrie, wurden ganz bestimmte Teile der Psychologie gefördert. Bei der Technik der Psychologie geht es natürlich wie sonst auch um Machbarkeit, um Manipulation. Manipulation und Machbarkeit sind beim Menschen sicher etwas schwieriger als bei toter Materie, aber grundsätzlich wird in der Psychologie weitgehend davon ausgegangen, daß die Psyche, der Mensch manipulierbar seien, die prinzipielle Autonomie ist im vorherrschenden Menschenbild der Psychologie nicht vorhanden. Man kann ihn motivieren (um ihn z. B. zum Konsum anzuregen), man kann ihn alles lehren, wie Skinner und der Behaviorismus gezeigt haben wollen usw. Der Mensch wird als von außen determinierbar angesehen. Das gilt auch für die klinische Psychologie weitgehend. Rogers (1973) und andere humanistische Psychologen haben allerdings die Autonomie immer betont. Aber in der vorherrschenden Psychologie gilt auch die Kreativität als machbar. Die Krankheitslehre besteht in einem weitgehend medizinischen Modell, Seele und Körper sind in der Regel getrennte Wesen. Sicherlich lassen sich noch mehr Aspekte dieses Menschenbildes aufzählen. Mir scheint am wichtigsten, daß der Mensch in der vorherrschenden Psychologie als triviale Maschine aufgefaßt wird, als input-output-Mechanismus, den man kontrollieren kann.

Diese Konstruktion, diese Gewohnheit, den Menschen als trivialisierte Maschine aufzufassen, ist wie jede andere Konstruktion oder Gewohnheit selbstbestätigend, hier allerdings in einer vervielfachten Weise, denn die Konstruktion des Wissenschaftlers wird vom »Objekt« übernommen, so daß nicht nur der Forscher entsprechend seinen Konstruktionen handelt, sondern auch das »Objekt« sich entsprechend der übernommenen »einverleibten« Konstruktionen verhält.

Das Menschenbild der buddhistischen Psychologie

Es ist interessant festzustellen, daß die Psychologie des Buddhismus, obwohl sie eindeutig daraufhin konzipiert ist, den Pfad zum Nirwana zu beschreiben, zum Heil, übereinstimmt mit der Psychologie des Konstruktivismus (vgl. Streng, 1967, Govinda, 1981). Der Buddhismus geht vom radikalen Werden aus (radical becoming). Es gibt kein »Sein« (atman). Da die Welt kontinuierlich *wird*, *ist* sie nichts. Bei dem Terminus »Wandel« nehmen wir ja immer noch an, daß etwas sich wandelt, aber genau dieses etwas, das sich wandelt, ist die falsche Annahme. Das ist ja auch der Ausgangspunkt von Kelly, von Maturana und Varela. Diese Grundannahme des Nichtseins (anatman) hat radikale Konsequenzen. Alle Wesenheiten sind mentale Konstruktionen. Objekte werden durch das Festhalten an der Idee des Seins fabriziert, auch das Ich oder das Selbst, die Persönlichkeit. Wenn man aufhört, Objekte und sich als Subjekt zu konstruieren, sie voneinander zu unterscheiden, kann man nicht mehr zwischen Subjekt und Objekt trennen, zwischen Ich und Nicht-Ich. Dadurch, daß man Objekte konstruiert und Ideen, ist man ihnen intellektuell, emotional und motivational »verhaftet«, man bewertet sie, will sie haben oder nicht haben, und das ist der Ursprung allen Leidens. Motivation, also Bedürfnisse, sind der Ursprung allen Leidens. Eine Befreiung davon ist durch den »edlen achtfachen Pfad« möglich, wenn man das Verhaftetsein an die Dinge, die man konstruiert hat, das Ich, das man konstruiert hat, aufgibt, damit die Bedürfnisse verliert und das »radikale Werden« und die »Leere« (Shunyatta, die Nichtdingheit – no-thing-ness) »realisiert«. Indem man dies realisiert, realisiert man sich selbst. Das scheint so etwas wie Lernen III zu sein. Man kann dies durch plötzliche Einsicht oder durch Meditation erreichen. Da sind sich die Schulen nicht einig.

Der Buddhismus scheint mir von den gleichen Voraussetzungen auszugehen wie die radikalen Konstruktivisten. Allerdings treiben die Buddhisten die Auffassung – nicht alle, vor allem der mittlere Buddhismus – auf die Spitze. Er ist logisch konsequent und es ist faszinierend, welche scharfe und radikale Logik dabei angewendet wird, z. B. von Nagarjuna (vgl. Conze, 1962, Streng, 1967, Stcherbatsky, 1932), der Dialektiker genannt wird und sich intensiv mit Paradoxa auseinandergesetzt hat. Für die abendländische Welt wird als vergleichbare Tradition immer wieder Heraklit zitiert: »Man kann nicht zweimal in den gleichen Fluß steigen.« So fremd ist uns dieses Denken ja nicht. Heinz von Foerster (1981, S. 42) zitiert die radikalisierende Fassung von Kratylos, denn Heraklit übersah das »radikale Werden« des in den Fluß steigenden Beobachters: »Man kann nicht einmal *einmal* in denselben Fluß steigen.«

Ausklammerung des Menschen

Ich habe als Kennzeichen unserer zeitgenössischen Wissenschaft die »Ausklammerung des Menschen« hervorgehoben (Portele, 1981). So fing dieser Vortrag damals an:

> »Nein, sicher, die Wissenschaft ist nicht allein schuld. Aber: Die Verschmutzung der Nordsee, des Rheins, der Elbe, des Trinkwassers, z. B. in Heidelberg, wäre nicht möglich ohne Wissenschaften und ohne Wissenschaftler.
> Die Verseuchung der Kartoffeln und des Getreides, des Obstes, der Milch, des Schweinefleisches durch angereicherte Schädlingsbekämpfungsmittel, Antibiotika, Kunstdünger, Verunreinigungen aus den Chemiewerken, Quecksilber, Blei wäre nicht möglich ohne Wissenschaften und ohne Wissenschaftler.
> Der Beinahe-SuperGAU in Harrisburg, die Bedrohung für Jahrtausende durch radioaktive Abfälle, die drohende radioaktive Verseuchung durch Atomkraftwerke, Zwischen- und Endlager wären nicht möglich ohne Wissenschaften und ohne Wissenschaftler.
> Die Arbeitslosigkeit, die arbeitslosen Jugendlichen, ältere Ar-

beitnehmer, auch die Angestellten, die ihre Arbeitsplätze verloren haben und auch noch verlieren werden durch Mikroprozessoren und elektronische Datenautomaten, wären nicht möglich ohne Wissenschaften und ohne Wissenschaftler.

Die Steuerung der Effektivnachfrage, die Manipulation durch Werbung, die Ausbeutung, die Isolation der Arbeitenden, ihre Krankheiten, die Medikamentensüchtigen – auch dies wäre nicht möglich ohne Wissenschaften und ohne Wissenschaftler.

Nein, die Wissenschaften und die Wissenschaftler sind nicht allein schuld, daß wir anders atmen, anders essen, anders trinken, anders wohnen, anders krank sind, anders leben, anders sterben als vor 10 Jahren, vor 20 Jahren, 100 Jahren, aber ohne sie...«

Ergänzen müßte man diese Philippika mit den Namen Tschernobyl, mit den Namen Seveso, Bhopal und Basel, ergänzen müßte man SDI, Waldsterben, Gentechnologie und... und...

Ich meine, daß die »Ausklammerung des Menschen« in dreifacher Weise geschieht. Erstens ist der Mensch als der *Produzent von Wissenschaft* ausgeschlossen, als der Beobachter, als der Konstrukteur. Es wird eine Welt »beschrieben«, objektiv, das heißt die Welt da draußen hat mit dem Wissenschaftler, mit dem Forscher nichts zu tun. Er soll neutral, sine ira et studio, an die Welt ihm gegenüber herantreten und die in ihr vorhandenen Regelmäßigkeiten und Gesetze finden und sammeln. Stimmungen, Gefühle, Wünsche, Bewertungen, Träume sollen möglichst keine Rolle spielen. Wenn sie vorhanden sind, dann soll er sie *beherrschen*. Ein solcher Wissenschaftler hat viel gemeinsam mit dem Unternehmer, mit dessen protestantischer Ethik, wie sie Max Weber (1965) beschrieben hat. Diese Verhaltensweisen und Handlungen werden jedoch nicht als eine Ethik beschrieben, sondern als wissenschaftlich notwendig, nur so sei die wahre Erkenntnis möglich. Zum Teil wird sogar geleugnet, daß das etwas mit Ethik zu tun habe. Immer noch möchten wir »die Welt erforschen unter Ausschluß dessen, daß wir es sind, die sie erkennen«, schrieb Jaspers (1947, S. 628).

Der Mensch wird zweitens in der Wissenschaft *als Handelnder* ausgeklammert. Versucht wird eine Trennung zwischen Erkennendem und Handelndem, zwischen Theoretiker und Praktiker. Der Praktiker ist per definitionem nicht Wissenschaftler. Praktiker sind zwar auch Menschen, aber sie gehören nicht zur Gemeinde der Wissenschaftler. Diese Trennung hat sich auch in den praktischen Wissenschaften, den Technikwissenschaften, Medizin, Jura, Betriebswirtschaftslehre, Pädagogik usw. eingebürgert. Die »reine« Wissenschaft hat nichts mit der Praxis zu tun, und was die Praktiker oder Politiker mit den Erkenntnissen machen, ist ihre Sache, nicht die des Erkennenden. Das bedeutet, daß die Erkennenden, die Forscher keine Verantwortung für das Handeln tragen. Sie sind »objektiv« und finden und sammeln nur die Gesetzmäßigkeiten der Natur. Das einzige Kriterium ist Wahrheit und nicht Praktikabilität. Das bedeutet keineswegs, daß die Entwicklung der wissenschaftlichen Gebiete nicht bestimmt ist von denjenigen, die sie mit Forschungsgeldern finanzieren. In den Forschungsanträgen steht ja auch meistens etwas über den praktischen Nutzen der beantragten Forschung. Nur das angestrebte Ideal trennt den »theoretischen und praktischen Diskurs«, der bei den Handwerker-Wissenschaftlern, bei Leonardo da Vinci und Brunelleschi, noch selbstverständlich war. »Die normative, soziale, politische Neutralisierung der Naturerkenntnis, die ein wesentliches Element der Positivität, Objektivität, Sachlichkeit, wissenschaftlichen Wissens ist, war eine Bedingung der Institutionalisierung von Wissenschaft im 17. Jahrhundert. Die Auseinandersetzung von alternativen Begriffen und Ansprüchen der Naturerkenntnis wurde durch institutionelle Entscheidungen beendet oder überflüssig gemacht«. (van den Daele, 1977, S. 133)

Dieses Ideal ist notwendig, um auf der strikten politischen und menschlichen Neutralität als Grundvoraussetzung von Objektivität, nämlich Wertfreiheit zu bestehen. Nur so ist das Monopol auf wahre Erkenntnis, ein Erfolg des Professionalisierungsstrebens der Wissenschaftler, zu bewahren. Die Karikatur des »vergeßlichen, weltfremden Professors« ist Ausdruck für diese Einseitigkeit. Diese Einseitigkeit läßt praktische Brauchbarkeit als Kriterium fast nicht zu, obwohl es von außerhalb der Wissenschaft immer wieder gefordert wird, zuletzt durch die durch den Neomarxismus wieder aufgelebte Diskussion um die Verbindung von Theorie und Praxis.

Wenn der Forscher als Forscher handelt und nicht nur denkt und erkennt, dann handelt er als Experimentator an komplizierten Maschinen, z. B. Zyklotronen, Oszillatoren, Bildschirmen usw. – in der künstlichen, von ihm selbst aufgebauten Welt, in der er die Welt so sehr vereinfacht und von störenden Bedingungen, so weit es nur geht, freihält. Insofern wird der Zirkel, die Feed-back-

Schleife zwischen Sensorium und Motorium, Erkennen und Handeln sehr einseitig genutzt, was den Alltag und das Leben betrifft, sogar unterbrochen.

Der Mensch wird drittens als *koexistierendes Wesen*, als Partner ausgeschlossen und das auf verschiedene Weise. In den Wissenschaften, die sich mit dem Menschen befassen, wird er zum Objekt. Am deutlichsten ist es wahrscheinlich in der Medizin, in der man versucht – trotz verschiedener Gegenströmungen (Viktor von Weizsäcker, 1973) – den Menschen als physikalisch-chemische Maschine zu betrachten. Das gilt aber auch für Psychologie, Jura, Betriebswirtschaft, Pädagogik, Soziologie, daß der Mensch Objekt der Forschung ist, dessen Individualität und Einmaligkeiten, dessen Autonomie nicht nur nicht interessieren, sondern als störend empfunden werden. Nicht nur die Frauenforschung hat dies bemängelt (Mies). Nach der Studentenbewegung wurde versucht, Betroffenenforschung durch Aktionsforschung zu machen (Haag u. a. 1972, Moser 1975). Gegenstand der vorherrschenden Forschung, die nach Regelmäßigkeiten sucht, kann eben nur der Durchschnitt sein und nicht das Individuum, also eigentlich eine Abstraktion, von dem es leichter fällt zu glauben, daß er manipulierbar und beherrschbar sei.

In den Wissenschaften, die sich nicht unmittelbar mit dem Menschen beschäftigen, Physik, Chemie, Mathematik, wird der Mensch als Partner vor allem als Kommunikationspartner ausgeschlossen. Durch ihre Sprache werden die Wissenschaften, auch diejenigen, die sich mit dem Menschen unmittelbar befassen, zu Geheimwissenschaften, die dadurch ihre Herrschaft ausüben können, daß sie für den Laien nicht verständlich, nicht zu durchschauen sind.

Verschiedene Wissenschaftsauffassungen

Wenn unsere vorherrschende Wissenschaft etwas mit Welterkenntnis zu tun hat, oder wenn man Welterkenntnis als wissenschaftliche Aufgabe definiert, dann müssen wir anerkennen, daß die vorherrschende westliche Wissenschaft nicht die einzig mögliche ist, sondern daß es historisch andere Wissenschaften gab, und daß es in anderen Kulturen andere Wissenschaften gab und gibt, andere Weisen der Welterkenntnis. Welche die beste der möglichen Wissenschaften ist, wäre zu untersuchen. Es wäre sicherlich falsch anzunehmen, die vorherrschende westliche Wissenschaft habe keine expliziten und impliziten Grundannahmen – ein Teil davon wurde als »hidden assumptions« oder »tacit assumptions« beschrieben, einen Teil davon habe ich erwähnt, über weitere werde ich später berichten. Jedenfalls kann man nicht entscheiden, welche Art der Welterkenntnis die richtige ist und welche die falsche. Popularisiert hat Castaneda die Erkenntnis, daß es völlig unterschiedliche Weltauffassungen geben kann. »Does Don Juan really fly?« heißt ein Aufsatz von Foss in Philosophy of Science, und er kommt zum Schluß: ».. . evidently we are permitted to say either that Don Juan does and Neil Armstrong doesn't fly – or vice versa – or both do – or neither does« (Foss, 1973, S. 314), da man nicht zwischen den Grundannahmen entscheiden kann.

Was die afrikanische, die chinesische und buddhistische und die indianische Welterkenntnis betrifft, oder die Erkenntnis der Wildbeuter, so scheinen sie gemeinsam zu haben, daß der Mensch nicht ausgeklammert wird, sondern daß der Mensch »Teil im Felde« ist, wie Max Wertheimer es ausdrückt.

»Ich sagte, der Mensch ist ein Teil im Felde... An die Stelle des Zusammenhangs: Reiz als stückhafte Erregung eines peripheren Nerven auf der einen Seite und stückhafte Empfindung auf der anderen Seite, an Stelle dieses Zusammenhanges tritt mit Notwendigkeit der Zusammenhang: Tangierung der Feldbedingungen, der Lebensbedingungen, Tangierung dessen, was einem Wesen Umfeld ist und Reaktion dieses Wesens« (Wertheimer, 1925, S. 15). M. E. spricht Wertheimer hier von einem System, das wir heute ökologisches System nennen würden. Er meint die »wechselseitige strukturelle Koppelung« im Sinne Maturanas zwischen Mensch und Umwelt. Für Wertheimer ist das Feld ja auch wieder eine Gestalt, wir würden sagen: ein System.

Das Weltbild der Afrikaner sei »anthropozentrisch«, sagt Janheinz Jahn (Janheinz Jahn, 1958). Es ist wohl schwer wiederzugeben. Das Treibende, das allen Kräften Leben und Wirksamkeit gibt, ist »nommo«, das Wort, es ist gleichbedeutend mit »Wasser, Samen, Blut«. Die »Dinge«, »Gegenstände« sind »geronnene Kräfte«, sie brauchen den Befehl »nommo« durch einen Muntu. Muntu (Mehrzahl: Bantu) ist der Mensch, dazu gehören aber auch Götter und Ahnen. Gott schuf die Erde als Frau (Mutter) und begattete sie, sein Same ist »nommo«. Solche Auffassungen finden sich auch in Indien, z. B. in den vedischen Hymnen (Streng, 1967). Das Saatkorn z. B. hat von sich aus keine Aktivität, wenn nicht Muntu seine »Weisheit« (ubwange) durch »nommo« einflößen läßt.

Deutlicher wird m. E. die Weltauffassung in der Beschreibung von Handlungen. Camara Laye aus Guinea beschreibt, wie sein Vater Goldschmuck herstellt. Während das Gold durch die Hitze des Feuers schmilzt, formt er lautlos Worte (nommo). Das genügt jedoch nicht, ein Zauberer ist dabei, um die Verwandlung des Goldes in etwas Flüssiges und dann wieder Festes zustande zu bringen.

»Während der ganzen Verwandlung waren sein (des Zauberers) Vortrag immer beschwingter, seine Rhythmen immer drängender geworden, und in dem Maße, in dem das Schmuckstück Form annahm, hatten seine Lobpreisungen und Schmeicheleien an Heftigkeit zugenommen und die Fähigkeit meines Vaters in alle Wolken gehoben. In Wahrheit hatte der Zauberer auf eine eigenartige, fast möchte ich sagen, unmittelbare und wirksame Weise teil an der Arbeit. Auch er berauschte sich am Glück des Schaffens und verkündete laut seine Freude, er griff begeistert in die Saiten, er geriet in Feuer, als wäre er selbst mein Vater, als entstünde das Schmuckstück unter seinen Händen.« (zitiert nach Jahn, S. 130)

Natürlich macht der Goldschmied Feuer, um das Gold zu schmelzen, aber das genügt nicht nach afrikanischer Auffassung, der Mensch und »nommo« müssen dazukommen, genauso wie bei den Regentänzen bei den Hopi oder anderswo ein besonderer Mensch, der Zauberer oder Schamane den Zeitpunkt auswählt, z. B. wenn Wolken aufziehen, und dann die Tänzer zum Regen *beitragen*, wie der Schmied und Zauberer zum Schmelzen und Erstarren des Goldes. Der Mensch hat teil am Geschehen, er ist der Mitmacher, er ist »Teil im Felde«. Die Welt wird gleichsam als unvollendet betrachtet, und als »Teil im Felde« verbunden mit den anderen Elementen der Welt stellt der Mensch sie her, aber eben nicht ihr gegenüber, nicht die Natur als feindlich betrachtend, als etwas, was zu beherrschen ist, zu unterwerfen, weil sie angst macht und schrecklich ist, sondern als *Teil* der Natur.

»Der Indianer kennt keine Umwelt«, formuliert Werner Müller (1981), und er formuliert damit sehr genau, wie die Indianer sich als Element der Welt, als (Um-)Welt betrachten, dazugehörig. Es ist völlig logisch innerhalb der Weltauffassung der Indianer, wenn der Indianer auf die Frage »Wer bin ich?« sagt: »Ich bin all die Kräfte und Dinge, die ich berühre. Ich bin der Wind, die Bäume und die Vögel und die Finsternis« (Brown, zit. nach von Foerster, 1985).

Ziel der Welterkenntnis ist da eben ganz sicher nicht »Befreiung der Menschen von der Herrschaft der Natur«, wie ein von mir befragter Wissenschaftler formulierte (Portele, 1981), wobei eben die Natur als bedrohlich und feindlich gesehen wird, sondern Ziel der Erkenntnis ist eben gute Eingebundenheit in die Natur, also »Ehrfurcht vor der Natur«. Bei den Indianern ist es nicht nur »Ehrfurcht vor dem Leben«.

Der Anthropologe Hans-Peter Duerr übersetzt es mit »das Unwichtigwerden der Menschen gegenüber den anderen Geschöpfen der Natur«. Er zitiert einen nordamerikanischen Indianer: »Als ich noch ein Kind war, lehrten mich meine Eltern und die alten Leute, alle Dinge mit Ehrfurcht zu behandeln, auch die Felsen, die Steine, die kleinen Kriechtiere, denn sie alle sind *manitus*.« »Es spielt keine Rolle, was man zu einer Pflanze sagt, meinte er. Man kann genausogut Worte erfinden; das wichtigste ist das Gefühl, sie gerne zu haben und sie als seinesgleichen anzusehen. Ein Mann, der Pflanzen pflücke, müsse sich jedesmal entschuldigen, wenn er sie pflücke, erklärt er mir, und ihnen versichern, daß er selbst ihnen irgendwann als Nahrung dienen werde« (Duerr, 1978, S. 135).

In diesem Zitat wird für mich zweierlei deutlich, erstens, daß hier das Verhalten zur Natur nicht Beherrschen oder Beherrschtwerden ist, sondern Liebe, und daß wir zweitens genauso unsere Beziehung zum Tod gestalten können. Wir können ihn ausklammern, wie wir es zur Zeit in der westlichen Welt tun, nicht nur in der Wissenschaft, ihn als Feind betrachten oder ihn, wie es die Indianer anscheinend tun, als Teil der Natur, zur Eingebundenheit in die Natur gehörend. Häuptling Seattle sagt in seiner berühmten Rede: »Wir sind ein Teil der Erde, und die Erde ist ein Teil von uns...« und weiter: »...die Erde ist unsere Mutter. Was die Erde befällt, befällt auch die Söhne der Erde. Wenn Menschen auf die Erde spucken, bespeien sie sich selbst... Alles ist miteinander verbunden. Was die Erde befällt, befällt auch die Söhne der Erde. Der Mensch schuf nicht das Gewebe des Lebens, er ist darin nur eine Faser. Was immer ihr dem Gewebe antut, das tut ihr euch selber an« (S. 26). Seattle versucht hier in Bildern die Verbundenheit darzustellen; der Mensch ist eben nicht dem Objekt Natur, der Natur, gegenübergestellt, sondern Teil der Erde, die wiederum ein Teil von uns ist. Das ist Rekursivität und Zirkularität, was auch im Gewebebild zum Ausdruck kommt.

Hans-Peter Duerr beschreibt in den Ritualen der Wildbeuter, zum Teil aufgrund der Befunde aus der Jungsteinzeit, deren Weltauffassung, die wohl ebenso sich als Teil in der Natur eingebunden fühlten, die Natur und das Leben liebten, sich als »Mit-wirkende« verstanden wie die Afrikaner. Zum Beispiel waren sie überzeugt, daß sie mitwirken mußten oder konnten durch ihre Rituale, daß der Frühling kam, wobei sexuelle Vorstellungen, die Höhle als Vagina der Mutter Erde usw. eine wichtige Rolle spielten (Duerr, 1984).

Über die chinesische Weltauffassung, wie sie z. B. Needham beschreibt, habe ich schon in Kapitel I geschrieben. Needham betont (vgl. auch Spinner, 1978), daß das abendländische Denken von der Vorstellung geprägt sei, »daß ganz wie ein irdischer Gesetzgeber bindende Verpflichtungen des positiven Rechts einführte, also auch eine himmlische und höchst rationale Gottheit eine Serie von Gesetzen niedergelegt haben muß, denen Mineralien, Kristalle, Pflanzen, Tiere und der Lauf der Sterne zu gehorchen haben« (Needham, 1979, S. 262).

Im chinesischen Denken ist die Welt ein dynamischer Organismus. »Das Universum ist von einem Netz von Beziehungen durchwoben, das durch Dinge und Ereignisse verknüpft ist« (Needham, 1979, 281). »Es ist ein dynamisches Muster, das sich in allem Lebendigen verkörpert... Universelle Harmonie entsteht nicht durch ein himmlisches Fiat, sondern durch die freiwillige Zusammenarbeit aller Wesen im Universum, die aus dem Befolgen ihrer inneren Notwendigkeiten ihrer eigenen Naturen existiert.« Das sei der Begriff »Tse«, schreibt Needham. »... die interne Herrschaft der Existenz, die in jedem einzelnen Ding verkörpert ist und aufgrund derer es seine Stellung und Funktion in dem Ganzen findet, dessen Teil es ist« (285).

Das erinnert mich stark an den Strukturdeterminismus von Maturana, an Leben als Prozeß. Aber wichtiger ist wohl hier die Auffassung, daß jedes Element, auch der Mensch, aber nicht der übergeordnete Mensch, der Mensch als Empfänger des Befehls: »Macht Euch die Erde untertan!«, sondern der gleichberechtigte

Mensch »Teil eines Ganzen« ist, »ein Teil im Felde«. Ich meine, daß es wichtig ist, zu erinnern, daß die Chinesen mit dieser Weltauffassung vor uns Papier, Pulver, Kompaß, mechanische Uhr, Seismograph, Porzellan, die Verwendung von Mineralien in der Medizin erfunden haben (vgl. Needham).

Als Teil im Feld ist der Mensch eben nicht ausgeklammert, nicht außerhalb als objektiver unberührter Betrachter und Beherrscher. Er ist nicht als Mitwirkender, als Handelnder ausgeklammert, er vollendet die unvollendete Natur (Edge, 1978) wie jedes andere Teil auch, er ist wohl auch nicht als Partner ausgeklammert, auch nicht als Partner der Natur.

Ich denke, es macht einen Unterschied, wie die Relation des Menschen zur Natur konzipiert wird. Gemeint ist damit auch das Verhältnis zur gesellschaftlich geformten Natur. Etwas anderes gibt es ja kaum noch. Wenn Moscovici von der »menschlichen Geschichte der Natur« schreibt, dann beschreibt er darin die Gestaltung der Relation des Menschen zur Natur. Diese Relation ist eben nicht »naturgegeben«, sie kann nicht »wahr« oder »falsch« sein, sie ist etwas, was der Mensch gestalten kann.

Ganzheit = Gestalt

Wertheimer kritisiert »die europäische Erkenntnistheorie und Wissenschaft«, weil sie glaube, daß Wissenschaft überhaupt bloß auf die Weise gemacht werden könne, daß »(ich) das zerlegen muß, in seine Stückelemente zerlegen muß, die Gesetzlichkeiten zwischen solchen Elementen studieren muß, und dann komme ich zur Lösung meines Problems, indem ich durch die Zusammensetzung des so elementar Vorhandenen und durch die Ansetzung der Gesetzlichkeiten zwischen den einzelnen Stücken die Komplexion herstelle« (1925, S. 6). Diese Wissenschaft mache blind gegen »gerade das Lebendige«. Das ist ja eine bekannte Kritik. Needham meint, daß, wäre der chinesischen Naturwissenschaft die Geschichte günstiger gewesen, sie »zutiefst organisch und nicht mechanisch« gewesen wäre (Needham, 1979, S. 291). Für Wertheimer ist die vom Menschen hergestellte Physik in der mechanischen Maschine das vorherrschende Modell, das zur »Dressur auf das stückhafte Denken« beiträgt.

Was ist die Alternative für Wertheimer? Organisch, von innen her bestimmt, Teil eines Ganzen, nicht bestimmt von äußeren »auferlegten«, kontrollierenden Gesetzen.

Wertheimer macht deutlich, was er unter Gestaltqualität versteht (und wendet sich damit gegen andere gestalttheoretische Schulen). Gestaltqualität sei nicht (a) sechs Elemente und etwas siebtes, die Gestaltqualität; sei nicht (b) sechs Elemente und die Relation zwischen den Elementen; (c) nicht die Auffassung, »...zu den Gegebenheiten – Stücksumme – treten eben noch irgendwelche höheren Prozesse« hinzu, die in der Summe der Gegebenheiten ansetzen, sondern es geht darum – Wertheimer macht es an dem Beispiel der Melodie klar –, daß »...das, was ich da überhaupt habe, was ich auch an dem Ort der einzelnen Töne habe, was da in mir entsteht, ein Teil ist, der sich auch in sich bestimmt von dem Charakter des Ganzen. Daß das, was mir in der Melodie gegeben ist, sich nicht irgendwie aufbaut (durch irgendwelche Hilfsmittel) sekundär auf der Summe der einzelnen Stücke an sich, sondern daß, was im einzelnen vorhanden ist, entsteht, schon radikal abhängt von dem, wie sein Ganzes ist.« (Wertheimer, 1925, S. 10) Mein Eindruck ist, daß sich die Sprache spreizt, fast verklemmt, wenn man wie Wertheimer versucht, das ganzheitliche Denken darzustellen, daß jedoch die Verwandtschaft mit der Auffassung von der Autopoiese und ihrem Strukturdeterminismus auf der Hand liegt.

Der englische Physiker David Bohm (1980) sieht den Hauptfehler unseres abendländischen Vorgehens ebenfalls in dem, was er Fragmentierung nennt, Zerlegung von Ganzheiten, die uns so selbstverständlich erscheint. Dieses »Unterteilen, Messen, Zusammensetzen«, das unsere Wissenschaft seit Bacon, Galilei, Descartes und Newton bestimmt und davon ausgeht, daß das Ganze die Summe seiner Teile ist, ist so eingeschliffen und selbstverständlich, daß wir es nicht mehr hinterfragen. David Bohm, von dem das Wort stammt, »der eigentliche Gegenstand der Physik ist die Natur unseres Denkens«, geht es um die implizite und explizite Ordnung (implicate and explicate order). Seine Grundannahme ist der ständige Wandel, der uns nur in der expliziten Ordnung als stabil erscheint, denn »Gegenstände sind Ereignisse«. Sein Modell ist, wie bereits erwähnt, das Hologramm, man kann sein Weltbild als holonomisch betrachten. Ohne im einzelnen hier darauf einzugehen, wird doch deutlich, daß Bohm von einer Ganzheit ausgeht, vom ständigen Wandel und davon, daß wir, auch die Wissenschaftler und Forscher, Teil dieses Ganzen, Teil im Felde sind. Daß

er auch ein Konstruktivist ist, wird klar, wenn man sein »Rheo-
mode-Experiment« (S. 27 ff.) nachzuvollziehen versucht. Ich erwähne es hier, weil es deutlich macht, wie wir vorgehen. Bohm
schlägt dieses Experiment vor, das, was uns so selbstverständlich
erscheint, als unsere Tätigkeit zu sehen und zu beschreiben und
uns die einzelnen Schritte klar und bewußt zu machen.

Wir – nicht nur wir Wissenschaftler – erklären zunächst etwas
für relevant und anderes für irrelevant. Bohm schlägt Verben vor,
um die Tätigkeit dabei zu betonen: to levate, to re-levate und to
irre-levate. Wir sehen etwas wieder oder eben nicht, wir »wieder-
erkennen« es: to vidate, to re-vidate, to irre-vidate. Wir unterteilen, differenzieren, diskriminieren dabei oder eben nicht: to divi-
date, to re-dividate, to irre-dividate. Und wir ordnen es auch gleich
irgendwie wieder oder nicht: to ordinate, to re-ordinate, to irre-
ordinate. Wir sehen es wieder als wahr an oder nicht: to verrate,
to re-verrate, to irre-verrate. Und wir machen es damit wieder zur
Tatsache oder nicht: to factate, to re-factate, to irre-factate. Wir
stellen wieder Zusammenhänge her oder eben nicht: to constate,
to re-constate, to irre-constate. Das Vertrackte an diesen Schritten,
die David Bohm beschreibt, ist, daß sie so selbstverständlich erscheinen und schwer bewußt wahrzunehmen sind. In der von
Bohm vorgeschlagenen Bezeichnung der Schritte, die eine besondere Sichtweise impliziert, werden wir aufgefordert, Verantwortung für diese Schritte zu übernehmen, um uns bewußt zu werden,
wie wir konstruieren, und damit den Glauben aufzugeben, daß
»dort drüben« in den Objekten etwas vorhanden ist, das uns auf
bestimmte eindeutige Weise *reagieren* läßt, nein, wir *agieren*.

Die einzelnen Schritte, mit denen wir wohl immer die Wirklichkeit konstruieren, können wir uns immer bewußt machen, und nur
dann können wir entscheiden, bei jedem einzelnen Schritt, welchen Schritt wir tun und in welche Richtung. Die Aufdröselung
von David Bohm in die einzelnen Schritte ist ja nichts anderes als
die Aufdröselung einer Gewohnheit. Wie diese einzelnen Schritte
aussehen, z. B. in den verschiedenen Disziplinen, bestimmt der
Habitus, z. B. der disziplinspezifische Habitus.

Worauf es mir hier aber vor allem ankommt, ist zu zeigen, daß
das mechanistische Denken ein Denken in vom Menschen gemachten Maschinen ist, eigentlich ingenieurmäßiges Denken, das
die Natur als manipulierbar, beherrschbar, aus Elementen bestehend, eben als »triviale Maschine« betrachtet, mit diesem stück-

haften Elementedenken zusammenhängt und die Voraussetzung dafür ist, sich als Mensch, Wissenschaftler, Forscher, außerhalb zu stellen und nicht Teil eines Ganzen zu sein, Teil im Felde. Die Gestalttheorie ist quasi die europäische Tradition, die der afrikanischen, indianischen und chinesischen Denkweise entspricht. Das im Faschismus auf Rasse und Nation beschränkte holistische Gedankengut hat m. E. damit nichts zu tun (Portele, 1981).

Mit der Bodenlosigkeit leben

Bohm weist darauf hin, daß wir konstruieren, obwohl er wie Pribram meint, daß die holografische Struktur des Gehirns der holonomischen Struktur der Welt entspricht, also eine gewisse Annäherung an die Wirklichkeit für möglich hält (Bohm und Weber, 1986). Beim radikalen Konstruktivismus konstruieren wir immer und werden uns der »existierenden«, transphänomenalen Welt nicht annähern. Schrödinger (1986) erinnert daran, daß das physikalische Weltbild nicht dem Alltagsweltbild entspricht. Der Schreibtisch, auf dem ich schreibe, erscheint mir fest und zuverlässig, ich kann darauf stehen. Die Physik sieht in diesem »Festkörper« eine Fülle von Atomen und Elektronen, Protonen, Neutronen-Quarks in Bewegung mit ungeheuren leeren Zwischenräumen zwischen ihnen, wobei noch nicht einmal klar ist, ob es sich um Partikel oder Wellen handelt.

Im radikalen Konstruktivismus bietet die »Wirklichkeit« kein Entscheidungskriterium mehr. Das ist zunächst vor allem unangenehm, wenn man versucht, das zu begreifen. Es ist sicherlich nicht leicht zu begreifen. Für Buddhisten ist die Realisierung der Leere (Shunyatta) die höchste Stufe der Entwicklung. Wir versuchen, das sich einstellende Gefühl der Bodenlosigkeit, das Gefühl des Schwebens, zu vermeiden, zu verdrängen, nicht zuzulassen. Man kann trotzdem mit der Vorstellung, daß alle unsere Erkenntnisse, Wahrnehmungen, Urteile usw. »Fakten« sind, d. h. von uns gemacht, also Fiktion sind, argumentieren. Wir haben nur Zeichen und Zeichen von Zeichen und Landkarten und Landkarten von Landkarten, aber nie das Territorium. Wenn die Wirklichkeit als Kriterium ausfällt, dann hat es für den Diskurs, auch den wissenschaftlichen Diskurs, wichtige Konsequenzen. Wir können uns nicht mehr auf die Wirklichkeit oder die Wahrheit berufen, auch nicht auf eine logische Wahrheit, es sind ja verschiedene Logiken konstruierbar. Dann ist es auch nicht mehr möglich, für die Idee der Wahrheit zu kämpfen und andere aus Überzeugung zu unterdrücken, zu töten, da man ja die Wahrheit hat. Dann können wir nicht mehr mit »Sachzwängen« argumentieren und danach handeln. Dann können wir uns nicht mehr auf »wissenschaftliche Ergebnisse« in unserem Handeln berufen. Wissenschaft wird zu einer der möglichen Sichtweisen oder Konstruktionen. Es gibt dann nicht mehr die Legitimation des Handelns und Redens durch empirische Fakten, durch Wirklichkeit. Es bleiben nur noch ethische und ästhetische Kriterien.

Maturana (1982) hat das m. E. gut und stringent formuliert in seinem Vorwort zur deutschen Ausgabe seines Buches. Ich will es kommentieren.

> »Ich glaube, wir verfallen sehr leicht einer grundlegenden Art der Entfremdung: der Suche nach *der* Wahrheit, nach *dem* Absoluten; der Suche nach letztmöglicher Stabilität durch Ausschluß allen Wandels, der Sehnsucht nach einer festen und sicheren Welt, in der alle unsere Wünsche befriedigt werden« (S. 29).

Maturana spricht hier von Entfremdung, und m. E. ist er sich der marxistischen Herkunft des Begriffes durchaus bewußt. Schaff (1977) definierte Entfremdung als »Herrschaft der Produkte des Menschen über den Menschen«, und diesen Herrschaftsaspekt hat Maturana durchaus im Sinn. Daß hier das Wort »Sehnsucht« auftaucht als eine emotionale Gestimmtheit, ist ein Hinweis darauf, daß es Maturana auch um die Psychologie des Menschen und Wissenschaftlers geht. Die Formulierung »Sehnsucht nach bestmöglicher Stabilität durch Ausschluß allen Wandels« könnte aus einem buddhistischen Text stammen als Formulierung für die Wurzel allen Übels und Elends. Maturana fährt fort:

> »Daß wir zu diesem oder jenem Wunsch neigen, liegt auch an unserer Biologie. Wir sind als lebende Systeme inferentielle Systeme, das heißt, wir operieren in unserem Medium stets in dem Glauben, daß dieses Medium weiter so sein wird, wie es gerade ist.
> Wären wir Lebewesen ohne Sprache, hätte das keine anderen Folgen als das Gelingen oder Scheitern unseres Überlebens in

einer stabilen oder wandelbaren Welt. Da wir Lebewesen mit Sprache sind, erzeugen wir Beschreibungen unserer Handlungen und legen damit Maßstäbe fest, nach denen wir diese Handlungen betrachten, und wir tun dies in rekursiver Weise und erzeugen so durch die Verwirklichung unserer Biologie schließlich auch unsere (jeweilige) Rationalität. Wie aber handeln wir? Wir erfinden stabile konsensuelle Systeme, die wir als absolute Wahrheiten ausgeben, die gegen jede Veränderung geschützt werden müssen. Unter Berufung darauf beschneiden und verachten wir die Individualität von Menschen in anderen konsensuellen Bereichen und unterwerfen sie damit in systematischer Weise sozialer Ausbeutung, ja, wir erwarten auch noch, daß sie dies als rechtmäßig akzeptieren. Das ist die stärkste Art der Entfremdung: unsere Blindheit gegenüber der Welt *relativer* Wahrheiten, die wir selbst *erzeugen*...« (S. 29)

Der »Sündenfall« ist die Sprache. Die Sprache ist eine der Voraussetzungen für »soziale Ausbeutung«. Auch das ist ein marxistischer Begriff. Daß die Ausbeutung als rechtmäßig akzeptiert wird, entspricht ja leider nicht nur unseren Erwartungen, sondern durch den Habitus gelingt es ja, daß die Ausbeutung akzeptiert wird: »Das ist nichts für mich«, so beschreibt Bourdieu die Grundhaltung der unteren Klassen.

»Wo stehen wir? Was ist Wahrheit? Als autopoietische, geschlossene, strukturdeterminierte Systeme haben wir keinerlei Möglichkeit, irgendeine kognitive Aussage über eine absolute Realität zu machen. Jede Aussage, die wir machen, ist eine Aussage mit Hilfe unserer Sprache und gehört somit zu einem konsensuellen Bereich. Jedes Wertesystem, jede Ideologie, jede Beschreibung ist eine Operation in einem Konsensbereich, deren Gültigkeit nur durch jene hergestellt wird, die sie durch ihr konsensuelles Verhalten validieren. Für mich ist dies eine meiner grundlegenden Entdeckungen...« (S. 29)

Maturana geht dann auf die »biologischen Grundlagen« der Ethik ein, auf die »Grunderfahrung der menschlichen Gleichwertigkeit«, auf das biologische Bedürfnis »nach gegenseitigem Respekt und Vertrauen«. Ich denke nicht, daß man ihm damit unterstellen kann, jetzt in der Biologie eine »absolute Wahrheit« gefunden zu haben. Auch diese Aussage ist eine konsensuelle Aussage. Er schreibt:

> »Wir finden uns als Menschen ... in einem ständigen Zwiespalt: auf der einen Seite läßt uns das Verlangen nach einer festen Welt systematische soziale Ausbeutung und Tyrannei erzeugen und blind akzeptieren, auf der anderen führt uns die Erfahrung der Empathie und das Bedürfnis nach Mitgefühl in der biologischen Verwirklichung unser selbst als sozialer Wesen dazu, systematisch Ausbeutung und Tyrannei abzulehnen.« (S. 30)

Das heißt, wir können uns entscheiden. Wir sollten aber, weil wir die Welt konstruieren wie sie ist,

> »die Verantwortung für all das Gute und Böse auf uns nehmen, das wir uns selbst und den Menschen zufügen, ohne nach trügerischen transzendentalen Werten zu suchen, um unsere Blindheit zu rechtfertigen ...« (31). »... kein menschliches Sozialsystem, das auf vorgeschriebenen Wahrheiten oder auf verordneten hierarchischen Beziehungen beruht, kann entstehen oder erhalten werden ohne irgendeine Art von Tyrannei ...« (S. 31)

behauptet Maturana, also ohne Zwang, ohne Kontrolle, also durch eine gegenläufige Tendenz; denn durch die Sprache erlangt der Mensch ja auch Freiheit, er wird zur Selbstbeobachtung fähig, und ein Beobachter ist ein Lebewesen, das über Sprache verfügt.

> »Der Mensch ist jedoch fähig, (sich selbst) zu beobachten. Sein Leben wird dadurch unvorhersagbar, denn sein Verhalten als Beobachter wirkt rekursiv und notwendig selektiv auf den Verlauf seiner Strukturveränderungen ein, das Wissen um seine Pläne verhindert deren vollständige Verwirklichung.« (S. 31)

Sicherlich ist Tyrannei gegenüber Menschen das, was uns vor allem angeht als Menschen, aber wir können auch andere Lebewesen und »Gegenstände«, »Ereignisse« als prinzipiell unvorhersagbar betrachten, als nicht-triviale Maschinen im Sinne Heinz von Foersters, d. h. sie eben als nicht vorhersagbar zu betrachten, zu konstruieren, statt sie zu trivialisieren zu trivialen Maschinen. Es wäre dann der Respekt oder die Ehrfurcht – nicht nur – vor dem

Leben, wie ich sie als Haltung bei den Indianern, Afrikanern und Chinesen und Wildbeutern beschrieben habe.

Was Maturana in dem ausführlichen Zitat beschreibt, sind ja nicht nur ethische Forderungen, er geht auch nicht nur von biologischen Grundlagen aus, er beschreibt auch psychologische Haltungen. Wenn wir die Konstrukteure der Konstruktion mit einbeziehen, dann bedeutet das, daß der Konstrukteur »lernen« muß aufzugeben, an absoluten Wahrheiten sich festzuhalten, die Gewohnheit, den Habitus aufzugeben, er kann die absolute Wahrheit finden. Die Alchimisten, so berichtet Berman (1983), waren der Überzeugung, sie könnten nur dann reine Substanz herstellen, wenn sie selber rein waren; das bezogen sie nicht nur auf Äußerlichkeiten wie reine Hände, reine Gefäße, sondern auch auf seelische Reinheit. Wenn wir die Konstrukteure der Konstruktionen in unsere Betrachtungen einbeziehen, ist zweifellos dieser »Reinigungsprozeß«, wahrscheinlich Lernen III, notwendig. Die Erkenntnis der Erkenntnis verpflichtet zu »ständiger Wachsamkeit gegenüber der Versuchung der Gewißheit«, schreiben Maturana und Varela (1987).

Die drei Konstruktionskriterien

Ich habe drei Kriterien genannt, die beitragen können, zwischen Konstruktionen zu entscheiden. Zu dem einen Kriterium gehört Vollständigkeit und Widerspruchsfreiheit. Es ging also um das logische Kriterium. Es gibt jedoch verschiedene Logiken, zwischen denen nicht zu entscheiden ist, nach wahr oder falsch. Wir können sie verwenden, wenn klar ist, daß wir uns für eine der Logiken entschieden haben. Mehr, als daß sie brauchbar sind für verschiedene Zwecke, ist allerdings nicht zu erwarten.

Das zweite Kriterium war das Kriterium der sozialen Vergleichbarkeit. Maturana würde das das Kriterium der »Konsensualität« nennen in der Gemeinschaft der Beobachter. Hier ist zu bedenken, daß die soziale Organisation von Wissenschaft nicht nur auf konsensuellen Realitäten beruht, z. B. der Trennung von Disziplinen, sondern auch dauernd spezifische konsensuelle Realitäten erzeugt und dabei verschleiert, daß es sich immer nur um konsensuelle Realitäten handelt.

Die Untersuchungen, die unter dem Titel »social studies of science« laufen, geben detaillierte Hinweise, wie das geschieht.

Dabei kann es sich um sowohl historische Studien handeln (Böhme u. a., 1977, van den Daele, 1977, aber auch Feyerabend, 1976, Ravetz, 1977, Fleck, 1980) als auch um Studien über gegenwärtige wissenschaftliche Organisationsformen (Knorr-Cetina, 1984). Die alte Streitfrage, ob die Wissenschaftsentwicklung intern oder extern, d. h. durch interne wissenschaftliche Fakten oder extern durch soziale Fakten verlaufen ist, wie sie verlaufen ist, ist vom Standpunkt des radikalen Konstruktivismus eindeutig zu beantworten. Es können nur externe Faktoren gewesen sein, da es das Kriterium der Wirklichkeit oder Wahrheit nicht gibt.

Das dritte Kriterium war das Kriterium der Viabilität, im Sinne von Glasersfelds. Es scheint mir wichtig zu sein, bei diesem Kriterium zur Vorsicht zu mahnen, damit dieses Kriterium nicht zum Ersatz für Wahrheit oder Realität wird und dann zur Tyrannei der Viabilität führt. Man kann zunächst alle diejenigen Verhaltensweisen als viabel bezeichnen, diese unendliche Menge, die Überleben sichern oder Sterben verhindern. Maturana warnt vor der Auffassung von »fitness of experience«, wie sie von Glasersfeld vertritt (1981). Wir Menschen könnten keinen Anspruch auf eine objektive Realität erheben, weil so ein Anspruch nur in Sprache gemacht werden kann, da wo Realität entsteht (Mendez, Coddon, Maturana, 1986).

Der Begriff Viabilität stammt aus dem Bereich der Evolutionstheorie. Viabel sind alle Lebewesen, die in einer bestimmten Zeit in einer bestimmten Umwelt überleben. Wenn man sich die Fülle der verschiedenen viablen Lebewesen in einem Biotop anschaut, wird klar, daß es viele mögliche viable Lebensformen gibt. Prinzipiell ist eine unendliche Anzahl von Lebensformen möglich. Aus der Sicht des Beobachters setzt die Umwelt Grenzen, diese Grenzen sind nicht – das ist wohl immer eine Fehlauffassung der Darwinschen Evolutionstheorie – kausale Faktoren für die vorzufindenden Lebensformen. Es überleben auch nicht die Tüchtigsten – so die Fehlauffassung der Soziobiologie und der Rassenlehre –, sondern oft verschiedene Lebensformen nebeneinander, wie Gerhard Roth (1986) z. B. an einer Salamanderart den Plethodontiolen nachgewiesen hat, bei welchen es welche gibt mit Schleuderzunge und verwandte Arten mit einfacher Klappzunge. Es überlebt »that which works«. Die Veränderung der Lebewesen erfolgt ja nicht aufgrund der Umwelteinflüsse, sondern die Lebewesen ändern sich determiniert durch ihre interne Struktur, z. B. durch Mutation, genetisches Driften oder was immer, und einige Veränderungen überleben, andere nicht.

Aber es handelt sich ja um »strukturelle Koppelung«. Wir als Beobachter unterscheiden zwischen Lebewesen und Milieu. Solange das Lebewesen mit seinem Milieu nicht in destruktive Interaktion eintritt, sprechen wir als Beobachter von Verträglichkeit oder Angepaßtheit. Wir haben den Eindruck, das Milieu »selektiere« die Strukturveränderungen des Organismus.

Mit dem Milieu geschieht jedoch umgekehrt das Entsprechende. »Die Strukturkoppelung ist immer gegenseitig: beide – Organismus und Milieu – erfahren Veränderungen« (Maturana und Varela, 1987, 113). Diese Veränderungen sind von der internen Struktur des Organismus oder des Milieus determiniert, diese Veränderungen werden lediglich *wechselseitig ausgelöst*.

Prinzipiell ist für Maturana und Varela kein Unterschied zwischen Evolution (Lernen in der Phylogenese) und Lernen in der Ontogenese.

Von Glasersfeld geht es mit seinem Konzept Viabilität darum, wie wir »erfolgreiche« Handlungen, Konstruktionen »auswählen«, also »Gewohnheiten« ausbilden. Von Glasersfeld hat darauf aufmerksam gemacht, daß das Wort »Selektion« bei den Prozessen der Evolution »negativ« gebraucht wird, die Natur oder die Umwelt eleminiert all das, »was nicht geht«, »that does *not* work«. Bei Selektion mit »induktiven Schlüssen« (wie er es nennt) wird Selektion »positiv« gebraucht, denn die »Operation, Strategie oder das Konstrukt, das für eine Wiederholung selegiert wird, ist nur eines, das sich in vergangener Erfahrung als erfolgreich erwiesen hat« (von Glasersfeld, 1980, S. 79). Von Glasersfeld verweist auf Thorndikes »law of effect« und auf Piagets Entwicklungstheorie: Wir wiederholen das, was erfolgreich war in unserem Handeln, erfolgreich in bezug auf unsere Wünsche, wir bilden Gewohnheiten aus. Das geschieht oft gar nicht bewußt, sondern automatisch, wohl auch bei nichtsprachlichen Lebewesen. Insofern kann man uns sicher als konservativ bezeichnen, wir »assimilieren«, um Piagets Begriffe zu gebrauchen, so lange, wie es geht, und »akkomodieren« erst, wenn es gar nicht mehr anders geht. Es ist wohl nicht mehr nötig, darauf hinzuweisen, daß unsere induktiven Schlüsse, Wiederholungen im Handeln viabel sind, aber nichts über die Realität aussagen. Wir haben nur unsere Erfahrungen, unsere Perturbationen durch die Umwelt, daraus *machen* wir unsere Schlüsse. Es geht nur um die Grenzen (constraints) der Umwelt, wir stoßen immer nur wie der Waldläufer in von Glasersfelds-Metapher an die Bäume, wissen aber nicht, wie sie »sind«. »Vom Standpunkt des Handelnden ist es irrelevant, ob seine Vorstellungen von der Umwelt ein ›wahres‹ Bild der ontischen Wirklichkeit darstellen – was er braucht, ist eine Vorstellung, die ihm erlaubt, Zusammenstöße mit den Schranken der Wirklichkeit zu vermeiden, um an sein Ziel zu kommen« (von Glasersfeld, 1985, S. 12).

Zu bedenken dabei ist, daß wir auch die Grenzen konstruieren, sie nicht ontologisch in der Umwelt gegeben sind. Es ist wohl vor allem Piagets Verdienst, darauf hingewiesen zu haben, daß alle Grenzen, die unsere gegenwärtigen und die potentiellen Erfahrungen beherrschen, von unseren Konstruktionen herstammen.

Die Viabilität schränkt die möglichen Konstruktionen ein, aber es kann prinzipiell immer unendlich viele andere viable Konstrukte geben. Was die Mächtigkeit der Einschränkung betrifft, ist die soziale Einschränkung durch die Interaktionen mit anderen, denjenigen, welche uns erziehen, z. B. durch Sprache, wohl sehr viel größer. Erst durch Sprache bekommen unsere Konstruktionen das Charakteristikum, das wir als »objektiv« erfahren. Wenn sich unsere Konstrukte, unsere Modelle im Gespräch mit anderen, in der Sprache mit anderen bewähren, werden sie stabiler und vergleichbarer.

Insofern scheint mir der Dadaismus oder Anarchismus Feyerabends (1946) mit dem Slogan »anything goes« – »tu, was du willst« – für die Wissenschaftstheorie durchaus gerechtfertigt, auch daß man seinem Vorschlag entsprechend über die verschiedenen Konstruktionssysteme demokratisch abstimmen läßt, denn diese Abstimmung erfolgt ja jetzt auch, nur naturwüchsig, durch die sprachliche Interaktion und sicherlich nicht demokratisch, wie die »social studies of science« wohl weitgehend bestätigen, sondern entsprechend den Machthierarchien in den Institutionen der Wissenschaft. Meiner Meinung nach hat von Glasersfeld nicht recht, wenn er sagt, der Slogan von Feyerabend würde darauf hinauslaufen,

»... daß jedes Stück Erfahrung als Neuheit genommen werden soll und so als Beginn einer neuen Konstruktion. Von meinem Standpunkt aus, ist das ein Widerspruch. Es wäre eine Sache zu sagen, wie die Mystiker es tun, daß Erfahrung als Erfahrung genommen werden soll, daß man sich daran erfreut, darunter leidet, sie lebt oder was immer, aber nicht in Stücke geschnitten, verglichen, kategorisiert und in ein Schema gepreßt werden soll. Wenn wir in diese Richtung gehen, geben wir es auf, Wissen zu konstruieren. Das mag der eine und einzige Pfad zum permanenten Gleichgewicht sein, dem Gleichgewicht der totalen Loslösung von unserem Bewußtsein des aktiven Selbst. Die Wissenschaft – wie jede rationale Welt, die wir für uns konstruieren – ist aufgebaut auf dem Konzept der Regelmäßigkeit, und Regelmäßigkeit kann nur entstehen, indem wir unsere Erfahrungen in Stücke schneiden, sie vergleichen und Gleichheiten durch Assimilation herstellen, d. h., indem wir die vorhandenen Unterschiede mißachten. Ohne daß wir schneiden, vergleichen, Ähnlichkeiten und Identitäten herstellen, haben wir keine Elemente, Relationen, Strukturen und Schemata, und wir können keinerlei Schlüsse ziehen. Wirklich, wenn wir aufhören, diese grundlegenden Operationen auszuführen, würden wir aufhören, Beobachter zu sein, und, um Maturanas fundamentale Aussage umzudrehen, ›es gäbe nichts zu sagen‹« (Glasersfeld 1980, S. 85).

Ich glaube, daß von Glasersfeld bei diesen Alternativen den »dritten Weg« nicht sieht oder in anderen Worten Lernen III. Es ist nicht notwendig, sich entweder für das eine *oder* das andere zu entscheiden. Man kann *sowohl* das eine *als auch* das andere tun, sich um totale Loslösung bemühen, indem wir die Einzigartigkeit jeder Erfahrung erfahren, als auch Gewohnheiten haben, Regelmäßigkeiten konstruieren, Wissenschaften konstruieren. Worum es m. E. geht, ist zu lernen, daß wir Gewohnheiten bilden, d. h. für mich, über die Gewohnheiten oder den Habitus verfügen, und das ist nach Bateson Lernen III. Darüber soll im nächsten Kapitel ausführlicher die Rede sein.

Wenn bei unseren mentalen Konstruktionen nicht mehr nur das Überleben als Kriterium gilt, sondern auch das Kriterium erfolgreich, stellt sich die Frage, wie man dieses Kriterium »erfolgreich« konstruieren soll. Das ist bekanntlich nicht so einfach. Anders formuliert heißt die Frage: Was ist eine erfolgreiche Konstruktion oder Handlung? Eine Handlung, eine Konstruktion, die zum Ziele führt, die meinen Wünschen entspricht? Bourdieu ist nur einer von den Leuten, die darauf hinweisen, daß auch meine Wünsche gesellschaftlich bestimmt sind, wenn er darauf hinweist, daß die Haltung des Mitglieds der Unterklasse folgende ist: »Das ist nicht für uns«, oder der Oberklassenangehörige seine Wünsche bestimmen läßt vom Prinzip der Distinktion. Ich habe an anderer Stelle darauf hingewiesen, daß die Entfremdung sich auch und gerade in unseren Wünschen niederschlägt, daß es aber durchaus die Möglichkeit gibt, sich der Entfremdung bewußt zu werden und der Manipuliertheit der Wünsche (Portele, 1981). Also auch hier wieder gibt es die Möglichkeit zu lernen, wie man Wünsche bildet. Wir haben das »Gefühl der Stimmigkeit«, wie Jacoby (1980) das nennt, und können es pflegen, wir können lernen zu unterscheiden, was unsere Wünsche sind, was manipulierte Wünsche sind, auch wenn wir den Habitus »einverleibt« haben. Gerade, was die Wünsche betrifft, können wir uns auf unser Gefühl der Stimmigkeit, wenn wir es nicht ganz haben verschütten lassen oder wenn wir es wieder ausgegraben haben, verlassen. Wir wünschen uns, zu essen und zu schlafen, zu lieben und spazierenzugehen, die Wünsche wandeln sich dauernd, und wir können herausfinden, welche uns im Augenblick wichtig sind, und wir können uns entscheiden.

Es kann durchaus sein, daß die Entscheidung nicht leicht ist. Louis Malle läßt in seinem Film »Dinner mit André« die beiden Partner des Gesprächs, woraus der Film ja nur besteht, über die Heizdecke diskutieren. Der eine sagt, er brauche die Heizdecke, sie sei bequem, er wolle ohne sie nicht mehr leben. Der andere weist darauf hin, daß er mit der Heizdecke gar nicht mehr wahrnehmen könne, wann es kalt und wann es warm ist, er könne Kälte immer weniger erfahren. Wie soll man sich entscheiden? Wenn man die Frage so stellt, dann sucht man nach einer Entscheidungsregel. Die Frage ist ja nicht: »Wie *soll* man sich entscheiden?« sondern: »Wie *will* man sich entscheiden?« Was ist mir im Augenblick wichtiger?

»Was ist mir im Augenblick wichtiger?« ist nicht eine Frage, die nur eine egoistische Antwort zuläßt, eine Antwort, die mich in den Mittelpunkt stellt und nur meine Wünsche befriedigt. Zu lieben – nicht geliebt zu werden – zu lieben kann durchaus auch ein Wunsch von mir sein. Für Maturana ist Liebe eine biologische Gegebenheit, die uns durch Sozialisation weggenommen werden kann. Er schreibt:

»In dieser spezifischen Koexistenz, die uns zu Menschen macht, heißt Liebe das biologische Phänomen, das uns ermöglicht, den antisozialen Entfremdungen zu entkommen, die wir durch unsere Rationalisierungen hervorbringen. Es ist mittels der Vernunft, daß wir Tyrannei, die Zerstörung der Natur und die Mißhandlung von Menschen in Verteidigung unseres materiellen Besitzes rechtfertigen. Wir rechtfertigen Tyrannei, indem wir behaupten, daß andere Menschen unseren noch so seltsamen Einfällen über die Wahrheit und die Wirklichkeit gehorchen sollten, weil wir einen privilegierten Zugang zu ihnen haben; es ist mittels der Vernunft, daß wir die Zerstörung der Natur durch ihre Unterordnung unter unsere Pläne rechtfertigen, da wir sie besitzen; und es ist mittels der Vernunft, daß wir behaupten, das menschliche Leben sollte irgendwann irgendeinem transzendentalen Ziel unterworfen werden. Aber Liebe, dieses biologische (Be-)Streben, das uns ohne jeden Vernunftgrund dazu bringt, die Anwesenheit des anderen zu akzeptieren ... ohne Forderungen, ist der Feind der Tyrannei und der Mißhandlungen ... Liebe ist der Feind der Inbesitznahme« (Maturana, 1985a, 131).

Kapitel V
Lernen III und Psychotherapie

Die These, die ich in diesem Kapitel vertreten will, lautet, daß sich aus der Theorie des Habitus von Bourdieu, den Lerntypen von Bateson und der Autopoiese wichtige Konsequenzen für die Ziele von Psychotherapie und für psychotherapeutisches Handeln ergeben. Ich vermute, daß zumindest ein Teil der Personen, die Psychotherapie nachfragen, auf der Suche nach etwas sind, was ihnen selbst möglicherweise gar nicht klar ist, was sie in der herkömmlichen Psychotherapie nicht bekommen, auch wenn es teilweise in der herkömmlichen Psychotherapie angelegt ist. Ich möchte zunächst noch einmal genauer auf die Lerntypen bei Bateson eingehen, da sie mir eine wichtige Grundlage für die nachfolgende Argumentation darstellen (vgl. auch Kap. III).

Die Lerntypen von Bateson

Lernen 0 bei Bateson würde man herkömmlicherweise nicht als Lernen bezeichnen. Er versteht darunter eine »eingelötete Input-Output-Verbindung« (1981, S. 367 ff.), er meint stereotype Reaktionen, genetisch festgelegte Reaktionen, abgeschlossenes Lernen. Lernen 0 ist also das Verhalten einer »trivialen Maschine«. Es ist nicht der Berichtigung durch Versuch und Irrtum unterworfen, also eine ganz stabile Verhaltensweise.

Lernen I sind die Veränderungen im Lernen 0, in der stabilen »eingelöteten Verhaltensweise«. Bateson vergleicht dies mit Begriffen aus der Mechanik: Lernen I vergleicht er mit »Bewegung«, also Veränderung der Position. Lernen II ist dann in diesem Vergleich »Beschleunigung«, also *Veränderung* der »Bewegung«. Lernen I ist das, was man üblicherweise in den psychologischen Laboratorien als Lernen bezeichnet, also die Pawlowsche Konditionierung, instrumentelles Lernen, Löschen von abgeschlossenem Lernen, wenn z. B. das Reinforcement ausbleibt, oder durch Bestrafung gelöschtes Verhalten usw. Zum Zeitpunkt $t2$ erfolgt eine andere Reaktion als zum Zeitpunkt $t1$. Es scheint mir wie Bateson wichtig zu sein zu betonen, daß bei der Beschreibung von Lernen I als Veränderung der Reaktion eine Annahme über den Kontext impliziert ist, wie Bateson das nennt. Wir als *Beobachter* können eine Veränderung in der Verhaltensweise nur beschreiben, wenn wir vergleichen, also verschiedenes Verhalten bei etwas Gleichem annehmen, und das ist der Reiz, die Situation, der Kontext. Wenn ein Lebewesen bei einem Reiz A mit der Reaktion A reagiert und bei einem völlig anderen Reiz B (kein Licht oder Summer) mit der Reaktion B, würden wir nicht von Lernen, nicht von Veränderung, sprechen. Es ist dann nicht eine Veränderung der Verhaltensweise, sondern eine Unterscheidung, die das Lebewesen zwischen Reiz A und Reiz B trifft. Das Verhalten bei Reiz A ist ein anderes als bei Reiz B, aber es gab keine Veränderung. Veränderung impliziert, daß wir als Beobachter die Situation so beschreiben, daß der Kontext wiederholt wird. Vom lernenden Lebewesen nehmen wir das auch an. Der Hund im Pawlowschen Experiment reagiert zum Zeitpunkt t_1 nicht auf den Summer, zum Zeitpunkt t_2 reagiert er auf den Summer. Die Ratte im Labyrinth rennt nach dem Reinforcement nicht mehr wahllos herum, sondern nimmt im gleichen Labyrinth den direkten Weg zum Reinforcement. Sie wiederholt dieses Verhalten. Der Kontext wiederholt sich in beiden Fällen. Wenn sie das dann immer tut, mit oder ohne Reinforcement möglicherweise, dann gibt es keine Veränderungen mehr im Verhalten, das »abgeschlossene« Lernen ist dann wieder Lernen 0, im Sinne von Bateson.

Bateson trifft noch die wichtige Unterscheidung zwischen Reiz und Kontext. Der Reiz A »Labyrinthecke« ist für die Ratte im Labyrinth, in der sie Reinforcement erhalten hat, nur dann relevanter »Reiz«, wenn sie »weiß«, daß sie in diesem Labyrinth Reinforcement erwarten kann. Der Reiz ist also nichts weiter als ein »Signal«, ein äußeres – es kann natürlich auch innere Reize geben. Der Kontext ist eine »Meta-Mitteilung, die das elementare Signal klassifiziert«. Der Kontext des Kontextes des Reizes ist eine Meta-Meta-Mitteilung, die die Meta-Mitteilung klassifiziert usw. (1981, S. 374).

Bateson führt noch einen weiteren wichtigen Begriff ein, den er »Kontext-Markierung« nennt. Der Hund kann die Leine in der Hand seines Herrn als Kontext-Markierung sehen, daß jetzt der Kontext des Gassigehens erfolgt, mit all den vielen Reizen und Reaktionen von Herr und Hund. Kontext-Markierungen sind sehr wichtig. Das Kind z. B. muß lernen, daß die Mitteilungen im

Fernsehen, im Märchenbuch andere Mitteilungen sind als die, welche die Mutter oder der Vater machen. Die Absichtserklärung »ich bringe dich um« ist im Kontext Theater etwas anderes als im Kontext Familie usw. Daß etwas Theater ist, besteht aus vielen Kontextmarkierungen. Die Unfähigkeit, Kontexte zu differenzieren, nicht auf Kontextmarkierungen zu achten, ist ja etwas, was in Psychotherapien immer wieder auftaucht, als Fehlverhalten z. B. in den Verhaltensweisen zwischen Männern und Frauen. Berührungen z. B. sind nur im bestimmten Kontext zugelassen, was beim Tanzen an Berührung geht, kann nach dem Aufhören der Musik nicht mehr gehen. Kontextmarkierungen sind – wie bereits erwähnt – wichtig zur Unterscheidung von »Realität« und »Halluzination« oder »Illusion«.

Lernen II ist die Veränderung im Prozeß des Lernens I. Wenn Lernen I die *Veränderung* der stabilen Verhaltensweise (Lernen 0) ist, dann ist Lernen II die *Veränderung dieser Veränderung* (deshalb die Definition: Veränderung im Prozeß des Lernens I). Wenn Lernen I »Bewegung« ist, dann ist Lernen II Veränderung der »Bewegung«, also »Beschleunigung«. Zu beachten ist, daß Veränderung der Veränderung eine rekursive Operation ist. Der Pawlowsche Hund lernt folgendes Muster: Wenn Reiz, dann gewisser Zeitablauf, dann Verstärkung. Die Skinnersche Ratte lernt das Muster: Wenn Reiz, dann ein besonderes Verhalten, dann Verstärkung. Der Pawlowsche Hund lernt zu warten. Die Skinnersche Ratte lernt, Verhalten nach Versuch und Irrtum auszuprobieren. Es kann durchaus sein, daß der Pawlowsche Hund damit Versuch-und-Irrtum-Lernen verlernt hat, die Skinnersche Ratte das Abwarten, sondern sie hat gelernt, daß sie immer irgendwie aktiv sein muß. Ratte und Hund lernen beim Lernen I, wie sie sich in ihren Lernsituationen jeweils zu verhalten haben. Sie lernen – jeweils verschieden –, wie man lernt. Bateson erinnert daran, daß Hull, als er sein mathematisches Modell für das mechanische Lernen beim Menschen veröffentlichte, im Anhang die Kurve wiedergab, die zeigte, daß Menschen mechanisches Lernen lernen. Wer sinnlose Silben lernt, lernt »automatisch« mit, wie man sinnlose Silben lernt, und er kann bei den folgenden Durchgängen leichter und schneller sinnlose Silben lernen. Wir wissen in der Regel nicht so genau, warum und wo überall »Lerntransfer« stattfindet. Man kann auch sagen, wir bilden eine Erwartung, wie wir in Zukunft solche Situationen handhaben, wie wir in solchen Situationen unser Verhalten verändern würden.

Bei Problemlösungsaufgaben hat Duncker (1935) solche Erwartungen »heterogene funktionale Gebundenheit« genannt (1942, 1966). Luchins hat gezeigt, daß, wenn die Versuchsperson eine bestimmte Art, eine Rechenaufgabe zu lösen, gelernt hat nach einem gewissen Schema, eine folgende Rechenaufgabe, die einfacher und schneller zu lösen geht mit einem anderen Schema, mit dem eingeübten Schema an die Aufgabe herangeht. Die Problemlösungsaufgaben, die Duncker stellte, verlangten, daß Gegenstände in ungebräuchlicher Weise verwendet wurden, also anders, als man »gewöhnt« ist. Eine Aufgabe bestand beispielsweise darin, an ein Brettchen drei Fäden aufzuhängen. Auf dem Tisch lagen viele Gegenstände, darunter ein Bohrer und zwei Haken. Wenn die Versuchspersonen die Löcher erst noch bohren mußten, verwendeten sie sehr viel seltener den Bohrer als dritten »Haken« als die Versuchspersonen, die in dem Brettchen schon die gebohrten Löcher vorfanden. Das nennt Duncker »heterogene funktionale Gebundenheit«. Es ist die Bezeichnung für eine Beschränkung, die aus Lernen II entstanden ist. Lernen II kann man als das Bilden einer »Gewohnheit« bezeichnen. Damit ist nicht Lernen 0 gemeint, auch nicht abgeschlossenes Lernen I, das Lernen 0 gleichzusetzen ist, sondern eine »Einstellung«, eine »Haltung«, ein »set«. Ein Beobachter stellt fest, daß ein Lebewesen in einer als gleich beschriebenen Situation sein Verhalten schneller ändert als vorher, dann hat das Lebewesen gelernt zu lernen. Oder der Beobachter stellt fest, daß ein Lebewesen in einer als *verschieden* beschriebenen Situation seine Verhaltensweisen schneller verändert in einer Weise, als sei es für das Lebewesen die gleiche Situation. Das wäre dann funktionale Gebundenheit. Der Beobachter kann natürlich auch Selbstbeobachter sein.

Solche Muster oder Schemata oder Gewohnheiten, also Wahrnehmungs-, Denk-, Urteils- und Handlungsschemata nennt Bourdieu – wie bereits erwähnt – Habitus und beschreibt ihn als generative Handlungsgrammatik. Bateson weist darauf hin, daß wir häufig solche Muster, Schemata, Gewohnheiten als Charaktereigenschaften fassen. Der Pawlowsche Hund ist »fatalistisch« oder »passiv«, die Skinnersche Ratte oder Taube »risikofreudig« oder »aktiv« oder gar »energievoll« usw. Er weist ferner darauf hin, daß solche »Charaktereigenschaften« immer Transaktionen bezeichnen, denn kein Mensch sei »abhängig« oder »fatalistisch«

in einem Vakuum, sondern diese Eigenschaften sind »eher ein Charakteristikum dessen, was zwischen ihm und etwas (oder jemand) anderem vorgeht« (S. 385).

Das Besondere an diesen Gewohnheiten ist, daß sie *selbstbestätigend* sind, daß solches Lernen fast unauslöschlich ist und sie eben häufig aus frühester Kindheit stammen. Wir wissen ja aus zahlreichen Experimenten z. B., daß intermittierende Verstärkung stabilere Verhaltensmuster schafft. Die Skinnersche Ratte oder die Skinnersche Taube, die in »früher Kindheit« gelernt hat, daß instrumentelles Verhalten zur Belohnung führt, gibt diese Gewohnheit, dieses Muster nicht auf, wenn sie hin und wieder nicht belohnt wird. Sie »glaubt« weiter daran, daß instrumentelles Verhalten zur Belohnung führt. Wahrscheinlich hat sie ja auch recht. Die Welt ist doch so eingerichtet, daß man nicht immer eine Belohnung erhält. Der Unterklassenangehörige, der gelernt hat: »Das ist nichts für mich«, wird bei seiner Haltung bleiben, auch wenn er mehrfach erleben konnte, daß er »das« doch bekommen hat. Er nimmt die Welt so wahr, daß er immer hinterher feststellen kann: »Das ist nichts für uns«.

Nur für den Beobachter sieht es so aus, als könnte den Handelnden nichts vom Gegenteil überzeugen. Der Handelnde selbst ist der Überzeugung, sieht die Welt so, daß sie sein Muster, seine Gewohnheit bestätigt. Das Ergebnis von Lernen II ist etwas, was der Handelnde macht, er macht in seiner frühen Kindheit den induktiven Schluß aus Ereignisfolgen, die er auf eine bestimmte Art interpunktierte, den er immer wieder in die Ereignisfolgen »hineinsieht«. Diese induktiven Schlüsse sind eben nicht etwas, was draußen in der Welt vorhanden ist, sondern sie sind Konstruktionen, und der Sinn dieser Konstruktionen ist ja, im Ereignisfluß Regelmäßigkeiten zu finden, besser zu *er*finden, um sicherer zu sein, um nicht mehr herumprobieren zu müssen mit ungewissem Ausgang, sondern um Prognosen machen zu können. Wenn sich Prognosen auf Einzelereignisse präzise beziehen, dann können sie scheitern, aber solche allgemeinen unpräzisen Prognosen – wie »das ist nichts für uns«, »um etwas zu erreichen (eine Belohnung), muß ich etwas tun« – können fast nicht scheitern. Sie sind auf einer Metaebene angesiedelt, die durch Ereignisse auf der unteren Ebene nicht berührt wird.

Hinzu kommt, daß wir in Interaktionen natürlich mit Menschen uns die Situation ja auch häufig so gestalten und gestalten können, daß wir unsere Gewohnheiten bestätigen. Wenn der Mann an die Ehefrau mit der Übertragung Mutter herangeht, ist es durchaus zu erwarten, daß sie als »Mutter« reagiert, also das kindliche Verhalten des Mannes sich bestätigt. J. Enright (1980) beschreibt eindrucksvoll das Verhalten zweier Autofahrer. Der eine Autofahrer fährt so, daß er jeden eigenen Vorteil nützt. Wenn ein anderer nicht auf ihn Rücksicht nimmt, sagt er: »Siehst du, man muß also sehen, daß man zu seinem Recht kommt.« Und er fährt weiterhin aggressiv. Der andere fährt rücksichtsvoll. Wenn ein anderer ihm rücksichtsvoll Vorrang gibt, sagt er: »Siehst du, wenn man Rücksicht nimmt, geht alles einfacher.« Und er fährt weiterhin rücksichtsvoll. Nimmt ein anderer Autofahrer auf den, der aggressiv fährt, Rücksicht, sagt der aggressive Autofahrer: »So ein Trottel, aber wenn er sich nicht durchsetzen kann, soll er sehen, wo er bleibt.« Der rücksichtsvolle Autofahrer, der mit einem rücksichtslosen aggressiven Autofahrer zusammentrifft, sagt möglicherweise: »Der Trottel, ich hätte ihn ja vorgelassen, wenn er nur ein Zeichen gegeben hätte.« Oder: »Der Arme, er hat es wohl sehr eilig und kann deshalb keine Rücksicht nehmen.« Der eine Autofahrer bleibt aggressiv, der andere rücksichtsvoll. Die Ereignisse werden umgedeutet zur Bestätigung der Gewohnheit, des Habitus.

Deshalb ist Lernen III so schwer zu erreichen. Es ist zu bedenken, daß es schon sehr schwer ist, eine Gewohnheit als Ergebnis von Lernen II in eine andere Gewohnheit zu verändern, also Lernen IIa durch Lernen IIb zu ersetzen, eine neue Gewohnheit zu bilden. Wenn Lernen 0 eine regelmäßige Verhaltensweise ist, Lernen I eine Änderung in der Verhaltensweise, Lernen II die Veränderung der Änderung, dann ist Lernen III die Veränderung der Veränderung der Änderung.

Um wieder das Mechanikbeispiel aufzugreifen, wenn Bewegung Lernen I ist und Beschleunigung Lernen II (natürlich auch Verzögerung), dann ist Lernen III die Veränderung der Beschleunigung. Dafür gibt es in der Mechanik kein Wort, obwohl solche Veränderungen der Beschleunigungen durchaus vorstellbar sind. Lernen III ist nicht, eine neue Gewohnheit zu bilden, sondern eine Veränderung von Lernen II. Also nach Bateson (1981, S. 392): Das Individuum könnte lernen:

a) schneller, bereitwilliger Gewohnheiten zu bilden und nicht an alten Gewohnheiten festzuhalten

b) sich selbst die »Auswege« zu verbauen, die es ihm erlauben,

Lernen III zu umgehen (nämlich andere neue Gewohnheiten zu bilden)

c) Gewohnheiten zu ändern (eine anschließend beibehaltene geänderte Gewohnheit ist aber wieder Lernen II)

d) daß es ein Lebewesen ist, das unbewußt Lernen II erreicht

e) Lernen II einzuschränken und zu steuern

f) den Kontext der Kontexte zu finden; wenn Lernen II ein Erlernen des Kontextes für Lernen I ist, dann ist Lernen III das Erlernen der Kontexte dieser Kontexte.

Meines Erachtens fürchten wir uns vor Lernen III. Es bedeutet eine Art »Auflösung«, wie Bateson sagt. Wenn Gewohnheiten Charaktereigenschaften, Interaktionsregelmäßigkeiten sind, dann ist zu erwarten, daß wir an diesen Gewohnheiten oder Charaktereigenschaften unser Selbst definieren. Deshalb kann Bateson sagen, wenn ein Mensch Lernen III erreicht, wird sein »Selbst eine Art Irrelevanz annehmen« (S. 393).

Gewohnheiten sind ja Erwartungen von Regelmäßigkeiten, sind Interpunktionen, welche die Welt ordnen, sind Konstruktionen, die uns sicher machen, weil wir dann wissen, wie wir uns zu verhalten haben oder wie wir uns verhalten können. Wenn wir das aufgeben, werden wir unsicher. Andererseits erreichen wir nur durch Lernen III »die Freiheit von der Knechtschaft der Gewohnheit«, wie Bateson sagt. Gewohnheiten sind die konservativen Verhaltensweisen, würde Maturana sagen, die durch das Netz der Interaktionen, d. h. das soziale System selektiert werden (1985 b).

Wenn man sich die Aufzählung der Veränderungen, die Bateson als Lernen III bezeichnet, anschaut, dann fällt auf, daß sie sich zum Teil paradoxen Aussagen annähern: »bereitwilliger lernen, Gewohnheiten zu bilden«. Wenn der Mensch bereitwilliger lernt, Gewohnheiten zu bilden, bildet er keine Gewohnheiten mehr; wenn er Gewohnheiten bildet, lernt er nicht mehr bereitwilliger. Oder: »Er könnte lernen, Gewohnheiten zu ändern, die durch Lernen II erworben wurden.« Wenn er Gewohnheiten ändert, dann sind es keine Gewohnheiten mehr. Wenn er Gewohnheiten bildet, ändert er Gewohnheiten nicht. Bateson verweist selbst auf die Paradoxie in seiner Liste (S. 392).

Es ist wieder zu bedenken, daß es sich bei Lernen III um eine Meta-Operation mit einem »Meta-Operator« handelt. Lernen I – Veränderung in Lernen 0; Lernen II – Veränderung im Lernen I, also Veränderung der Veränderung, also eine rekursive Operation. Und Lernen III Veränderung von Lernen II, also Veränderung der Veränderung der Veränderung, oder: Lernen zu lernen, wie man lernt. Die rekursive Operation selbst wird als Rekursion »berechnet«, es handelt sich um einen »Eigen-*Operator*« (von Foerster, 1985b, S. 215). In letzter Konsequenz heißt »bereitwilliger lernen, Gewohnheiten aufzugeben«, und »lernen, Gewohnheiten zu ändern«, ja nichts anderes, als das »Konzept der Regelmäßigkeit«, wie ich von Glasersfeld zitiert habe, aufzugeben; es wäre die »totale Loslösung«. Wir würden nicht mehr »in Stücke schneiden« (bei Bateson »interpunktieren«), »vergleichen«, »kategorisieren«, »in Schemata pressen«. Das ist ein Zustand, den die Mystiker anstrebten und den der Pfad der Buddhisten als Verheißung verspricht.

Ich nehme an, das, was möglich ist für unsereinen bei Lernen III, ist das, was Bateson bei e) aufführt: »Lernen, das Lernen II einzuschränken und zu steuern«. Denn für mich erscheint es unmöglich, ohne Gewohnheiten zu leben, sie helfen den Alltag zu bewältigen. Allerdings ist es sehr wichtig, bewußt, nicht unbewußt, das Lernen II zu erreichen und einzusetzen, also nicht tacit assumptions, Selbstverständlichkeiten zu erliegen. Was ich vorschlage, ist eine »und«- statt einer »oder«-Verbindung: Gewohnheiten und Lernen III nebeneinander bestehen zu lassen, das ist auch das, was für mich in den Vorschlägen von Bateson steckt. Ich kann noch etwas über die anzustrebende Tendenz aussagen: So wenig Gewohnheiten wie möglich. Außerdem ist mein Eindruck, daß der buddhistische Lehrer Nagarjuna noch genauer den einzuschlagenden Weg beschreibt, darüber werde ich weiter unten berichten. Zunächst will ich darauf eingehen, wie sich Bateson vorstellt, daß man Lernen III erreichen kann.

Der Königsweg für Bateson zu Lernen III ist, durch Widersprüche die Prämissen in Frage zu stellen, und uns dadurch zu einer höheren Ebene zu treiben. Er schreibt darüber, was ein Therapeut machen kann: Widersprüche zwischen den Prämissen des Klienten aufzeigen, den Prämissen des Klienten die Prämissen des Therapeuten gegenüberstellen. Den Klienten dazu bringen, so zu handeln, daß er mit seinen eigenen Prämissen konfrontiert wird usw.

Er erinnert daran, daß er »Widersprüche auf Ebene II« als double-binds bezeichnet hat. Und double-binds sind für Bateson schizophrenogen, darauf beruht seine berühmte Schizophrenie-

theorie. Deshalb empfiehlt er auch, daß solche »Widersprüche«
nur im geschützten Rahmen einer Psychotherapie stattfinden
sollten. Wichtig ist bei dieser Vorgehensweise, daß die Auswege
verbaut werden, durch welche der Einfluß von Widersprüchen
aufgehoben werden kann. Zu bedenken ist immer, daß Lernen II,
Gewohnheiten »das Universum vereinfachen« (S. 394) und »in
einer Ökonomie der Denkprozesse« bestehen. Und das ist sicher
attraktiv.

In der Entwicklungstheorie von Piaget wird zwischen Assimilation und Akkomodation unterschieden. Piaget geht davon aus,
daß das Kind mit Schemata der Welt gegenübertritt. Es gleicht,
was ihm begegnet, solange seinen Schemata, die es selbst konstruiert hat, an (assimiliert also), bis die Widersprüche so groß
oder stark werden, daß es seine Schemata verändern muß, dann
akkomodiert es, bildet z. B. aus einem Schema zwei. Das Interes-
sante an dieser Theorie ist, daß in der kindlichen Entwicklung
»normalerweise« Gegensätze oder Widersprüche vom Kind
spontan hergestellt werden – Piaget bezeichnet sich selbst als
Konstruktivist –, daß aber die Lösung eine neue Gewohnheit ist,
also der »Ausweg« gegangen wird. Piaget nennt den Vorgang,
der immer besseren Passung »incremental equilibration«. Er
unterstellt damit eine Beharrungstendenz zum Äquilibrium hin,
einen grundsätzlichen Konservativismus, der auch von Maturana
behauptet wird. Diese Beharrungstendenz im Äquilibrium ist
wohl die wichtigste Gegenkraft gegen den »Sprung« in das Unge-
wisse des Lernens III. Wir erliegen der »Versuchung der Gewißheit«, erkennen unser Erkennen nicht als das gemeinsame – im
sozialen Interaktionsnetz verankerte – Hervorbringen *einer* der
möglichen Welten.

Ich will im folgenden noch auf zwei Methoden eingehen, die
eingesetzt werden können, solche Widersprüche oder Gegensätze
zu schaffen. Das eine ist die Gestalttherapie, das andere ist der
Verfremdungseffekt von Bert Brecht.

Gestalttherapie

Laura Perls (1985) sagte in einer Fernsehsendung, was die Gestalttherapie will, sei »entautomatisieren«. Erving und Miriam Polster
(1975) haben formuliert, eine der wichtigsten therapeutischen
Techniken sei »to scramble the frame of reference« (den Bezugs-

rahmen durcheinanderbringen). John Enright (1980) spricht von Glaubenssystemen, die hierarchisch aufgebaut sind, und seine Technik ist der »Prämissenschock«. Um ein kleines einfaches Beispiel zu geben, was er darunter versteht: Wenn der Klient sagt: »Ich habe keine Hoffnung mehr«, dann besteht der Prämissenschock in folgender Reaktion des Therapeuten: »Du meinst, du müßtest immer Hoffnung haben.« Der Klient kann dann ausweichen, den »Ausweg« gehen, oder seine Voraussetzung, seine Prämisse, in Frage stellen, daß man immer Hoffnung haben müsse, und eventuell akzeptieren, daß er mal Hoffnung hat und mal nicht. Was dadurch erreicht wird, ist ja dann eine Gelassenheit gegenüber dem »Zustand«, keine Hoffnung zu haben, und dies befreit seine Kräfte für andere Dinge, statt sie für das Beklagen der Hoffnungslosigkeit und möglicherweise das Vermeiden von Hoffnungslosigkeit einzusetzen.

Ich habe an anderer Stelle darauf hingewiesen, daß das, was Max Wertheimer unter »produktivem Denken« beschreibt, eine Beschreibung des Gestalttherapieprozesses ist (Portele, 1984). Wertheimer erzählt in einem Kapitel seines Buches »Produktives Denken« die Geschichte von den zwei federballspielenden Jungen (es sind seine Söhne). A, der 12jährige, ist B, dem 10jährigen, überlegen. Sie spielen eine Weile. »Schließlich warf B seinen Schläger ins Gras, setzte sich auf einen Baumstamm und sagte: ›Ich mag nicht mehr!‹« (Wertheimer, 1964, S. 149 ff.)

Hier unterbrach wohl Wertheimer oft die Geschichte. Die Zuhörer erinnern sich, so erzählt Wertheimer, an eigene Geschichten, versuchen zu klassifizieren oder sammeln durch Nachfragen weitere Tatsachen. Aufgefordert, Vorschläge zur Problemlösung zu machen, »werden die Antworten sichtlich ohne die leiseste Bemühung zu denken gegeben – als reine Reproduktion von früher Gesehenem und Gehörtem«. Wertheimer zitiert dann Beispiele von Vorschlägen und fährt schließlich mit der Geschichte fort. Ich fasse zusammen: Der Ältere, Überlegenere – A – ist zunächst zornig auf B wegen der Spielunterbrechung. Aber er fühlt sich auch nicht wohl in seiner Haut. Er versetzt sich in die Lage des unterlegenen B, und »A fühlte, daß B irgendwie recht hatte«. Nun sah er auch sich selbst in einem anderen Licht. Der Ausdruck seines Gesichts änderte sich. Er hatte eine Einsicht: »Er war glücklich wie jemand, der eine Entdeckung gemacht hatte.« Er schlägt vor: »Wir wollen mal so spielen: Wir wollen mal sehen, wie lange wir den Ball zwischen uns hin- und hergehen lassen können, und zählen, wie oft er hin- und hergeht, ohne zu fallen.« (1964, S. 153) Ich zitiere weiter: »B (der Unterlegenere, Jüngere) stimmt fröhlich zu: ›Das ist ein guter Gedanke. Los!‹ Sie beginnen zu spielen. Der Charakter des Spiels war völlig verändert, sie machten Gemeinschaftsarbeit, sie wirkten zusammen in angestrengter und fröhlicher Tätigkeit.« Für A war es, so schreibt Wertheimer, nach Tagen noch »ein großes Erlebnis... er hatte etwas entdeckt, etwas gewonnen, das weit über die Lösung eines kleinen Problems beim Federballspielen hinausging«.

Ich glaube, von außen betrachtet, ist die Geschichte der federballspielenden Jungen bedeutungslos. Sie war es aber nicht für den älteren Jungen, der die Einsicht hatte. Sie ist auch deshalb nicht bedeutungslos, weil Wertheimer eine meines Erachtens genaue und zugleich liebevolle Analyse vorstellte.

Welches sind nun die Prinzipien des produktiven Denkens? Wertheimer selbst faßt zusammen (S. 156):

»1. Operationen der Umzentrierung: Übergang von einer einseitigen Ansicht zu der Zentrierung, die von der objektiven Struktur der Situation gefordert ist;

2. einen Wechsel in der Bedeutung der Teile – und der Vektoren – gemäß ihrer strukturellen Stelle, Rolle und Funktion;

3. eine Betrachtung der Lage unter dem Gesichtspunkt der ›guten Gestalt‹, so daß alles zu den strukturellen Forderungen paßt;

4. einen Drang, geradewegs auf den Grund vorzustoßen, ehrlich ins Auge zu fassen, worauf es ankommt, und die Folgerungen zu ziehen.«

Wertheimer beschreibt dies genau anhand von Grafiken. Ich will ein paar weitere Prinzipien hinzufügen, die Wertheimer in diesem Kapitel erwähnt:

5. *Störung.* Der Anfang eines Problems ist eine »Störung« (S. 153).

6. *Kleben an alten Lösungen.* Sicherheitsstreben, unangemessene anfängliche Auffassungen, an denen man klebt, verhindern die Lösung (S. 145).

7. *Fehlerhafte Übertragung von Gelerntem.* Anwendung bekannter Verhaltensregeln evtl. aufgrund ungenauer, unklarer, unscharfer, oberflächlicher Auffassungen (S. 146f., S. 149).

8. *Zusammenhang zu Gesamtweltbild.* Die unangemessenen

Lösungen stehen mit Ansichten über Kinder, menschliche Wesen, über Moral, geläufige Regeln des Zusammenlebens (S. 150) im Zusammenhang.

9. *Übertragbarkeit.* Sachgerechte Lösungen im produktiven Denken führen über die Sache hinaus. »Sie können selbst wieder als Teil wirken, der über sich hinausweist…« (S. 143).

10. *Umschlag.* »Oft geht es mächtig dramatisch her«, wenn man das Umschlagen erlebt (S. 147).

11. *Begleiterscheinungen.* Denkvorgänge sind begleitet von körperlichen Reaktionen (S. 151 f.) und Emotionen und Motivationen (vgl. Punkt 4 bei Wertheimer, der von »Drang« spricht).

12. *Mutige, aufrichtige Haltung.* Der Schritt zur Umorientierung erfordert Mut und Ehrlichkeit (S. 152), »Bereitschaft, den Sachverhalten ins Auge zu sehen, sich rückhaltlos zu öffnen und sich ehrlich und aufrichtig mit ihnen auseinanderzusetzen« (S. 157).

13. *Geburtshelferhaltung statt Erobererhaltung.* Man wird sachblind, »wenn man nur auf das Ziel schaut und gänzlich von dem Drang nach ihm beherrscht ist« (S. 158). Der Denkende sollte die Haltung des »Geburtshelfers« haben, nicht die des gewalttätigen Angreifers.

Ich habe mich bei dieser Aufzählung der Prinzipien im wesentlichen an Wertheimers Formulierungen in diesem einen Kapitel gehalten. Es sei noch einmal deutlich unterstrichen, daß von den 13 erwähnten Prinzipien die 4 von Wertheimer selbst formulierten die wichtigsten sind, aber die von mir ergänzten Prinzipien scheinen mir für gestalttherapeutische Vorgänge auch relevant zu sein.

Ich will hier nur ein kurzes Stück aus einer gestalttherapeutischen Demonstration durch Fritz Perls (1969) wiedergeben, um zu zeigen, wie dieses Widersprüche-setzen in der Gestalttherapie geschieht, und mit den Prinzipien des produktiven Denkens von Max Wertheimer vergleichen. Betonen möchte ich, daß es Wertheimer um *produktives Denken* geht und nicht um Reproduktion, um Denkgewohnheiten, was er als »Denken« zu beschreiben vermeidet.

Der von mir für diesen Zweck hier ausgewählte Abschnitt aus einer gestalttherapeutischen Sitzung ist ein Ausschnitt und hat die Natur eines Ausschnittes, d. h., es ist nicht die ganze Therapie, nicht einmal eine ganze Sitzung. Ich meine trotzdem, daß sich die wesentlichen Züge der Gestalttherapie darin erkennen lassen. Dabei ist außerdem zu bedenken, daß heute Gestalttherapie nicht mit der Perlsschen gleichzusetzen ist, innerhalb der Gestalttherapie kann man heute verschiedene Richtungen unterscheiden, die sich mehr oder weniger weit von Perls entfernt haben. Ich glaube aber, daß der größte Teil der Gestalttherapeuten in einigen Grundprinzipien mit Perls übereinstimmt (vgl. Stephenson, 1978, sowie Fagan und Shepherd, 1970).

Der Klient Max beginnt mit einem Traumbruchstück und fängt dann an zu beschreiben, wie er sich jetzt fühlt:

01 »M: Ich fühle den Stuhl, ich empfinde die Hitze, ich fühle eine Verspannung in meinem Magen und in den Händen –
02 F: Eine Verspannung. Hier haben wir das Dingwort. Verwandle nun das Dingwort, das Ding, in ein Verb um.
03 M: Ich bin verspannt. Meine Hände sind verspannt.
04 F: Deine Hände sind verspannt. Sie haben nichts mit dir zu tun.
05 M: Ich bin verspannt.
06 F: Du bist verspannt. Wie bist du verspannt? Was tust du? Schau, das ist die beständige Tendenz zur Verdinglichung – dauernd versucht man, aus einem Geschehen ein Ding zu machen. Das Leben ist Geschehen; der Tod ist ein Ding.
07 M: Ich verspanne mich.
08 F: Das ist es. Sieh dir den Unterschied an zwischen den Worten »Ich verspanne mich« und »da ist eine Verspannung«. Wenn du sagst, »ich fühle eine Verspannung«, dann bist du unverantwortlich, du bist impotent, und du kannst nichts dagegen tun. Die Welt soll etwas tun – dir Aspirin geben oder sonst etwas. Aber wenn du sagst »ich verspanne mich«, dann übernimmst du die Verantwortung dafür, und wir können sehen, wie das erste Stückchen lebendiger Erinnerung hervorkommt. Bleib also bei dieser Aussage.
09 M: Ich drücke mit meinen Armen auf den Stuhl.
10 F: Bist du sicher? Erfährst du das? Tu das, bis du wirklich empfindest, daß du es tust, voll und hundertprozentig verantwortlich für das, was du tust.

11 M: Ich halte meine Hände steif ——— Ich halte meinen ganzen Körper steif. Mein Rücken ist steif – ich halte ihn steif.

12 F: Kannst du dir vorstellen, wieviel Kraft nötig ist, um dich selbst so steif zu halten, um Leichnam zu spielen?

13 M: Ich kann nicht weitermachen, weil ich steif bin.

14 F: Wer ist verantwortlich dafür, daß du steif bist?

15 M: Ich mache mich selbst steif. Ich habe mich noch nicht entspannt.

16 F: Du hast dich noch nicht entspannt. Siehst du die Spaltung? »Ich entspanne mich.«

17 M: Aber ich bin's noch nicht.

18 F: Du hast das Gefühl, du solltest dich entspannen.

19 M: Ich habe das Gefühl, ich kann nicht weitermachen, solange ich mich nicht entspannt habe.

20 F: Du kannst nicht weitermachen. Wer sagt, daß du weitermachen sollst?

21 M: Ich sage das zu mir selbst, daß ich weitermachen will.

22 F: »Ich sage mir, daß ich weitermachen soll.« Du manipulierst dich. Du stellst die Hauptstütze auf und versuchst dann, sie umzuwerfen. Du machst dich selbst steif und dann sagst du zu dir, daß du dich entspannen sollst. Siehst du, wie sich die ganze Energie bei deinem Spiel zerstreut?

23 M: Ich habe mich eben entspannt.

24 F: Du hast dich entspannt?

25 M: Ich bin entspannter.

26 F: Hast du das herbeigeführt oder hat es sich von selbst ereignet?

27 M: Es kam von selber.

28 F: Darüber rede ich. Jede absichtliche Änderung ist zum Scheitern verurteilt. Ein Wandel muß von selbst kommen, durch die organismische Selbstregulierung. Wenn du hungrig bist, bist du hungrig. Wenn du ißt, aber keinen Hunger hast, bekommst du wahrscheinlich Magengeschwüre. Mir fällt auf, daß du vom Ellbogen abwärts lebendig bist. Du bist ein Kloß – und daraus ragt nur ein klein wenig hervor – deine Hände. Im übrigen behältst du alles vollständig bei dir. Werde dir einfach dessen bewußt – wie wenig du dich auf das Leben hin bewegst. Wie fühlst du dich nach diesen Bemerkungen von mir?

29 M: Ich mochte das Wort Kloß nicht, aber ich – es war richtig.« (Perls, 1969)

Beim ersten Lesen schon wird, glaube ich, deutlich, daß Perls den
Klienten Max konfrontiert mit anderen Sichtweisen, mit anderen
Prämissen, um ihm in der Haltung des Geburtshelfers zu einer
eigenen Einsicht zu verhelfen. Er stellt Widersprüche her.

1. Es findet in drei Schritten eine *Umzentrierung* statt: (a) von
»Ich spüre eine Verspannung» bis zu »Ich verspanne mich«
(01–07). Das wird ausgeweitet zu (b) »Du manipulierst dich,
zerstreust deine Energie« (22) und (c) »Jede absichtliche Änderung ist zum Scheitern verurteilt«, bis er sich »von selber«
entspannt (27/28). Man kann sicherlich darüber streiten, ob
diese Umzentrierungen das sind, was Wertheimer »Übergang
von einer einseitigen Ansicht zu der Zentrierung, die von der
objektiven Struktur der Situation gefordert ist«, nennt. Denn
was ist objektiv? Was ist die objektive Struktur der Situation?
Was Wertheimer damit anspricht, ist m. E. das »Gefühl der
Stimmigkeit«, von dem Jacoby spricht, und das ein ganz
subjektives Gefühl ist.

2. Dabei findet ein »*Bedeutungswechsel der Teile*« statt. Das ist
meines Erachtens sehr klar in dem Verspannungsbeispiel: Die
Beziehung des Ich zur Verspannung wird geändert, Max übernimmt schließlich die Verantwortung für seine Verspannung.

3. Eine Betrachtung der Lage unter dem Gesichtspunkt der »*guten Gestalt*«, so daß alles zu den strukturellen Forderungen
paßt (Wertheimer, 1964, S. 157). »Ich verspanne mich« (07)
ist bereits eine recht gute Gestalt, eine bessere als »Ich fühle
eine Verspannung«. Das Ich – eine der strukturellen Forderungen – wird aufgenommen und miteinbezogen. Aber »Ich
verspanne mich« (16) drückt noch die Spaltung aus, wie Perls
sagt, »Du manipulierst dich«. Als Max auch diese »strukturelle Forderung« aufnimmt, also aufhört, sich zu spalten, zu
manipulieren, ist er entspannter, entspannt er sich (23/25/26).
»Es kam von selber« (27), sagt er. Die gute Gestalt ist da, jetzt
paßt »... alles zu den strukturellen Forderungen« (Wertheimer, 1964, S. 157). Interessanterweise gibt es dafür anscheinend keinen adäquaten sprachlichen Ausdruck mehr: »Ich
habe mich entspannt« behält die Spaltung von Ich und Mich
bei, »Ich bin jetzt entspannter« beschreibt das Ergebnis einer

Handlung, nicht die Tätigkeit selbst. Und es handelt sich um eine Tätigkeit mit Verantwortung und ohne Manipulation.

4. *»Einen Drang, geradewegs auf den Grund vorzustoßen...«,* »ehrlich ins Augs zu fassen...« (S. 157), so beschreibt Wertheimer die Haltung beim produktiven Denken, das läßt sich bei beiden, bei Perls und Max, feststellen, z. B. dann, wenn Max mit großem Eifer die Hinweise von Perls weiterverarbeitet (02–07 oder 24–27). Oder dann, wenn Perls auch noch die Spaltung zwischen »ich« und »mich« aufgreift (16 und 22).

5. Der Ausgangspunkt ist eine *Störung*, sonst säße Max nicht Perls gegenüber. Bewundernswert erscheint mir, wie Perls konfrontierend immer wieder auf verschiedene Weisen Widersprüche herstellt, verstärkt, betont (u. a. mit seinen provozierenden Ausdrücken wie »impotent«, »du manipulierst dich«, »Kloß« usw.).

6. Max *klebt an alten Lösungen*, er macht zunächst das, was er in solchen Situationen immer machte, er verspannt sich, er macht sich steif und kommt dadurch nicht mehr weiter. Seine erste Lösung ist eine Gewohnheit.

7. *Er überträgt fehlerhaft früher Gelerntes auf diese Situation*, indem er die Situation unscharf erfaßt. Hier wird die vielbewunderte Kunst von Perls deutlich, die Klienten zu einem genaueren, scharfen Hinsehen zu führen, indem er immer wieder aufzeigt, was der Klient hier und jetzt tut (04). In dem Ausdruck »Meine Hände sind angespannt« (03) ist ja die fehlerhaft gelernte Verdinglichung noch ebenso vorhanden wie in »Ich fühle eine Verspannung« (01). »Awareness«, sich bewußt sein, ist ja eines der Prinzipien der Gestalttherapie; das ist auch einer der Vorschläge von Bateson (lernen, daß man unbewußt Lernen II erreichen kann). Perls selbst ging relativ selten, soweit man das an den Publikationen (Bücher und Filme) feststellen kann, darauf ein, die Situation zu rekonstruieren, in welcher solche grundsätzlichen Lebenshaltungen gelernt wurden, die ja meist aus der frühen Kindheit stammen und für das Kind in der damaligen Situation eine gute Lösung waren, eine »gute Gestalt«.

Viele andere Gestalttherapeuten, insbesondere die von der Psychoanalyse und die vom Psychodrama beeinflußten, sind der Überzeugung, daß solche frühen Kindheitssituationen neu durchlebt werden müssen, um für die damalige Situation eine andere Lösung zu finden, bzw. »die Gestalt zu schließen«. Perls war der Überzeugung, daß das »Hier und Jetzt« diese alten Geschichten enthält und daß es darauf ankomme, die Situation hier und jetzt zu erfassen, in aller Schärfe zu erfassen und sich bewußt zu machen – »aware« zu sein – und den strukturellen Forderungen der Situation hier und jetzt zu entsprechen. Aus der Situation hier und jetzt könne man lernen, alte Muster als inadäquat zu erkennen, und durch Umzentrierung zu einer guten Gestalt, zu einer Einsicht kommen.

8. und 9. Die fehlerhafte Übertragung von evtl. fehlerhaft Gelerntem, auf die Situation hier und jetzt hängt mit dem *Gesamtweltbild* zusammen, und eine neue Einsicht führt zu einer Veränderung des Gesamtweltbildes, behauptet Wertheimer. Perls spricht die »beständige Tendenz zur Verdinglichung« an, er sagt, »das Leben ist Geschehen, der Tod ist ein Ding« (06) und »jede absichtliche Änderung ist zum Scheitern verurteilt« (28). Perls zeigt in diesen Äußerungen auf, daß es sich um grundsätzliche, das Gesamtweltbild betreffende Einsichten handelt *(Übertragbarkeit)*, die da vollzogen werden oder werden sollen. Auch bei Max, dem Klienten, sind Anzeichen vorhanden, daß er wahrnimmt, daß es sich um etwas Zentrales in seinem Leben handelt. Er sagt z. B.: »Ich kann nicht weitermachen, weil ich steif bin« (13). Das ist etwas, das er sicherlich immer wieder erlebt hat, und dann entspannt er sich plötzlich.

10. Das *plötzliche Umschlagen* zeigt sich in der plötzlichen Entspannung. Es gibt in anderen Sitzungsprotokollen sicher noch offensichtlichere Beispiele, wo der Aha-Moment direkt ausgesprochen wird.

11. Nach Wertheimer sind produktive Denkvorgänge begleitet von körperlichen Reaktionen, Emotionen und Motivationen *(Begleiterscheinung)*. Die Körperreaktionen, die Emotionen, die Motivation von Max lassen sich leicht nachvollziehen und vermuten bei diesem Einsichtsprozeß, obwohl bei diesem Wortprotokoll die Körperreaktionen beim Einsichtsprozeß nicht darstellbar sind und nur das Ergebnis, die Entspannung, erwähnt wird.

12. Die *mutige, aufrichtige Haltung* – die für Wertheimer so wichtig ist – läßt sich ablesen aus dem Bemühen, die Konfrontation von Perls ernst zu nehmen, und an seiner Schlußäuße-

rung »es war richtig« (29). Max muß – wie jeder, der das einsieht, bei dem diese Umzentrierung geschieht – die Sicherheit der herkömmlichen, gewohnten Lösung aufgeben und mutig etwas Neues wagen. Hinzu kommt hier, daß es sich um eine Einsicht handelt, die ihn ganz persönlich betrifft.

13. Die *Geburtshelferhaltung* statt Eroberhaltung wird hier von Perls direkt angesprochen: »Jede absichtliche Änderung ist zum Scheitern verurteilt. Ein Wandel muß von selbst kommen, durch die organismische Selbstregulierung.« (28)

Ich hoffe, ich habe durch diese detaillierte Analyse klarmachen können, daß im gestalttherapeutischen Prozeß nichts anderes stattfindet als eine Umzentrierung, die Ausbildung einer guten Gestalt in genau demselben Sinn, wie Wertheimer es im produktiven Denken beschreibt. Die Kunst des Gestalttherapeuten besteht darin, diese Umzentrierung, Umstrukturierungen als Geburtshelfer zu fördern.

Wichtig ist mir vor allem aber darzustellen, daß Therapie nichts anderes ist als produktives Denken im Sinne Wertheimers. Der Klient muß aus der Sicherheit gekonnter, gewohnter Lösungen in die Unsicherheit einer neuen Lösung springen. Das ist nicht leicht, aber ohne diese Umzentrierung geht es nicht.

Was Wertheimer immer wieder betont, ist, daß es nach dem »Sprung« das *Gefühl* für eine Lösung gibt – er faßt es einerseits als »gute Gestalt« und andererseits als Umzentrierung, »die von der objektiven Struktur der Situation gefordert ist«. Meiner Ansicht nach entspricht dem »Prinzip der guten Gestalt« das »Gefühl der Stimmigkeit« von Jacoby (1980) und das Prinzip von der »objektiven Forderung der Struktur der Situation« dem »*Gefühl*« des Passens, der Viabilität, und ist eben nicht objektiv. Denkprozesse organisieren sich eben selbst (vgl. G. Roth, 1985). Wahrscheinlich ist Fritz Perls über seine Frau Laura Perls vom Denken Jacobys beeinflußt worden. Dieses »Gefühl der Stimmigkeit« ist ein subjektives Gefühl, sicherlich offen und verletzlich gegenüber Selbstbetrug, Selbsttäuschung, Illusion, aber sicherlich ein Gefühl, das man pflegen kann. Jacoby hat dafür Hinweise gegeben (1980).

Perls spricht explizit davon: »Ein Wandel muß von selbst kommen, durch die organismische Selbstregulierung.« Für ihn ist die »Umzentrierung«, von der Wertheimer spricht, das, was er »organismische Selbstregulierung« nennt. Ich meine, das ist einer der vielen Hinweise, daß Perls im Grunde von Selbstorganisation –

von Konstruktivismus im hier vorgetragenen Sinn – überzeugt war. Die »organismische Selbstregulierung« war für Perls ein wichtiges Konzept. In seinem anarchistischen Buch »In and out the Garbage Pail« (1981) setzt er folgende Dichotomien, die eindeutig auf Selbstorganisation verweisen und auf das »Gesetz der natürlichen Ordnung« von Metzger:

> »Organismische Selbstkontrolle im Gegensatz zu diktatorischer Kontrolle, authentische Kontrolle gegenüber autoritärer Kontrolle. Die Dynamik der Gestalt-Formierung im Gegensatz zu fremdbestimmten, künstlichen Zielen. Die Dominanz des Lebens im Gegensatz zur Peitsche moralischer Vorurteile, der kraftvolle Strom organismischer Anteilnahme gegen den öden Zwang des erhobenen Zeigefingers (shouldism)« (38).

Dieser »shouldism« ist das, was Perls bekämpft als die Überzeugung der Fremdbestimmtheit, die verhindert, autonom zu leben. Und die andere Seite ist der Neurotiker, der versucht, »andere zu manipulieren, und sich weigert, selbst zu wachsen«. »Er kontrolliert, wird machtbesessen« (20).

Perls spricht vom »subtilen Mechanismus des sich selbst regulierenden und kontrollierenden Organismus« und im Gegensatz dazu von einem »von außen eingreifenden Kontroll-Irrsinn« (9). Autonomie, Selbstverantwortung, ist für Perls *das* Therapieziel – »sich als verantwortliche, in ständigem Wachstum begriffene Menschen zu verwirklichen« (25).

Das wichtigste Konzept ist für Perls das Gestaltkonzept. Er versteht den »Organismus als Prozeß in Abhängigkeit von den Gesetzen der Gestalt-Dynamik«. Das ist eben die »organismische Selbstregulierung«. Die Antwort auf die selbstgestellte Frage »Wie ist es möglich, daß wir funktionieren, wenn wir keine Kontrolle ausüben, wenn der Organismus nicht durch Ordnungen kontrolliert wird? Wie wird die Kooperation dieser Millionen von Zellen erreicht? Wie werden sie mit ihrer Selbsterhaltung, mit den anderen Erfordernissen des Lebens fertig?« (71) – ist eben: als Prozeß in Abhängigkeit von den Gesetzen der Gestalt-Dynamik. Erstaunlich finde ich die in den obigen Zitaten an die Autopoiese-Theorie erinnernden Ausdrücke »Prozeß«, »Kooperation« und »Selbsterhaltung« von Zellen, keine Fremd-»kontrolle«.

Erving und Miriam Polster (1975) beschreiben drei Prinzipien der Gestalttherapie: Awareness (sich bewußt sein), Kontakt und Experiment. Diese Prinzipien haben sehr viel mit dem Zen-Buddhismus zu tun, und es scheint mir erwähnenswert, daß Perls, der Begründer der Gestalttherapie, sich einige Zeit in einem Zen-Kloster aufhielt. Awareness demonstriert Perls in dem weiter oben dargestellten Gespräch mit den Fragen »Wie bist du verspannt? Was tust du?« Und auch bei der Intervention: »Erfährst du das? Tu das, bis du wirklich empfindest, daß du es tust.« Im ganzen dargebotenen Abschnitt geht es immer wieder um awareness. Max beginnt mit der Beschreibung dessen, wessen er sich im Moment »aware« ist. Perls macht Max auf den Gebrauch der Worte »ich fühle eine Entspannung« aufmerksam, oder er macht sie ihm bewußt.

An diesem Beispiel wird auch deutlich, wieviel wir tun, ohne uns dessen »bewußt« zu sein. Wir sind mit den Gedanken, mit den Gefühlen ganz woanders, wir merken nicht, daß jetzt gerade die Sonne scheint usw. Wir gehen häufig »bewußtlos« mit den Dingen um, die uns umgeben, wir sind uns häufig nicht bewußt, was wir tun, denken, empfinden, fühlen, wahrnehmen. Damit verarmen wir unser Leben. Das ist sicherlich schade, aber für unseren Zusammenhang hier ist bedeutender, daß dem allen natürlich Gewohnheiten zugrunde liegen, wir handeln automatisch, und um über diese Routinen, Gewohnheiten, Automatisierungen zu verfügen, müssen wir uns ihrer bewußt werden. Wir können sie wohl auch nur ändern, wenn sie uns bewußt sind, und nur durch »awareness« werden uns die Widersprüche klar, die Widersprüche in unseren Prämissen usw. Nur so ist »Entautomatisierung« möglich.

Drei Äußerungen von Perls (1981) sollen den abzusteckenden Bereich dieses Konzeptes deutlich machen:

»Ohne Bewußtheit ist nichts, nicht einmal das Wissen vom Nichts« (30).

»Bewußtheit ist eine Erfahrung äußerster Privatheit. Ich kann mir nicht *Eurer* Bewußtheit *bewußt* sein« (90).

»Bewußtheit entsteht aufgrund von Veränderung. Wenn Gleichheit besteht, gibt es nichts zu erfahren, nichts zu entdecken« (265).

»Awareness« ist verwandt mit dem Begriff »Achtsamkeit« im Buddhismus. »Tue das, was du tust, ganz«, könnte die Operationalisierung von Achtsamkeit sein. »Ganz« heißt in diesem Zusammenhang: »Mit dir als ganzer Person, mit voller Aufmerksamkeit, ohne Nebengedanken und Absichten«. Um ein Beispiel zu geben: Wenn du Kartoffeln schälst, dann schäle Kartoffeln, nicht mit einem »um zu«, z. B. um ein Essen zu bereiten, laß dich ganz auf die Situation ein, und wenn du Kartoffeln ißt, dann iß Kartoffeln und nichts anderes. Awareness und Achtsamkeit sind *Voraussetzung* für »Entautomatisierung« oder Veränderung von Gewohnheiten, aber sie sind noch nicht Entautomatisierung oder Veränderung von Gewohnheiten.

Das Gestalttherapieprinzip »Kontakt« ist mit dem Prinzip »awareness« verwandt. Gemeint ist Kontakt mit sich selbst und Kontakt mit der Umwelt. Für die Gestalttherapie ist zentral, daß Kontakt an der Grenze im »Organismus-Umwelt-Feld« stattfindet. Kontakt setzt voraus, daß A mit seiner Grenze B an dessen Grenze berührt und mit ihm in Kontakt kommt und umgekehrt. Die Gestalttherapie geht also von der Grenze von Lebewesen aus, daß Lebewesen einen Rand, eine Grenze bilden. Die Neurosenlehre der Gestalttherapie beruht darauf, daß diese Grenzen in den mentalen Konstruktionen der Neurotiker nicht gewahrt werden. Neurotiker haben insofern falsche Sichtweisen, als sie die Grenze und die Abgeschlossenheit bei sich oder anderen nicht beachten.

Neurotisches Verhalten sei eine »gelernte Gewohnheit«, durch die »spontane Erregung« aus Angst vermieden wird, eine Gewohnheit, die nicht mehr verfügbar ist, weil sie nicht mehr bewußt (aware) ist und dadurch die »organismische Selbstregulierung« behindert (Perls, Hefferline, Goodman, 1973, 487). Das neurotische Verhalten entspricht nicht der Situation, dem »Organismus-Umwelt-Feld« in der Gegenwart, sondern es ist ein »stereotypisiertes Muster, das den flexiblen Prozeß, das Neue kreativ anzugehen, verhindert«, also automatische Routine. »Jeder Kontakt ist kreative Anpassung von Organismus und Umwelt«. (277). Dabei geht es jedoch nicht um Anpassung im Sinne von »Konformität mit dem Realitätsprinzip«, wie die Psychoanalyse behaupten würde, das ist für die Gestalttherapie Introjektion, unzerkautes Verschlingen; »kreative Anpassung« dagegen hat etwas mit dem Paradoxon zu tun: »Ein Organismus erhält sich nur, indem er wächst.«

Selbsterhaltung und Wachsen sind polar, weil nur was sich selbst erhält, wachsen kann durch Assimilieren, und nur was »kontinuierlich Neues assimiliert, kann sich erhalten und nicht degenerieren« (427). Assimilieren heißt hier »zu eigen machen«; die »organismische Selbstregulierung« bestimmt, was gut und schlecht ist für den Organismus; »von innen her bestimmt«, durch seine aktuelle Struktur determiniert, wählt der Organismus »kreativ« aus. So passen sich Organismus und Umwelt gegenseitig an in wechselseitiger »struktureller Koppelung« im Sinne von Maturana und Varela. »Jeder Kontakt ist kreative Anpassung von Organismus und *Umwelt*« (»All contact is creative adjustment of the organism and environment«).

Der Neurotiker unterbricht die Erregung an irgendeiner Stelle im Kontaktzyklus (den ich hier nicht darstellen möchte), und in diesem Prozeß »verliert er seine Grenzen« oder seine Grenzen werden »inflexibel fixiert« (507) durch Introjektion (etwas aus der Umwelt im Organismus) oder Projektion (etwas vom Organismus in der Umwelt), durch Konfluenz (Identität von Organismus und Umwelt) oder Retroflektion (ein Teil des Organismus wird zur Umwelt eines anderen Teils des Organismus) oder »Egotismus« (Organismus weitgehend isoliert von der Umwelt).

Kontakt nehmen wir mit unseren Sinnen auf, aber sicher nicht nur mit den Augen. Sicherlich vermeiden wir immer wieder Kontakt, nicht nur zwischen Menschen.

Auf Kontakt liegt ja oft auch ein Tabu. Für die hier anstehende Diskussion über Gewohnheiten und Vermeidung der Gewohnheiten ist aber das folgende wichtig: An die Grenze des anderen kommen wir nur wirklich heran, wenn wir den anderen oder das andere nicht in ein Schema packen, in eine Rolle, in eine Kategorie, sondern ihm als etwas »Neuem« begegnen. Es ist ein Unterschied, ob ich mit der Hausfrau, der Frau oder meiner Frau oder dem einmaligen einzigartigen Wesen, das auch meine Frau ist, Kontakt aufnehme. Es ist ein Unterschied, ob ich mit dem Baum, der Kastanie oder dem einmaligen und deshalb kostbaren Wesen Kastanie mir gegenüber jetzt in diesem Moment und hier Kontakt aufnehme. Wenn ich nicht mit dem Wesen direkt Kontakt aufnehme, nehme ich mit der Kategorie Kontakt auf, mit dem Schema, der Gewohnheit, mit dem Namen, nicht mit dem Wesen selbst. Es kann auch nur das ganze Wesen sein und nicht nur ein Aspekt davon, zum Beispiel der Sexualpartner, die Hausfrau, die Mutter der Kinder. Dann nehme ich ja wieder Kontakt mit einer meiner Abstraktionen auf und nicht mit dem Wesen selbst. Dann habe ich Kontakt mit dem Bild, das ich mir mache, nicht mit dem anderen. In der Sprache von Maturana und Varela formuliert, heißt das wohl: Direkten Kontakt bekomme ich als Mensch nur dann, wenn ich mich vom Teil des Milieus, um den es geht, direkt perturbieren lasse und, wenn es möglich ist, dabei die Sprache umgehe, die das »andere« zum Objekt macht, zum »Gegenstand«. Diese Sichtweise weist auf zwei Schwierigkeiten hin, nämlich erstens auf die Schwierigkeit, »die Sprache zu verlieren«, »nicht in der Sprache zu sein«. Daß dies Menschen möglich ist, zeigt die Tatsache, daß Kinder, bevor sie die Sprache lernen, »sprachlos« sind. Die zweite Schwierigkeit scheint mir die zu sein, daß ich Perturbation bewußt zulassen muß; ich nehme an, wir haben vor Perturbationen manchmal Angst, weil wir uns unsere Weltsicht so konstruiert haben, daß wir uns als von außen determinierbar betrachten und unsere Autonomie nicht wirklich kennen. Von Glasersfeld (1980) hat wohl recht, wenn er sagt, daß man, wenn »Erfahrung als Erfahrung« genommen wird, wenn man sie nicht in Stücke schneidet, vergleicht, kategorisiert, in Schemata preßt, keine Wissenschaft treiben kann, weil man dann auf das Konzept der Regelmäßigkeit verzichtet. Wissenschaft so verstanden verhindert also notwendigerweise den Kontakt. Wenn wir uns auch von dem Kontakt *mit uns selbst* kein »Bild« machen, uns nicht in Schemata pressen, uns nicht kategorisieren, in Stücke schneiden, vergleichen, wenn wir keine Charaktereigenschaften mehr haben, dann nimmt allerdings »das Selbst eine Art Irrelevanz an«, wie Bateson sagt. Aber wenn wir eine Maske tragen, wenn wir uns nach unserem Selbstbild richten, dann haben wir Kontakt nur »mit der Innenseite der Maske« (Perls, 1981, S. 37). Ich nehme an, wenn wir wirklich in Kontakt sind mit »uns«, mit etwas/dem »anderen«, dann kann ich, können wir fühlen, wahrnehmen, bewußt werden, erfahren, daß ich und der andere sich dauernd wandeln, daß wir Ereignisse sind und keine Gegenstände oder Ichs oder Wesen, sondern Wandel. Nicht etwas, das sich wandelt, sondern Wandel, Vergänglichkeit, »Leere« (Shunyatta) im buddhistischen Sinn. Wir sind nicht, wir werden. Ich vermute, diese »totale Loslösung« kann nur momentweise eintreten, sonst können wir nicht leben. Aber wir können uns selbst »versteinern« durch Gewohnheiten, »die uns die Freiheit nehmen zu wählen« (Perls, 1981, S. 68).

Obwohl ich im nächsten Kapitel genau darauf eingehen werde, möchte ich doch hier schon erwähnen, daß bei wirklichem Kontakt zwischen mir und einer anderen Person ich nicht vergleiche, und wenn ich nicht vergleichen kann, kann ich auch nicht bewerten, ich akzeptiere den anderen, so wie er ist, ganz, mit allen seinen Elementen (die ich konstruiere). Doch etwas ganz akzeptieren, ohne zu vergleichen, um zu bewerten, ist eine Teilmenge dessen, was ich »lieben« nenne. Voraussetzung dafür ist, daß man sich selbst ganz akzeptiert.

Das dritte Gestaltprinzip nach Erv und Miriam Polster ist: Experimentieren. Wir schränken ja unsere Handlungsalternativen durch alles mögliche ein: durch gesellschaftliche Normen, von den Eltern übernommene Verbote und Gebote, durch Vorstellungen darüber, was wir nicht können und was wir können, durch Gewohnheiten usw. All das kann ganz unbewußt sein, nur schwer dem Bewußtsein zugänglich. In der Regel fühlen wir uns auch unsicher, oder haben Angst, einen neuen Schritt zu gehen, den wir noch nicht gegangen sind, etwas zu tun, was wir noch nie getan haben, weil wir nicht wußten, daß wir das tun können, weil es verboten oder tabu war, weil wir es uns nicht recht zutrauten, weil wir es auf irgendeine Weise für unmöglich hielten. In der Gestalttherapie werden dem Klienten solche Handlungen im geschützten Rahmen der Therapie vorgeschlagen. Er soll dann experimentieren und schauen. »Probier aus und schau richtig hin« ist *die* therapeutische Geste des Gestalttherapeuten. Durch diese Experimente werden Widersprüche hergestellt, das scheint mir das Wichtige daran zu sein, allerdings Widersprüche im Handeln und nicht nur im Kopf. Nicht nur hypothetisch, sondern »real«. Es geht darum, durch diese Widersprüche den »Sprung« auf die andere Ebene zu bewirken. Das verwendet ja auch Perls in dem oben zitierten Beispiel, das wird aus seinen Kommentaren deutlich. Allerdings genügt es vielen Klienten und vielen Gestalttherapeuten, wenn das Experiment ausgeführt wurde, was schwer genug ist. Es ist ja oft auch ein wichtiger Schritt, das zu tun, was man noch nie getan hat, und wertvoll in sich selbst. Aber das Ziel ist m. E. der »Sprung« auf die andere Ebene, das Verändern der Gewohnheit, ohne den »Ausweg« zu einer neuen Gewohnheit zu gehen. Perls und Erv und Miriam Polster haben das m. E. nie explizit formuliert, aber sie haben es wohl geahnt, daß es um diesen »Sprung« geht.

An anderer Stelle habe ich genauer dargestellt, daß in der Gestalttherapie viel von dem Gedankengut der Autopoiese vorweggenommen wurde, vor allem das Prinzip der Abgeschlossenheit, der

Autonomie, der Verantwortlichkeit, des Strukturdeterminismus und des Konstruktivismus und das Prinzip der Co-Ontogenese oder der permanenten wechselseitigen Koppelung von Organismen und Umwelt, kurz der »strukturellen Koppelung« (Portele, 1985).

Verfremdung

Der Verfremdungseffekt, den Brecht mit seinem epischen Theater anstrebte, ist für ihn ein Mittel, ». . . die Welt so zu zeigen, daß sie behandelbar wird . . .«. Brecht definiert:

> »Es handelt sich hierbei, kurz gesagt, um eine Technik, mit der darzustellenden Vorgängen zwischen Menschen der Stempel des Auffallenden, des der Erklärung Bedürftigen, nicht Selbstverständlichen, nicht einfach Natürlichen verliehen werden kann« (1970, 54).

Ausgangspunkt ist für Brecht das »Selbstverständliche«, das, was einfach hingenommen wird, nicht hinterfragt wird und als natürlich erscheint. Das gehört ja zur Entfremdung des Menschen, daß er die gesellschaftliche Gegebenheit so nimmt, wie sie ist, ohne sie verändern zu wollen, ohne Leidensdruck. Für den Marxisten Brecht dient der Verfremdungseffekt dazu, diese Entfremdung aufzuheben. »Der Zweck des (Verfremdungs-)Effektes ist es, dem Zuschauer eine fruchtbare Kritik vom gesellschaftlichen Standpunkt zu ermöglichen.« Entfremdung – diese Herrschaft der Produkte des Menschen über den Menschen – verschleiert durch den Anschein des Selbstverständlichen, des Natürlichen, daß sie vom Menschen gemacht ist und deshalb veränderbar. »Bei allem Selbstverständlichen wird auf das Verstehen einfach verzichtet« (1957, 63).

Durch Gegensätze, durch Aufzeigen oder Herstellen von Widersprüchen wird dem Selbstverständlichen »der Stempel des Auffallenden« verliehen.

> »Der Zuschauer des dramatischen Theaters sagt: Ja, das habe ich auch schon gefühlt. – So bin ich. – Das ist nur natürlich. – Das wird immer so sein. – Das Leid dieses Menschen erschüttert

mich, weil es keinen Ausweg für ihn gibt. – Das ist große Kunst: Da ist alles selbstverständlich. – Ich weine mit dem Weinenden, ich lache mit dem Lachenden.«

Der Zuschauer des Brechtschen epischen Theaters soll sagen:

»Das hatte ich nicht gedacht. – So darf man es nicht machen. – Das ist höchst auffällig, fast nicht zu glauben. – Das muß aufhören. – Das Leid dieses Menschen erschüttert mich, weil es doch einen Ausweg für ihn gäbe. – Das ist große Kunst. Da ist nichts selbstverständlich. – Ich lache über den Weinenden, ich weine über den Lachenden.« (1957, 63).

Ich meine, daß hier die Idee des Widerspruchs klar formuliert wird. Man muß die Verfremdungstechnik nicht auf das Theater beschränken. Es gibt selbst bei Brecht allgemeinere Formulierungen, z. B.: »Eine verfremdende Abbildung ist eine solche, die den Gegenstand zwar erkennen, ihn aber doch zugleich fremd erscheinen läßt.« (1957, 150) Eben nicht selbstverständlich oder natürlich erscheinen läßt. Noch deutlicher wird vielleicht im folgenden Zitat, daß Brecht Gewohnheiten meint und »den fremden Blick« als Widerspruch versteht, der stolpern macht.

»... und wer mißtraut dem, was ihm vertraut ist? Damit all dies viele Gegebene ihm als ebenso viel Zweifelhaftes erscheinen könnte, müßte er jenen fremden Blick entwickeln, mit dem der große Galilei einen ins Pendeln gekommenen Kronleuchter betrachtete. Den verwunderten diese Schwingungen, als hätte er sie so nicht erwartet und verstünde es nicht von ihnen, wodurch er dann auf die Gesetzmäßigkeiten kam. Diesen Blick, so schwierig wie produktiv, muß das Theater mit seinen Abbildungen des menschlichen Zusammenlebens provozieren. Es muß sein Publikum verwundern machen, und das geschieht mittels einer Verfremdung des Vertrauten.« (1957, 151)

In diesem Zitat wird aber auch deutlich, daß es Brecht nicht so sehr um die Aufhebung der Gewohnheiten ging, sondern darum, andere, richtigere »Gesetzmäßigkeiten zu finden«. Den »Ausweg« zu einer neuen Gewohnheit will er nicht verbauen.

Die Methoden, die er empfiehlt zur »Verfremdung des Vertrauten«, scheinen mir aber auch verwendbar zu sein, um den »Sprung« auf die »andere Ebene« zu bewirken. Eine wichtige Methode ist der Gestus des Zeigens. »Die Voraussetzung für die Hervorbringung des V-Effektes ist, daß der Schauspieler das, was er zu zeigen hat, mit dem Gestus des Zeigens versieht.« Die Voraussetzung dafür wiederum ist die Beobachtung. Der Schauspieler soll seine Umwelt auf eine bestimmte Weise beobachten, nämlich nicht als »Akt der Nachahmung . . ., denn bei bloßer Nachahmung käme höchstens das Beobachtete heraus, was nicht genug ist . . .«. Um vom Abklatsch zur Abbildung zu kommen, sieht der Schauspieler auf die Leute, »als machten sie ihm vor, was sie machten, kurz als empfählen sie ihm, was sie machen, zu bedenken« (1957, 157). Das heißt wohl, mit dem fremden Blick des »großen Galilei« zu beobachten. Dies ist etwas, was Psychotherapeuten lernen könnten; in der Gestalttherapie wird als »fremder Blick« empfohlen, auf den Prozeß des Verhaltens des Klienten zu achten, nicht auf den Inhalt des Verhaltens, um das Muster, die »tacit assumptions«, die Gewohnheiten zu erkennen. Der Therapeut kann den Klienten die Gewohnheiten des Klienten »zeigen«, wenn der Therapeut den fremden Blick entwickelt hat, die Distanz, die es ihm ermöglicht, durch Widersprüche oder durch Gegensätze die Gewohnheit des Klienten deutlich zu sehen und deutlich zu machen. Wichtig für den Therapeuten ist dabei, was Brecht für den Schauspieler vorschlägt: Der Schauspieler »behält die Haltung des bloß Vorschlagenden bei« (1970, 62); » . . . er unterstreicht, daß dies seine, des Schauspielers, Aussage, Meinung, Version des Vorganges ist . . .« (1970, 64). Denn: »Das Publikum muß da völlige Freiheit haben.« Brecht wußte m. E., daß man nicht lehren kann, sondern nur lernen lassen. Auch der Therapeut kann nur Geburtshelfer für Einsichten sein, nicht Lehrer oder gar Manipulator.

Die Verfremdungstechnik der Historisierung ist auch, wie das folgende Zitat zeigt, das Aufzeigen von Widersprüchen und Gegensätzen. Dieses Zitat ist mir wegen seiner Konkretheit wichtig. »Die Wahrheit ist konkret« ist ein Satz, den Brecht jahrelang auf seiner Emigration durch die Länder mit sich führte.

»Auf der Bühne sei folgendes darzustellen: Ein junges Mädchen verläßt ihre Familie, um eine Stellung in einer größeren Stadt anzunehmen (Piscators Amerikanische Tragödie). Für das bür-

gerliche Theater ist dies eine Angelegenheit von geringer Trag-
weite, sichtlich der Beginn einer Geschichte, das, was man erfahren muß, um das Nachfolgende zu verstehen oder um auf
das Nachfolgende gespannt zu sein. Die Phantasie der Schauspieler wird kaum sehr dadurch in Gang gesetzt werden. In
gewisser Hinsicht ist der Vorgang allgemein: junge Mädchen
nehmen Stellungen an (im vorliegenden Fall kann man gespannt
sein, was ihr nun Besonderes passieren wird). Es ist nur insofern
besonders: dieses Mädchen geht weg (wäre sie dageblieben,
hätte das folgende sich nicht ereignet). Daß die Familie sie gehen
läßt, ist nicht Gegenstand der Untersuchung, es ist glaubhaft
(die Motive sind glaubhaft). Für das historisierende Theater
liegt alles anders. Es wirft sich ganz und gar auf das Eigentümliche, Besondere, der Untersuchung Bedürftige des so alltäglichen
Vorgangs. Wie, die Familie entläßt aus ihrer Hut ein Mitglied,
damit es sich nunmehr selbständig, ohne Hilfe den Lebensunter-
halt verdient? Ist es dazu imstande? Was es hier als Familienmit-
glied gelernt hat, wird ihm das helfen, den Unterhalt zu verdie-
nen? Können Familien ihre Kinder nicht mehr behalten? Sind sie
eine Last geworden oder geblieben? Ist das so bei allen Familien? War das immer so? Ist das der Lauf der Welt, der nicht zu
beeinflussende? Wenn die Frucht reif ist, fällt sie vom Baum.
Gilt hier dieser Satz? Machen sich die Kinder immer einmal
selbständig? Taten sie es zu allen Zeiten? Wenn ja, wenn es
etwas Biologisches ist, geschieht es immer in der gleichen Weise,
aus demselben Grunde, mit den gleichen Folgen? Da sind die
Fragen (oder ein Teil von ihnen), welche die Schauspieler zu
beantworten haben, wenn sie den Vorgang als einen historischen, einmaligen darstellen wollen, wenn sie hier eine Sitte
aufzeigen wollen, die Aufschluß gibt über das ganze Gefüge der
Gesellschaft einer bestimmten (vergänglichen) Zeit. Wie soll
aber ein Vorgang dargestellt werden, daß sein historischer Charakter hervortritt? Wie kann die Wirrnis unserer unglücklichen
Zeit auffällig gemacht werden? Wenn die Mutter unter Ermah-
nungen und moralischen Forderungen der Tochter den Koffer
packt, der sehr klein ist – wie zeigt man das: So viele Forderungen und so wenig Wäsche? Sittliche Forderungen für ein ganzes
Leben und Brot nur für fünf Stunden? Wie hat die Schauspielerin den Satz der Mutter zu sprechen, mit dem sie den so kleinen
Koffer übergibt? ›So, ich denke, das reicht aus‹, damit er als

historischer Ausspruch verstanden wird? Das kann nur erreicht werden, wenn der V-Effekt hervorgebracht wird. Die Schauspielerin darf den Satz nicht zu ihrer eigenen Sache machen, sie muß ihn der Kritik überantworten, sie muß das Verständnis seiner Motive ermöglichen und den Protest« (1957, 86/88).

Neben den kombinierten Verfremdungstechniken, die nur für das Theater bedeutsam sind – z. B. gehört das Mitsprechen der Regieanweisung dazu –, erwähnt Brecht noch den Rollentausch. Diese Technik ist in den Psychotherapien (Gestalt, Psychodrama) sehr gebräuchlich. Rollentausch kann zwischen dem Klienten und einer anderen Person geschehen oder zwischen Persönlichkeitsanteilen des Klienten. Bei Perls war es meist der Dialog zwischen Top-Dog, etwa dem väterlichen, normativen Persönlichkeitsanteil, und Under-Dog, etwa dem rebellischen oder unterwürfigen Kind. Auch bei dieser Technik werden Gegensätze, Widersprüche klar – gegenübergestellt und erlebbar gemacht.

Die bedeutendste Verfremdungstechnik scheint mir die »Nicht-Sondern-Technik« zu sein. Brecht beschreibt sie so:

> »Geht er (der Schauspieler) auf die Bühne, wird er bei allen wesentlichen Stellen zu dem, was er macht, noch etwas ausfindig, namhaft und ahnbar machen, was er nicht macht; d. h. er spielt so, daß man die Alternative möglichst deutlich sieht, so daß sein Spiel noch die anderen Möglichkeiten ahnen läßt, nur eine der möglichen Varianten darstellt. Er sagt z. B. ›das wirst du mir bezahlen‹ und er sagt nicht ›ich verzeih dir das‹. Er haßt seine Kinder und es steht nicht so, daß er sie liebt. Er geht nach links vorne und nicht nach rechts hinten. Das, was er nicht macht, muß in dem enthalten und aufgehoben sein, was er macht. So bedeuten alle Sätze und Gesten Entscheidungen, bleibt die Person unter Kontrolle und wird getestet. Der technische Ausdruck für dieses Verfahren heißt: Fixieren des Nicht-Sondern.« (1970, 62)

Dieses »Fixieren des Nicht-Sondern« ist nicht nur für Therapeuten brauchbar, indem sie sich klarmachen, was der Klient im Moment nicht tut, nicht sagt, wie er es nicht tut, nicht sagt. Er kann zum Beispiel fragen: Was vermeidest du im Augenblick? Auch die Klienten können es lernen, und im Alltag kann jeder das tun. Ich habe die »Nicht-Sondern-Technik« auch zur Analyse des Habitus in Interviews verwendet. Man versucht, aus dem, was der Interviewte sagt, herauszufinden, was und wie er es nicht sagt. Das »Nicht« muß nicht unbedingt das genaue Gegenteil des »Sondern« sein. Aber durch jede Handlung, durch jede Aussage, die man tut, schließt man mindestens eine Alternative, eventuell mehrere aus. Das ist dem Handelnden oder Sprechenden meist nicht bewußt. Sich das klarzumachen, ist jedoch von Vorteil. »So bedeuten alle Sätze und Gesten Entscheidungen«, weisen also auf Autonomie und Verantwortung hin. Bei Perls, Hefferline und Goodman heißt es:

> »Meistens sind die selbstverständlichen Präferenzen und die natürlichen Sichtweisen nichts als Gewohnheiten. Sie werden Routine und richtig, weil wir uns zurückhalten, das Gegenteil auch nur zu denken« (Perls u. a. 1979, S. 82).

»Ohne Gegensätze kein Fortschritt«, zitiert Bateson Blake. Bei Virginia Satir, der Familientherapeutin, besteht eine Standardintervention darin, die Klienten mehrere Alternativen aufzählen zu lassen, insbesondere wenn die Person nur eine Alternative »sieht«, die sie nicht ausführen mag, also irgendwie festsitzt. »Es gibt immer mindestens drei Alternativen, wenn nicht mehr«, behauptet sie.

Der Unterschied zwischen Brecht und den Vertretern der Gestalttherapie (oder Virginia Satir) ist der, daß Brecht als Marxist die »richtige Lösung« weiß, genauer, er ist überzeugt davon, daß durch Verfremdung das Publikum von sich aus zu einer marxistischen Auffassung, zur Wahrnehmung der Ausbeutung usw., zu den »wahren« Gesetzmäßigkeiten wie der »große Galilei« finden wird. Gestalttherapeuten, Virginia Satir und auch George Kelly sind dagegen überzeugt, daß jeder *seine* Lösung finden muß. Für Kelly ist Therapie »construing and reconstruing« von personal constructs, wenn die personal constructs beibehalten wurden, obwohl sie konsistent invalidiert wurden. Die Aufgabe des Therapeuten ist es, mit dem Klienten neue Konstrukte auszuprobieren. Aber der Therapeut kennt natürlich auch nicht die »letzte Wahrheit«. Insofern ist er dem Klienten nur ein hilfreicher Partner beim Ausprobieren neuer Konstrukte. Aber bei Kelly ist das Ziel neue Konstrukteure, neue Gewohnheiten, also »der Ausweg«. Das

gilt, wie ich bereits erwähnt habe, in der Regel auch für Gestalttherapeuten, obwohl bei Perls sicher die Ahnung vom »Sprung«
da ist.

Die Einwände Bourdieus

In der theoretischen Konstruktion von Bourdieu ist der Habitus,
wie ich in Kapitel III dargestellt habe, die »einverleibte« Handlungsgrammatik, bestehend aus Wahrnehmungs-, Denk-, Urteils-
und Handlungsschemata, die sich kaum verändern lassen. Diese
Grammatik »schlägt durch« aus früher Kindheit ins hohe Alter,
selbst wenn die betreffende Person als Aufsteiger oder Absteiger
inzwischen längst einer anderen Klasse oder Klassenfraktion zuge-
hört. Ich meine, daß es wichtig ist, sich noch einmal genauer mit
dieser These Bourdieus auseinanderzusetzen, denn seine Argumente beziehen sich auf die soziale Eingebettetheit der »Gewohnheiten«, jede Gewohnheit ist gleichsam in die Gesellschaft vernetzt und deswegen so schwer zu verändern. Wir bringen diese
eine Welt hervor durch unsere Interaktionen im sozialen System,
insbesondere durch den fundamentalen Interaktionsmechanismus
Sprache, sagt Maturana (1985b). Bourdieu unterscheidet zwischen Doxa, Orthodoxie, Heterodoxie, Alladoxie und Paradoxie.
Wie bei Brecht spielt das »Selbstverständliche«, »Evidente«, »Natürliche« auch bei Bourdieu eine wichtige Rolle. Doxa ist das,
»was stillschweigend als selbstverständlich hingenommen wird«
(1976, S. 331). Es ist deshalb nicht benennbar und kann nicht
bezeichnet werden.
  Doxa sind die alltäglichen Denk-, Wahrnehmungs-, Beurtei-
lungs- und Handlungsschemata des Habitus. Sie sind nach Bourdieus Meinung nicht nur unhinterfragt, sondern auch unhinter-
fragbar in »normaler« Situation. »Der Umfang des Feldes der
Doxa, also dessen, was stillschweigend als selbstverständlich hingenommen wird, ist desto größer, je stabiler die objektiven Strukturen einer jeweiligen Gesellschaftsformation sind und je vollstän-
diger sie sich in den Dispositionen der Handlungssubjekte reproduzieren« (1976, S. 327). Das ist vor allem in traditionellen Gesellschaften der Fall, in welchen der interne soziale Wandel gering ist.
Das heißt aber auch, daß für instabile Gesellschaften die Doxa
wackeln kann.

Alladoxia ist objektives »Verkennen«, das dem Verhaftetsein an die Doxa entspringt. Die Doxa wird auf Bereiche angewendet, die der eigenen Lebenswelt fremd sind. Paradoxien sind auch Fehlperzeptionen. »Sie beruhen in der Regel auf der Enttäuschung individueller Intentionen und Erwartungen durch unwillentliche und unvorhergesehene kollektive Ereignisse und Prozesse« (Müller, 1986, S. 175). Orthodoxie tritt dann auf, wenn die Selbstverständlichkeit der Doxa verlorengeht oder verlorenzugehen droht und die Doxa formuliert und systematisiert wird von den »Hütern der etablierten Ordnung« (1982, 746) und in Normen, Regeln und Weltanschauungen (»jeder ist seines Glückes Schmied«) eben zur Orthodoxie formuliert wird. Heterodoxie ist dann die bewußt gewählte Gegenwelt, die Opposition, die formulierte Subkultur. Sie ist als Gegensatz konstruiert zur Orthodoxie, insofern nicht frei, sondern abhängig von der Orthodoxie und an bestimmte Klassenfraktionen gebunden, an Personen mit hohem Bildungskapital und geringem ökonomischem und sozialem Kapital. Bourdieu wendet sich heftig gegen die Auffassung von »freischwebenden Intellektuellen«, insbesondere in seiner Polemik gegen Sartre. Der Intellektuelle ist eben nicht freischwebend, sondern all seine Aussagen sind klassengebunden. Auch die Bewertungsschemata der Intellektuellen arbeiten »jenseits vom Bewußtsein und dem diskursiven Denken« (1982, S. 730).

Bourdieu spricht vom »künstlerischen Feld« oder dem »Feld der Wissenschaft«. Solche Felder haben gegenüber der Gesamtgesellschaft eine gewisse »relative Autonomie«. Im Feld kämpfen die Personen um Anerkennung, um die Stellung, die nur von ihresgleichen, also von Personen im Feld geleistet werden kann, denn nur sie verfügen über die zur Anerkennung notwendige Kompetenz. Die »Stellung« innerhalb des Feldes befehligt die »Stellungnahme«. Es gibt in den Feldern die Etablierten, z. B. in den einzelnen Wissenschaften, die anerkannten Autoritäten, meist Professoren, und die »Revolutionäre«, die, um die Anerkennung kämpfend, etwas Außergewöhnliches, Besonderes leisten müssen. Es gibt also die orthodoxen Wissenschaftler (oder Künstler, Literaten) und die heterodoxen, aber:

»Das Feld der Argumente, welche Orthodoxie und Heterodoxie durch ihre Kämpfe definieren, ist abgegrenzt gegenüber dem Hintergrund des Feldes der Doxa, diesem Aggregat von Vorannahmen (presuppositions), welche die Antagonisten als selbstevident ansehen, und außerhalb des Argumentationsgebietes, weil sie stillschweigende (tacit) Bedingungen für die Argumente bilden. Die Zensur, die durch Orthodoxie ausgeübt wird – und angegriffen von der Heterodoxie –, verbirgt eine radikalere Zensur, die schwerer zu entdecken ist, weil sie konstitutiv ist gerade für das Funktionieren des Feldes und weil sie sich stützt auf die Totalität dessen, was erlaubt ist kraft der Zugehörigkeit zum Feld, und auf die Totalität dessen, was jenseits aller Diskussion steht kraft der Tatsache, daß die Akteure akzeptieren, welche Themen im Argument auftauchen, d. h. der Konsens über die Objekte des Dissenses, das gemeinsame Interesse, das dem Interessenkonflikt zugrunde liegt, all die undiskutierten und ungedachten Gebiete, die stillschweigend außerhalb der *Grenzen* des Kampfes gehalten werden« (Bourdieu, 1979 b, S. 34).

Es ist dieser stillschweigende Konsensus im Dissensus, diese »prereflexive adherence to the tacit pre-suppositions of the field«, der in der fachspezifischen Sozialisation erzeugt wird (1979b, Anmerkung 41, S. 45), was die Zugehörigkeit zum Feld erlaubt und dauernd als Ausweis der Zugehörigkeit zum Feld in der Praxis verwendet wird. Diese Eingebundenheit in das Feld erschwert es, sich der Doxa bewußt zu werden oder sie gar zu verändern. Der freischwebende Intellektuelle ist eine Illusion. Durch die Behauptung, »freischwebend« zu sein, versucht er seinen Äußerungen eine besondere Legitimität zu geben. Das gilt auch für Künstler oder Wissenschaftler. Der Intellektualismus sei ein »Intellektualozentrismus«, denn er behauptet, die Sichtweise des Intellektuellen, die er kraft seiner privilegierten Stellung in der Gesellschaft hat, sei die »wahre« Sichtweise. Er ist sich der Grenzen der Sichtweise durch die privilegierte Stellung gar nicht bewußt.

»Die von den sozialen Akteuren im praktischen Erkennen der sozialen Welt eingesetzten kognitiven Strukturen sind inkorporierte soziale Strukturen« (1982, S. 730). Unter »kognitiven Strukturen« versteht Bourdieu: Klassifikationsformen, mentale Strukturen, symbolische Formen, Wahrnehmungs- und Bearbeitungsschemata, auch »Handlungsschemata«, die »jenseits vom Bewußtsein und diskursiven Denken« arbeiten. Auch die Intellektuellen handeln, reden, schreiben entsprechend ihrem spezifischen Habitus, ebenso wie die Wissenschaftler. Das Besondere am Habitus und seiner Konzeption ist ja, daß angenommen wird, »daß jede und zumal jede Erkenntnis von sozialer Welt einen spezifischen Denk- und Ausdruck-Schemata ins Werk setzenden Konstruktionsakt darstellt« (1982, S. 729). Eine bloße Widerspiegelung des Wirklichen ist unmöglich. Diese Konstruktionsakte sind vom Habitus generiert. Sie stellen Wirklichkeit her. Die sozialen Akteure klassifizieren und produzieren nicht nur klassifizierbare, sondern auch klassifizierte Akte, die ihrerseits klassifiziert sind. Es ist diese Zirkularität, dieser »Kausalitätskreislauf«, die den Habitus so vertrackt macht. Diese »zirkuläre Verstärkung« trägt dazu bei, »die Handlungssubjekte in einer endlichen und geschlossenen Welt und in einem doxischen Erleben dieser Welt einzuschließen« (1980, S. 146). Es ist im Sinne von Varela eine abgeschlossene Welt. Das Handlungssubjekt kann sie nicht verlassen. Die Schemata der Wahrnehmung, des Denkens, des Urteilens und des Handelns bestätigen sich selbst. Es wird also von Bourdieu wie von Bateson auch die Selbstbestätigung behauptet.

Das Handlungssubjekt reagiert nicht auf die »objektiven Bedingungen«, sondern auf die Bedingungen, die es durch die gesellschaftlich konstruierten Schemata erfaßt, die seine Wahrnehmungen ordnen. Der Habitus bevorzugt die Erfahrungen, die geeignet sind, ihn selbst zu verstärken. So schützt er sich vor Krisen und Kritik. Der Habitus produziert das, was er vorhersagt: indem er handelt, produziert der Handelnde durch den Habitus genau die Welt, die den Habitus bestätigt, er prognostiziert nicht nur, sondern stellt das Ergebnis der Prognose auch her. Hinzu kommt, daß der Habitus »einverleibt« ist. »Das vom Leib Gelernte ist nicht, was man besitzt, wie ein wiederbetrachtbares Wissen, sondern etwas, was man ist« (1980, S. 123). Der Leib wird zum Automaten, einem Speicher, einer Gedächtnisstütze, der, wenn man ihn in die Haltung bringt, in der er gelernt hat, die assoziierten Gefühle und Gedanken automatisch reproduziert. Denn »die Anwendung der grundlegenden Schemata auf den eigenen Leib und besonders auf die vom Blickpunkt dieser Schemata rekonstruierten Teile dieses Leibes ist gewiß wegen der Investitionen, deren Gegenstand der Leib ist, eine der hervorragendsten Gelegenheiten für die Vereinheitlichung der Schemata« (1980, S. 122). Eine zirkuläre Verstärkung wird bewirkt dadurch, daß Gliederungsgesichtspunkte des Leibes wie oben-unten, vorn-hinten, rechts-links, hoch-tief auf andere Bereiche, zum Beispiel das Haus, das Verhalten der

Geschlechter zueinander usw. übertragen wird: Deshalb behauptet Bourdieu, der Habitus sei eine Metapher der Objektwelt, welche selber nur ein unendlicher Kreis aufeinander bezogener Metaphern ist. Die soziale Ordnung und die damit verbundenen Klassifikationssysteme und Schemata sind »Körper geworden« (S. 740). Und die sogenannten letzten Werte nichts weiter als »erste und ursprüngliche Dispositionen des Körpers«, »Geschmacks- und Ekelempfindungen«.

Es ist sehr eindrucksvoll, wie Bourdieu die Einverleibung darstellt, und man erkennt in dieser Darstellung – auch wenn es sich zum Teil um Beispiele von den Kabylen handelt – wie stark unser Leib einbezogen ist in unsere Denk- und Gefühlsstrukturen und wie schwer die eigenen wohl zu erkennen sind, eben weil sie selbstverständlich sind.

Gibt es keine Möglichkeit der Veränderung? Die Beherrschten, die am ehesten an einer Veränderung interessiert sein könnten, sind es nicht, denn sie definieren sich so, wie die herrschende Ordnung sie definiert: »Das ist nichts für mich«. Denn die Wahrnehmung sozialer Welt ist ein Erkenntnisakt und »zugleich doch auch ein die höchsten Formen der Anerkennung der Sozialordnung implizierender Akt der Verkennung« (1982, S. 735). Kurz, die Beherrschten akzeptieren nicht nur das Bild, dem sie zu gleichen haben, sie produzieren es selbst durch ihre Handlungen.

Die Frage danach, wie man aus dieser abgeschlossenen Welt herauskommt, ist die Frage danach, wie Bourdieu selbst aus dieser abgeschlossenen Welt herauskommt, wieso er glaubt, daß er bei der Beschreibung des Habitus und der Gesellschaft herausgesprungen ist aus der abgeschlossenen Welt und daß seine Äußerungen nicht vergleichbar sind den habitusgenerierten Äußerungen der von ihm so angegriffenen freischwebenden Intellektuellen.

Es geht nur durch den »zweiten Bruch«, stellt Bourdieu in der Auseinandersetzung mit dem Objektivismus fest, der nur mit der eingeborenen Erfahrung und eingeborenen Darstellung dieser Erfahrung bricht. Der zweite Bruch betrifft den »objektiven« Beobachter, nämlich die »Erkenntnis der Grenzen jeder theoretischen Erkenntnis«. Der »Objektivierende« muß sich selbst in seine Objektivierungsarbeit einbeziehen. Das Ziel sei, die wissenschaftliche Erkenntnis von den Verzerrungen zu befreien, die ihr von den epistemologischen und sozialen Bedingungen ihrer Hervorbringung aufgezwungen werden. Die Notwendigkeit des doppelten

Bruchs sieht Maturana nicht, mir erscheint die Argumentation Bourdieus sehr einsichtig. In der Einleitung zu »Die feinen Unterschiede« schreibt Bourdieu, warum er dieses Buch geschrieben hat:

> »Nichts trägt jedenfalls universelleren Charakter als das Projekt einer Objektivierung der an die Partikularität einer sozialen Struktur gebundenen geistigen Struktur: Weil sie einen epistemologischen und zugleich damit gesellschaftlichen Bruch voraussetzt im Fremdwerden der vertrauten familialen und angestammten Welt, ruft die im Kantschen Sinne verstandene Kritik der Kultur mittels der von ihr provozierten ›Verfremdung‹ jeden Leser auf, den kritischen Bruch, aus dem sie selbst hervorgegangen ist, neuerlich selbst zu vollziehen.« (1982, S. 15)

Wenn ich Bourdieu richtig verstehe, ist der einzige Weg zur Bewußtwerdung der, das Wahrnehmen, Denken, Handeln, das generiert wird durch die Wahrnehmungs-, Denk- und Handlungsschemata der gesellschaftlichen Stellung, durch Verfremdung zum Gegenstand des Wahrnehmens, Denkens und Handelns zu machen. Nur durch diesen Meta-Meta-Diskurs durch Reflexion der Reflexion. Ebene O: Ich handle, nehme wahr, denke. Erster Bruch: Ich reflektiere mein Handeln (Wahrnehmen, Denken). Zweiter Bruch: Ich reflektiere die Reflexion meines Handelns (Wahrnehmens, Denkens). Offensichtlich ist dies die gleiche Struktur wie Lernen III bei Bateson. Auch hier handelt es sich wieder notwendigerweise um Selbstreferentialität. Wieder liegt eine rekursive Operation vor.

Das ist bei Bourdieu ganz eindeutig so gemeint. Die Praxis sei »kraft einfacher reflektiver Rückwendungen nicht beherrschbar« (1979a, S. 209). Der (einfache) Diskurs über die Praxis wird ihr auch nicht gerecht, sie enthält »mehr Wahrheit«, als der Diskurs offenbaren kann. Die Selbstreflexion nicht als Reflexion des Selbst, sondern als Reflexion der Reflexion nur kann das leisten.

Interessant ist auch, daß Bourdieu Brechts *Verfremdung* oder *Fremdwerden des Vertrauten* als Technik sieht für den »kritischen Bruch«. Sein Buch provoziert, indem es durch Widersprüche fest Geglaubtes in Frage stellt. Aber dieser kritische Bruch ist nicht einfach. Auch die Möglichkeit zu diesem »doppelten Bruch« ist gesellschaftlich bestimmt. Die Bewußtwerdung des Beherrschten ist schwierig, weil seine soziale Lage ihn »doppelt beschränkt«,

»durch die materiellen Schranken, die sie seinem Handeln auferlegt, und dann durch die Schranken, die sie seinem Denken setzt – und damit wiederum seinem Handeln – und die ihn dazu bringen, seine eigenen Grenzen zu akzeptieren, ja zu lieben«. Wenn das unreflektierte Einverständnis mit den Gegebenheiten aufgehoben wird, nur dann besteht die Chance, »daß ›amor fati‹ in ›odium fati‹ umschlägt« (1979a, S. 378).

Die Evidenzen werden aber nur zerstört, wenn überhaupt, bei politischen oder ökonomischen Krisen oder bei kulturellen Kontakten, bei denen das Undiskutierbare zur Diskussion gestellt werden kann.

»Erst wenn die gesellschaftliche Welt ihren Charakter als natürliche Gegebenheit verliert, kann die Frage nach dem natürlichen oder konventionellen Charakter (*physei* oder *nomo*) der sozialen Tatsache sich stellen« (1979a, S. 331) – und soziale Tatsachen sind eben auch Wahrnehmungen, Denken, Urteilen, Handeln. Und das ist wohl eben nur durch Gegensätze und Widersprüche denkbar, wenn der ›Ausweg‹ verbaut ist. Und sie sind immer »*nomo*«.

Meiner Meinung nach geht Bourdieu nicht so weit wie Bateson. Wenn man die Thesen seiner Bücher zusammenfaßt zu einer, dann heißt sie doch: Die Welt ist nicht so, wie ihr meint, daß sie ist, ihr konstruiert die Welt so, wie sie ist, doch euer Wahrnehmen, Denken und Handeln und Darüberreden, all das ist vom einverleibten Habitus generiert und gesellschaftlich bestimmt. Was folgt daraus? Darüber schreibt Bourdieu nicht. Die Frage scheint mir zu sein, was macht man mit dieser Erkenntnis? Sich weiter vom Habitus beherrschen lassen, oder kann man den Habitus beherrschen? Dann gehört man keiner gesellschaftlichen Formation mehr an, man verliert den sozial geformten Leib, der man bisher war. Das Wichtigste in dem, was Bourdieu schreibt, ist für mich die Tatsache der gesellschaftlichen Gebundenheit und der Einverleibung des Wahrnehmens, Denkens und Handelns und daß der zweite Bruch, der Sprung ohne Ausweg ins Lernen III, die Voraussetzung und die Konsequenz hat, daß ich mich auf eine gewisse Weise von meiner Gesellschaft und meiner Kultur lösen kann, also asozial bin und werde, das heißt, alles, was mir die Gesellschaft als wertvoll, wichtig und erstrebenswert, abzulehnen usw. definiert, ist mir nicht wichtig. Auch mein Geschmack und Ekel nicht. Es handelt sich also wirklich um »totale Loslösung«, wie von Glasersfeld formuliert, obwohl er die Loslösung von der Gesellschaft und dem Leib dabei wohl nicht im Sinne hatte. Die andere Möglichkeit ist natürlich die, ich baue wie Maturana auf die Kraft der Liebe und der Koexistenz und verändere in Liebe und Koexistenz – also nicht manipulierend – mein soziales System, und sei es nur meine Familie; aber nach Maturana geht es gar nicht, wenn ich es allein für mich versuche.

Für die Psychotherapie scheint mir zweierlei sehr bedeutsam zu sein, nämlich »Einverleibung« und die gesellschaftliche Vernetzung des Habitus oder der Gewohnheiten. In der Gestalttherapie ist es wichtig, auf Körperhaltungen zu achten. In der von mir zitierten Demonstration von Gestalttherapie mit Fritz Perls ist das leicht nachzuvollziehen. Perls sagt an einer Stelle zum Beispiel: »Kannst du dir vorstellen, wieviel Kraft nötig ist, um dich selbst so steif zu halten, um Leichnam zu spielen?« Er ging immer wieder auf die Körperhaltungen ein, vor allem auf Diskrepanzen – Widersprüche – zwischen Körperhaltung und verbaler Aussage. Perls war überzeugt, wie Bourdieu, daß, wenn der Körper bestimmte Haltungen annimmt, an diese Haltungen Emotionen geknüpft sind, also durch Veränderung der Haltung, Gefühle, auch wohl Sichtweisen verändert werden können. Z. B. behauptete er provokativ, Angst sei nichts anderes als Sauerstoffmangel, da der Angsthabende aufhört zu atmen. Der angestrebte Prozeß in der Gestalttherapie ist wieder »awareness« des Körpers und seiner Haltungen, Kontakt mit sich selbst und seinem Körper und Experiment; Ziel ist wieder, über die einverleibten Gewohnheiten zu verfügen. Die Körpertherapien gehen z. T. einen ähnlichen Weg.

Fritz Perls war sich der gesellschaftlichen Vernetzung der Gewohnheiten durchaus bewußt. Eine seiner letzten Ideen war es, in Canada in einer Art Kibbuz eine Enklave in der Gesellschaft zu bilden (Shepard, 1975). Wenn man die Lewin'schen (1953) Veränderungsvorstellungen zugrunde legt – Perls nimmt immer wieder auf Lewin Bezug –, dann bedarf es bei der Veränderung von Gewohnheiten des Schrittes des »Auffrierens« der Gewohnheiten, des Schrittes der Veränderung und des Schrittes des »Einfrierens«, also des Bildens einer neuen Gewohnheit. Lewin hat dies demonstriert, als er Ende des Zweiten Weltkrieges in den USA den Auftrag erhielt, die Eßgewohnheiten zu verändern. Lewin geht davon aus, daß die Gewohnheiten vernetzt sind. Das war auch eine wichtige Einsicht, die er bei Innovationen in Betrieben umsetzte, wobei er Wert darauf legte, daß die Innovationen von den

Betroffenen getragen werden mußten. Lewin und Perls war auch klar, daß solche Veränderungen im geschützten Raum der Therapie, bei Lewin auf der »Insel« des gruppendynamischen Laboratoriums, einfacher sind, dann aber das Problem der Übertragung auf den Alltag auftritt. Meiner Meinung nach wird die Tatsache der gesellschaftlichen Vernetzung der Gewohnheiten in der Gestalttherapie nicht genug beachtet. Es wird nicht gesehen oder nicht genügend gesehen, daß die Therapie eine Veränderung der Eingebundenheit des Klienten in die Gesellschaft – den Betrieb, die Ehe, die Familie, den Bekanntenkreis usw. – zur Folge haben muß, sonst schnalzt das Neuerworbene, auch wenn es nur eine neue Gewohnheit ist, wie von einem Gummiband festgehalten, in die alte Stellung und Vernetztheit zurück. Das ist ja das, was Maturana mit Konservativismus meint. Wenn wir die *eine* Welt hervorbringen durch unsere sozialen Interaktionen, vor allem in der Sprache, können wir sie auch nur gemeinsam verändern in Liebe.

Leere

Der buddhistische Gelehrte oder Weise Nagarjuna hat m. E. eine Lösung des Problems vorgeschlagen, wie Lernen III in das Leben integriert werden kann. Man kann es so formulieren:

Wenn von Glasersfeld behauptet, es gebe nur die Alternative zwischen »totaler Loslösung« oder »sich stützen auf Regelmäßigkeit« (und damit Wissenschaft und auch Alltagswissen), so behauptet Nagarjuna, die beiden Alternativen lassen sich auch durch ein »und« verknüpfen.

Für Nagarjuna gibt es zwei Wahrheiten, die weltliche Wahrheit (mundane truth), die für das praktische Leben valide ist, und die »letzte Wahrheit« (ultimate truth), die der Beginn und das Ende der Loslösung vom Wirrwarr der weltlichen Welt bedeutet.

Bateson deutet etwas sehr Ähnliches an, wenn er die möglichen drei Lebensformen beschreibt, die durch Lernen III entstehen können. Einige, schreibt er, scheitern, sie könnten als psychotisch etikettiert werden, weil das Ich aufgelöst wird. Die meine ich nicht. Die folgenden »Lösungen« verbinden m. E. die beiden »Wahrheiten« im Leben. Einige könnten die »Unbestechlichen, Unschuldigen dieser Welt« werden, die zur »Offenbarung einer Einfachheit gelangt sind, in der Hunger direkt zu Essen führt und das identifizierte Selbst nicht mehr für die Organisation des Verhaltens verantwortlich ist«. Ich zitiere das so ausführlich, weil die Worte für mich eher obskur als eindeutig sind. Die dritte Möglichkeit sind die »Kreativeren«. »Daß irgendwer von ihnen überlebt, erscheint fast wie ein Wunder, aber einige werden vielleicht durch ihre Fähigkeit, sich auf die Kleinigkeiten des Lebens zu konzentrieren, davor bewahrt, vom ozeanischen Gefühl weggeschwemmt zu werden. Jede Einzelheit des Universums wird so gesehen, als ermögliche sie eine Sicht des Ganzen« (alle Zitate S. 395, 1981).

Nagarjuna hat wahrscheinlich in der zweiten Hälfte des zweiten Jahrhunderts nach Christi gelebt, also ca. 700 Jahre nach Buddha, stammt wahrscheinlich aus Südindien. Er ist für den tibetischen und chinesischen Buddhismus von großer Bedeutung, für den Zen-Buddhismus gehört er zu den wichtigsten Patriarchen. Er habe das Rad der Lehre nach Buddha zum zweiten Mal in Bewegung gesetzt, heißt es. Er ist der Begründer des Madhyamaka-Buddhismus, des »mittleren Weges« (Streng, 1967, Conze, 1962).

Das Besondere an Nagarjuna ist, was Streng die »negative Dialektik« nennt. Nagarjuna gehört zu den strengen und konsequenten Logikern, die im Buddhismus so häufig vorkommen. Er ist natürlich nicht traditionslos, sondern setzt an bei den zu seiner Zeit vorhandenen beiden Lehren (»Abhidharma« und »Prajnaparamita«), und auf seine Lehren bauen weitere Schulen auf. Streng legt dar, daß Nagarjunas Lehre auf drei Voraussetzungen aufbaut:

1. »*Radikales Werden*« (radical becoming)
Dieses radikale Werden ist zu unterscheiden von unserer Auffassung des Wandels. Wir nehmen an, daß »etwas« sich wandelt, eine Form oder eine Substanz. Wenn der Mensch vom Kind zum Erwachsenen und Alten wird, nehmen wir eine grundlegende Substanz an, die sich verändert oder wandelt. Er *ist* diese Substanz, wir bezeichnen ihn mit einem Namen, oder wir bezeichnen ihn mit »ich«. Die traditionelle buddhistische Auffassung ist jedoch, daß die Welt kontinuierlich *wird* und nichts *ist*. Daß etwas »ist«, ist eine Illusion und verursacht Leiden. Wir konstruieren die Gegenstände, Dinge, dieses »etwas«, diese »Personen«. Wir fabrizieren (fabricate) damit Illusionen. Wir erliegen der »Versuchung der Gewißheit«.

2. »*Werden*« *durch Wissen*

Der nicht Erleuchtete konstruiert durch Distinktion, durch Unterscheidungen, dadurch, daß er »Unterschiede macht, die einen Unterschied machen«, um Bateson zu zitieren, und er produziert damit auch die Anhaftungen an die von ihm konstruierten »Dinge«. Wenn er aufhört, zu diskriminieren und damit zu konstruieren, wenn er »weiß«, daß dadurch die Dinge entstehen, diskriminiert er auch nicht mehr zwischen Ich und Nicht-Ich. Indem er dies realisiert, realisiert er sich. Er »weiß« und »wird«, er »wird«, indem er »weiß«, er »weiß«, indem er »wird«.

3. *Zwei Wahrheiten*

Es gibt die weltliche Wahrheit (mundane truth) für das praktische Leben *und* die letzte, absolute Wahrheit (ultimate truth). In der praktischen Wahrheit unterscheidet man und ist dadurch intellektuell und emotional den Dingen und Ideen verhaftet, die man konstruiert und fabriziert, die vom Wahrnehmenden oder Beobachtenden als unabhängig angesehen werden. Der Mensch konstruiert, indem er unterscheidet, in der praktischen Wahrheit. Für Nagarjuna sind auch alle religiösen Doktrinen und Theorien nichts anderes als weltliche Wahrheiten. »Letzte Wahrheit« ist eine Art Lebensqualität durch vollkommene Indifferenz gegenüber der Konstruktion oder dem Aufteilen der »Dinge«. »Letzte Wahrheit« ist die Realisierung der »dependent cooorigination« des »Entstehens in Abhängigkeit«. Und das ist »Leere« (Shunyata).

Die Lehre von Nagarjuna ist klar und einfach. Wenn man so will, setzt Nagarjuna noch einen Schritt vor Bateson (Spencer-Brown, Maturana und Bourdieu) an. Bateson legt ja Wert auf die Unterschiede, die einen Unterschied machen. Spencer-Brown fängt sein Werk »Laws of Form« an mit der Anweisung »draw a distinction«, darauf beruht sein ganzes grundlegendes Werk der Mathematik. Bei Maturana und Varela (1987) ist es der »*Unterscheidungsakt*«, der ein Wesen, ein Objekt, eine Sache, eine Einheit als verschieden von einem Hintergrund trennt (nach der Gestaltpsychologie Figur und Hintergrund). Bourdieu (1982) faßt das alles rein soziologisch und zeigt, daß Distinktion und der Sinn für Distinktion die gesellschaftlichen Unterschiede produziert. Bateson und Maturana und Varela enden ganz sicher da, wo Nagarjuna anfängt: bei der Aufhebung der Unterschiede. Die Argumentation ist bei Nagarjuna, Maturana, Varela, Bateson ganz sicher zirkulär: Die

Schlange, die sich in den Schwanz beißt. Es ist egal, wo man anfängt zu argumentieren.

Nagarjuna geht vom »radikalen Werden« aus. Es gibt nichts, was aus sich heraus existiert, nichts ist selbstexistent. Wir konstruieren die Dinge, Ideen, uns selbst als selbstexistent, indem wir unterscheiden, diskriminieren, aus dem Werden, diesem Fluß, etwas herausschneiden als Stück. Dieses »Werden« ist, glaube ich, leicht einzusehen, wir wissen, daß alles sich verändert, dauernd. Heraklits Diktum »alles fließt« ist uns ja durchaus vertraut. Nicht zuletzt als Lebewesen wissen wir, daß wir sterben und vergänglich sind. Deshalb war für den Buddhismus die Meditation über das eigene Sterben sehr wichtig.

Wenn nichts aus sich selbst existiert, dann ist es »leer«. Das ist das, was Nagarjuna vermitteln will. An die »Leere« (Shunyatta) kann man nicht anhaften, nicht intellektuell, nicht emotional oder motivational. Insofern ist man befreit vom Elend und dem Leid der Welt, dann hat man keinen Durst mehr, kein Verlangen nach den Dingen dieser Welt.

Es scheint mir sehr wichtig zu sein, den Begriff »Leere« gut zu verstehen. Mir scheint es so, daß die Konstruktivisten, die ich hier vorgestellt habe, Maturana, Varela, von Glasersfeld, von Foerster, Bateson, Bourdieu, diese letzte Konsequenz, die Nagarjuna sieht, nur teilweise, halbherzig formulieren. Sie beschreiben, daß wir konstruieren und immer nur konstruieren können. Der Fokus ihrer Argumentation ist gegen die Erfassung der Wirklichkeit als Wirklichkeit gerichtet. Aber was folgt daraus, daß wir immer nur konstruieren, auch konstruieren, daß wir konstruieren? Die Konstruktivisten konstruieren weiter. Von Glasersfeld plädiert eindeutig dafür, daß wir uns weiter auf Regelmäßigkeiten, die wir herstellen, stützen sollen und die »totale Loslösung« den Mystikern überlassen sollten. Nagarjuna überlegt, wie die Welt ist, wenn wir sie nicht konstruieren. Er unterstellt nicht, wie die Konstruktivisten, daß die Welt aus Dingen, Kausalketten usw. besteht, auch wenn wir sie nicht erkennen können, sondern »andere« konstruieren. Nagarjuna konstruiert auch, das gehört zur praktischen Wahrheit. Er meint jedoch, es sei »befreiend«, wenn man sich der »letzten Wahrheit« »bewußt« (»aware« nach Streng) sei, daß das Konstruierte »leer« sei.

Nagarjuna ist kein Solipsist, der behaupten würde, wie Berkeley, daß nichts außer »meiner« Wahrnehmung existiere. Für Nagarjuna gibt es die unkonstruierte Realität und meine Wahrnehmung, meine Konstruktion, auch wenn Wahrnehmung und Konstruktion sich nicht unterscheiden (Streng, 1967, S. 45). Indem er auf die buddhistische Tradition des Werdens zurückgreift, kommt er zu der Auffassung, daß die Welt eben nicht aus selbstexistenten Dingen besteht, sondern gekennzeichnet ist von »dependent coorigination« oder »Entstehen in Abhängigkeit«. Wenn wir keine Unterschiede machen, gibt es keine Unterschiede. Dann ist die Welt ein »zusammenhängendes Ganzes«. »Alles hängt mit allem zusammen«, aber nicht in dem Sinne, daß sich die Dinge kausal beeinflussen. »Kausaler Prozeß« ist für Nagarjuna auch nur eine mental fabrizierte Illusion (Streng, S. 59). Weil es keine »Dinge« gibt, kann es auch keine kausalen Beziehungen zwischen ihnen geben. Für Nagarjuna ist »unabhängig entstehen« gleichbedeutend mit selbstexistent. Das ist ja das, was es nicht gibt. Also ist das abhängige Entstehen (dependent coorigination) oder »dependent origination« das, was ist. Er sagt: »*The originating dependently we call ›emptiness‹.*« (Streng, S. 63)

Abhängiges Entstehen oder abhängiges Werden ist nur ein anderer Ausdruck für das Phänomen des radikalen Werdens. Nagarjuna ist wirklich radikal. Er behauptet die »Leere« aller Dinge. Das schließt ein, daß er auch die Konzepte des Buddhismus für leer erklärt. Also Nirwana, das Erlöschen, ist leer, und Samsara, »der Fluß der phänomenalen Existenz«, ist leer, also gibt es auch keinen Unterschied zwischen Nirwana und Samsara. Auch die Leere ist leer, ist nicht selbstexistent. All das existiert nicht unabhängig davon, daß wir ihm einen Namen geben. Es gibt kein Subjekt und kein Objekt und keine Aktivität. Nichts verschwindet oder erscheint, nichts hat ein Ende oder ist ewig, es gibt kein Gehen und kein Kommen, kein Selbst und keine Unterscheidung. All das ist leer, all das sind Unterscheidungen, die wir produzieren. Es gibt keine Wünsche, Bedürfnisse oder unerfüllte Wünsche oder Bedürfnisse. Leere ist auch nur eine Bezeichnung, eine Benennung. »Leere bezieht sich nicht auf eine undifferenzierte Essenz; Leere ist die Dynamik, die vermeidet, essentielle Differenzierungen zu machen« (Streng, S. 78).

Es ist interessant, sich die logischen Argumentationsweisen von Nagarjuna anzusehen. Einem Opponenten, der Nagarjuna vorwirft, er unterstelle eine Entität, um sie zu verneinen, antwortet Nagarjuna:

»Da etwas, was verneint wird, nicht existiert, verneine ich nicht etwas. Deshalb ist (die Aussage) ›du verneinst‹ – die du machtest – eine falsche Anschuldigung.«

Oder:
»Wenn es kein ›Es gibt‹ gibt, so gibt es auch kein ›Es gibt nicht‹. Es (das es gibt) entsteht weder aus sich selbst, noch aus etwas anderem. Bedenkt man das, so gibt es das (das ›es gibt‹) nicht, und was den Umstand anbetrifft, daß es das nicht gibt, so gibt es auch kein ›Es gibt nicht‹.«

Wenn man »Es gibt« anerkennt, dann wird eine Welt konzipiert. Aber das, was Nagarjuna will, ist ja, die »Nicht-Gegenteils-Haftigkeit«, aus der wir die Welt konstruieren, zu durchbrechen (vgl. dazu Bourdieus Darstellung, wie wir an die Welt durch körperlich verankerte Dichotomien herangehen). Leere ist der Bereich ohne Unterscheidung, ohne Gegensätze, ohne Widersprüche, deshalb ist im Bereich der Leere x zugleich *(nicht x)*. Wenn aber Leere zugleich x und (nicht x) ist, so kann man diese Aussage natürlich wieder verneinen, also wieder ein Gegenteil bilden, ad infinitum. Also Leere ist *(x und (nicht x))* und nicht *(x und (nicht x))* usw. Offensichtlich handelt es sich wieder um Selbstreflexivität und rekursive Operationen. Der Sprung, den Nagarjuna leistet, ist dann, daß er das in der buddhistischen Logik so wichtige Tetralemma aufgreift und alle vier Alternativen verneint:

»Man kann nicht sagen, es gibt ›Leere‹, noch, daß es ›Nicht-Leere‹ gibt, noch daß beide (gleichzeitig existieren), noch daß keins von beiden existiert. Man sagt ›Leere‹, um Wissen zu vermitteln.« (Streng, S. 78)

Es ist die Verneinung aller Alternativen des Tetralemmas. Das ist das, was Streng, »dialektische Negation« oder »negative Dialektik« nennt.

Nagarjuna hat eine sehr modern anmutende Sprachtheorie. Wenn keine Dinge existieren, wir aber den Dingen Namen geben und ihnen damit Existenz geben, haben die Worte oder Benennungen keine Relation zu realen Dingen, sondern ihre Bedeutung geht aus dem Kontext zu anderen Worten hervor. Sprache ist also für Nagarjuna (wie für Maturana) ein »abgeschlossener Bereich«.

Nagarjuna behauptet wie Maturana, daß Gegenstände durch Sprache von uns produziert, konstruiert, fabriziert werden. Auch ein Name hat also keine Selbstexistenz.

Wichtiger aber ist folgendes: Wer Namen als reale Entitäten ansieht oder hinter den Namen reale Entitäten annimmt, wird intellektuell und emotional den »Namen« anhaften. Wer erkennt, daß Namen Namen sind, wird ihnen nicht anhaften; er erkennt, daß Namen, die Unterscheidungen herstellen, »leer« sind. Es geht also um eine Haltung gegenüber der Welt, ein Bewußtsein, ein Sich-bewußt-Sein (awareness).

Nagarjuna sagt ja nicht, daß in der praktischen Wahrheit, im Alltagsbewußtsein, die Dinge nicht existieren, der Stuhl nicht ein Stuhl sei und kein Unterschied zu einem Tisch bestünde oder zwischen gut und böse. Die Dinge der Welt in der praktischen Wahrheit werden durch absolute Wahrheit nicht zerstört, sie werden in einem anderen Licht gesehen. Sie werden umbewertet, so daß sie nicht länger die Macht haben, das menschliche Leben emotional, intellektuell und motivational zu kontrollieren. Was Nagarjuna erreichen will, ist der Sprung aus unseren Alltagsgewohnheiten des Intellekts (»leap out of our everyday intellectual habit«, Streng, S. 147), selbstexistente Objekte wahrnehmen und diskriminieren. Die »negative Dialektik« zerstört unsere Aktivitäten im Diskriminieren, Definieren und Induktive-Schlüsse-Ziehen. Was wir »lernen«, ist, uns der mentalen Prozesse bewußt zu werden, weil es kein wahres Wissen geben kann, wenn der Geist in seinen eigenen Mechanismen gefangen ist (S. 151). Es geht darum, wie Maturana und Varela sagen, unser Erkennen zu erkennen. Deshalb kann Nagarjuna durchaus behaupten, daß die absolute Wahrheit abhängig ist von unseren Alltagsaktivitäten des Unterscheidens, indem sie diese transzendiert. Praktische Alltagswahrheit und absolute Wahrheit sind durch ein »und« verbunden. Sie schließen sich nach Nagarjuna nicht aus, sondern gehören zusammen.

Streng zählt auf, was Nagarjunas Negation der Selbstexistenz, das heißt der Behauptung von Leere, *nicht* ist:

1. Die Negation der Existenz von etwas einzelnem: z. B. Da ist kein Tisch.
2. Ein negatives Prädikat wie: Lust ist nicht Leid, wobei ein Prädikat verneint wird.

3. Das abstrakte Konzept von Nichtheit (nothingness) als Gegensatz zu Sein oder Etwasheit im allgemeinen (Somethingness in general).
4. Eine hypothetische Verneinung, wobei etwas, das üblicherweise als existent angenommen wird, verneint wird.
5. Eine Leere des Nichtbewußten, die vergleichbar wäre einem traumlosen Schlaf oder dem Tod.

Alle diese Negationen nehmen an, daß es etwas oder einen Zustand gibt, den man kennzeichnen kann und bei dem die Kennzeichen oder die Entität negiert wird. »Leere« ist eine *Haltung*, ein *Bewußtsein*: »There is no being outside of being designated« (S. 160). Es ist das Bewußtsein, daß die Dinge leer sind, daß man nicht verhaftet zu sein braucht. Insofern gibt Leere Freiheit. Auch Freiheit zu sich selbst. Und in der »Leere wohnen« heißt auch leben mit der Offenheit für Erfahrungen und Loslassen von Regelmäßigkeiten. Leere existiert ja nicht, Leere ist nicht das Ende eines Prozesses, sondern Leere ist Prozeß (S. 65). Leere (Shunyatta), dieses Erfassen in einer leeren Art als Haltung, nicht als Eigenschaft, sondern als Bewußtsein, wie man Existenzen, Dinge konstruiert, zerstört ja nicht das alltägliche Leben, sondern macht nur klar, daß ihre Natur leer ist. »Das Ideal ist nicht die Auflösung der Strukturen der Existenz, sondern die Bewußtheit, daß die Strukturen »leer« sind und daß sie in gegenseitiger Abhängigkeit stehen.« (S. 168) Wenn das Ich nicht aus sich existent ist, die Dinge nicht aus sich existieren, sondern leer sind, von uns hergestellt, dann kann ich auch nicht egoistisch sein, für »mich« »etwas« erkämpfen wollen. Es entsteht »Karuna«, »Mitleiden«, »liebevolle Güte« dadurch, daß ich mir und den Gegenständen gegenüber gelassen bin, ihnen nicht anhafte.

Um zurückzukommen auf Lernen III und auf die Frage, die ich im Zusammenhang damit aufgeworfen habe: Die Bewußtheit der Leere, die Haltung zur Welt, die sich bewußt macht, wie ich konstruiere, Gegenstände, Ideen usw. produziere usw. durch Sprache, wie ich Gewohnheiten einsetze, bilde, dadurch, daß ich Regelmäßigkeiten herstelle, durch In-Stücke-schneiden, Vergleichen, Kategorisieren und In-Schemata-passen, also diskriminiere, ermöglicht, wenn mir diese Bewußtheit gelingt, über die Gewohnheiten, den Habitus zu verfügen, sie zu beherrschen, statt beherrscht zu werden. Das scheint mir mehr ein Weg als ein Ziel zu sein, das ist ganz sicher nicht etwas, was ich wie ein Ziel erreichen kann, bei dem ich ankommen kann und dort dann sein und bleiben. Es ist ein fortlaufender Prozeß, der sicher nicht in einer »Erlösung« endet. Es ist ein Streben nach immer mehr Gelassenheit, nicht mehr und nicht weniger. »Leere«, dieses sich bewußt sein, daß ich diskriminiere und konstruiere, hat nichts mit Weltfremdheit zu tun, sie ermöglicht das Anhaften an die Dinge, die Konstrukte, die Ideen zu verringern. Es geht darum, immer wieder neu die konstruierten Dinge zu reinterpretieren und neu zu bewerten, offen zu sein für Erfahrung als Erfahrung. Das beinhaltet mit, daß das »Selbst eine Art Irrelevanz« annimmt, Freiheit vom Selbst, also auch Freiheit davon zu wissen, was Wirklichkeit ist oder absolute Wahrheit. Auch Gott ist für Nagarjuna leer. Auch die Theorie der Leere ist leer und ebenso »Erlösung«, also auch das Anstreben von Leere als etwas aus sich heraus Existierendes. Leere ist eben ein Prozeß, der Prozeß der Awareness.

Kapitel VI
Liebe, Macht und Autonomie

Beziehungen

Bisher war vor allem von Autonomie und Heteronomie die Rede, das Wort »Macht« habe ich kaum gebraucht. Wir Lebewesen, wir Menschen, sind »von innen her bestimmt« und nicht von außen. Wir sind aber zumindest in unseren Handlungen meist tief davon überzeugt, daß wir andere Menschen, andere Lebewesen von außen bestimmen können. Wir meinen, daß wir nicht nur etwas »auslösen« können, den anderen »perturbieren«, sondern wir handeln in der Gewißheit, daß wir von außen determinieren können, instruieren, kontrollieren; das heißt, wir üben *Macht* aus. Genauso tief sind wir überzeugt in unseren Handlungen, daß wir von außen determinierbar sind, instruierbar, kontrollierbar, wir handeln meist in der Gewißheit, daß wir nichts anderes tun können als das, wozu wir determiniert wurden von außen; dies heißt, wir *unterwerfen* uns, wir *gehorchen*. Macht und Unterwerfung sind komplementär: keine Macht ohne Unterwerfung und keine Unterwerfung ohne Macht.

Es ist diese Gewißheit, diese Überzeugung von Macht und Unterwerfung, die Macht und Unterwerfung möglich macht. Das Gegenteil dazu ist, daß zwei Wesen sich als autonom anerkennen und sehen, das nenne ich »Liebe«.

Die sicherste Methode, einem anderen Lebewesen die Autonomie zu nehmen, ist, es zu töten. In den Worten Maturanas ist das eine »destruktive Interaktion«, und die Struktur des Lebewesens legt fest, welche Interaktion eine destruktive Interaktion ist, welche die »Desintegration« des Lebewesens auslöst und damit zu Verlust der »Organisation« und der »Identität« führt. Eine solche destruktive Interaktion heißt »Mord«, die Extremform von Gewalt. Wenn man sich klarmacht, wie viele – auch die Mörder – sich unterwerfen mußten und gehorchen, um die Vernichtung der Menschen in den KZs oder den Bombenabwurf über Hiroshima zu ermöglichen, dann wird einsichtig, daß wir uns besser mit unseren Unterwerfungen befassen als mit der Macht der anderen.

Ich möchte Macht unterschieden wissen von »Auslösen«. Indem wir leben, lösen wir in unserer Umwelt etwas aus, perturbieren wir unsere Umwelt. Leben ist auslösen. Aber die Wirkung unseres Auslösens, unserer Perturbationen, wird vom anderen Wesen bestimmt, weil es eben »von innen her bestimmt« ist. Ich bin »strukturell gekoppelt« an mein Milieu, und mein Milieu ist »strukturell gekoppelt« an mich: wir koexistieren, koevolvieren. In diesem Sinne haben wir immer Einfluß. Der Unterschied zwischen Macht und Auslösen ist, daß ich bei Macht gewiß bin, determinieren zu können, und bei Auslösen nicht. Andererseits wird immer etwas ausgelöst bei mir, indem ich lebe, aber die Wirkung bestimme ich »von innen her«. Der Unterschied zwischen Unterwerfen und Auslösenlassen ist, daß ich bei Unterwerfen gewiß bin, daß der andere mich determinieren kann, bei Auslösenlassen nicht.

Die Beziehungen oder Relationen zwischen mir und einem Gegenstand, einer Person, einem Lebewesen – und auch zu mir selbst – können von folgender Art sein:

1. Es besteht keine Relation. Diese Form ist nicht möglich zwischen mir und mir, z. B. zwischen »ich« – was immer das ist – und meinem Körper, meiner Seele, meinem Geist – da gibt es immer eine Beziehung. Das, was wir gemeinhin als »Beziehungslosigkeit« bezeichnen, also eine gleichgültige Haltung gegenüber einem Gegenstand, einer Person usw., ist die Qualität einer Beziehung, nicht deren Nicht-Vorhandensein. Solche »Beziehungslosigkeit« äußert sich beispielsweise in einem gleichgültigen Blick, durch Schweigen bei gleichzeitiger körperlicher Anwesenheit, aber das ist dann schon eine Beziehung, in der Regel eine Machtbeziehung.

2. Die Relation ist hierarchisch, es gibt ein Oben und ein Unten. Diese Relation, die ich hier meine, wird als Einfluß, Macht, Herrschaft bezeichnet. Eine hierarchische Beziehung soll hier vorläufig eine Beziehung genannt werden, bei der ein Teil der Relation über den anderen Macht ausübt. Es muß nicht ständig oder überwiegend sein, es kann dauernd Machtwechsel stattfinden (A hat Macht über B, dann hat B Macht über A usw.). Machtbeziehungen sind offensichtlich heteronome Beziehungen. Ich kann zu mir selbst, meinem Körper usw. auch eine hierarchische Beziehung haben.

3. Die Relation kann nicht hierarchisch sein, sondern partner-

schaftlich. Da kann man sich fragen, was die Qualität dieser Beziehung ist, wenn die Macht fehlt. Ich will diese Beziehung »Liebe« nennen und weiter unten verschiedene Formen und Stufen von »Liebe« unterscheiden. Da »Liebe« eine Beziehung ohne Macht des einen über den anderen/das andere ist, muß es sich um eine Beziehung zwischen autonomen Einheiten handeln. Ich kann zu mir selbst (zu meinem Körper usw.) eine Liebesbeziehung haben.

Ich postuliere also, daß es zwei verschiedene, sich gegenseitig ausschließende Beziehungsarten gibt, nämlich Machtbeziehungen und Liebesbeziehungen. Ich behaupte, daß der Gegensatz von Liebe Macht ist und umgekehrt.

Man kann Beziehungen auch noch nach der Nähe beschreiben. Das gilt sowohl bei Machtbeziehungen als auch bei Liebesbeziehungen. Ich will drei Formen der Nähe unterscheiden:

A) Distanz. A und B berühren sich nicht an ihrer Grenze, ihre Grenzen haben einen gewissen Abstand voneinander.

B) Kontakt. A und B berühren sich an ihren Grenzen.

C) Überschneidung. A und B überschneiden sich, übergreifen einander über die Grenzen.

Es lohnt sich m. E., sich klarzumachen, daß diese Formen der Nähe nicht einseitig sein können. Wenn A zu B einen gewissen Abstand hat, kann B zu A auch nur einen gewissen Abstand haben. Wenn A den B an seiner Grenze berührt, berührt auch B den A an seiner Grenze. Und wenn A über die Grenze von B in ihn hineingeht, geht auch B über die Grenze von A. Man kann sich allerdings das Extrem vorstellen, bei dem die Grenzen von A und B durch vollkommene Überschneidung identisch sind, dann kann man aber nicht mehr von A und B sprechen, sondern nur noch von einer Einheit. Das Eins-Sein, bei dem es überhaupt keine andere Einheit (C oder D oder was immer) gibt, keine Unterscheidung, ist das Prinzip der Leere, also keine Beziehung mehr, da es der Zustand des »Nicht-Zwei-Seins« ist.

Jede Machtbeziehung und jede Liebesbeziehung kann in den drei Arten Distanz, Kontakt und Überschneidung auftreten.

Was ich hier als Unterscheidungen von Beziehungsarten und Beziehungsformen vorgetragen habe, sind, daran sei noch einmal erinnert, Konstruktionen, und ich habe sie als Beobachter beschrieben. Da »Gegenstände«, Personen, Lebewesen oder was immer, wie ich versucht habe darzustellen, Konstruktionen sind, handelt es sich hier also um Konstruktionen von Beziehungen zwischen Konstruktionen.

Die These, die ich im folgenden ausführlicher darstellen möchte, ist, daß es sehr unterschiedliche und bedeutungsvolle Konsequenzen hat, wie wir die Beziehung konstruieren, sie in unserem Handeln oder unserer Praxis umsetzen, sie leben. Ich will jeweils die Konsequenzen der Beziehungsweise zwischen ich und mir selbst, zwischen ich und etwas anderem beschreiben.

Macht

Es wurde sehr viel über Macht, Einfluß, Herrschaft, Kontrolle usw. geschrieben, und es wäre unsinnig, hier alles darzustellen. Ich will mich im wesentlichen auf die Abgrenzung zur Liebesbeziehung beschränken.

Die bekannteste Definition von Macht scheint mir die von Max Weber (1964) zu sein: »Macht« sei die »Chance, innerhalb einer sozialen Beziehung den eigenen Willen auch gegen Widerstreben durchzusetzen, gleichviel worauf diese Chance beruht«.

Und Herrschaft ist dann nach Weber institutionalisierte Macht, nämlich die »Chance, für einen Befehl bestimmten Inhalts bei angebbaren Personen Gehorsam zu finden« (1964, 38).

Ich will die einzelnen Begriffe dieser Definition durchgehen, um einige Aspekte klarzumachen.

Max Weber spricht von »Chance« als einer Qualität einer Beziehung. Er geht in seiner Definition nicht von Machthandlungen oder Herrschaftshandlungen aus. Ich halte das für einen Vorteil, weil m. E. jede oder fast jede Handlung eine Macht- oder Herrschaftshandlung sein kann. »Chance« ist für mich also nicht eine Eigenschaft einer Person oder Rolle oder was immer, sondern ein Potential innerhalb einer sozialen Beziehung. Macht oder Herrschaft äußern sich zwar in Handlungen, aber nach Weber kann man bereits von Macht oder Herrschaft sprechen, wenn dieses Potential vorliegt. Aber es hat keinen Sinn, von Macht zu sprechen, wenn es sich nicht um eine soziale Beziehung handelt. Ich will jedoch nicht Macht auf soziale Beziehungen beschränken, sondern auch auf Beziehungen ausdehnen von Personen zu Dingen, Gegenständen, Ideen usw.

Interessanterweise spricht Weber auch nicht von Mächtigen und Machtunterworfenen als einer konstanten Beziehung. Zum Zeitpunkt t_1 kann A die Chance haben, seinen Willen gegenüber B durchzusetzen, zum Zeitpunkt t_2 kann B über A Macht ausüben. An der Formulierung »auch gegen Widerstreben« ist mir das Wort »auch« wichtig. Für mich heißt das, daß Weber von »Macht« nicht nur dann spricht, wenn der eigene Willen gegen Widerstreben des anderen durchgesetzt wird, sondern auch dann Macht vorliegen kann, wenn bei Machtunterworfenen dieses Widerstreben nicht auftritt. Das macht die Schwierigkeit aus, Macht von Nicht-Macht zu unterscheiden. Für Weber liegt auch dann Macht vor, wenn ich »freiwillig« mich diesem Willen vom anderen unterwerfe. Ich will weiter unten noch genauer darauf eingehen. Ich will hier nur die Problematik andeuten. Wenn A den B bittet: »Gib mir die Hand«, und B unter Widerstreben die Hand gibt, handelt es sich eindeutig um Macht; aber wenn B freiwillig A die Hand gibt, ist das auch schon Macht?

Weber behauptet außerdem, daß Macht eine Basis haben muß, die allerdings von unterschiedlicher Art sein kann, wenn er formuliert: »gleichviel worauf diese Chance beruht«. Üblicherweise geht man davon aus, daß der Mächtige über ein für den Machtunterworfenen wichtiges Gut verfügt, z. B. Geld, Ehre, Liebe, Freiheit, Nahrung, Arbeit, Leben, Gesundheit, Unversehrtheit usw. Man kann zweifellos argumentieren, wie Gernot Böhme (1985) es tut, daß Macht letztlich auf körperlicher Gewalt beruht, die Androhung körperlicher Gewalt genügt meistens. Das Gewaltmonopol des Staates beruht zweifellos eben auf körperlicher Gewalt; auch wenn es die Todesstrafe nicht mehr gibt, in Deutschland z. B., so wird doch durch Polizei und Gefängnis körperliche Gewalt ausgeübt. Auch in einer Zweierbeziehung ist körperliche Gewalt die letzte Basis, man denke nur an Vergewaltigung innerhalb und außerhalb der Ehe.

Bei Herrschaft spricht Weber von einem »Befehl«, also einer in der Regel sprachlichen Anweisung, die einen »bestimmten Inhalt« hat, es handelt sich also um etwas Konkreteres als bei Macht. Aber es handelt sich auch nicht mehr um einen »Willen« irgendeiner Person, sondern insofern um etwas Abstraktes, als der Befehl nicht unbedingt einer Person zugeschrieben werden kann, z. B. ein Gesetz, eine Norm. Der Befehl betrifft auch nicht mehr in der Regel eine Person, sondern eine wohl durch den Befehl definierte

Personengruppe, z. B. alle Einwohner der Stadt X, alle Deutschen, alle Frauen usw.

»Gehorsam zu finden«, ist für mich eine sehr bedeutungsvolle Formulierung. Weber schreibt ja nicht: »Gehorsam zu erzwingen« oder »Gehorsam zu erreichen«. »Finden« heißt für mich etwas Vorhandenes aufnehmen, der Gehorsam ist bei dem, der gehorcht, vorhanden, und der Befehlende »findet« ihn dort. »Erzwingen«, »Erreichen« beschreibt einen ganz anderen Vorgang, einen nämlich, der eine viel aktivere Aktivität beim Befehlenden voraussetzt. Für Weber ist dann auch »jenes Minimum an Gehorchenwollen, also *Interesse* (äußerem und innerem) am *Gehorchen*« (Hervorhebung im Original, Weber 1964, S. 157), Voraussetzung dafür, daß »Gehorsam zu finden« ist. Der Herr ist eben nur so ein Herr, wie ihn der Knecht es sein läßt (sagt Brecht). Deshalb muß Herrschaft legitimiert werden, aber auch Macht kann legitimiert werden, und es muß vom Herrschenden »Legitimitätsglaube« hergestellt werden.

Bekanntlich unterscheidet Weber drei Arten von Legitimität. Charismatischer Legitimitätsglaube beruht auf der »Hingabe an die Heiligkeit oder die Heldenkraft oder die Vorbildlichkeit« einer Person, also auf seiner »Außeralltäglichkeit«. Die traditionelle Herrschaft beruht »auf dem Alltagsglauben an die Heiligkeit von jeher geltender Tradition und die Legitimität der durch sie zur Autorität Berufenen« (S. 159).

Die dritte Form ist die sogenannte rationale Herrschaft, hier beruht der Legitimitätsglaube »auf Glauben an die Legalität gesatzter Ordnung«, also auf dem Glauben, daß, z. B. in einem demokratischen Staat, »Befehle« – das sind Gesetze, Normen – »rational gesatzt«, durch ein bestimmtes Verfahren generiert werden. Deshalb kann man hier auch von Legitimität »durch Verfahren« sprechen. Herrschaft muß solche Legitimitätsglauben »zu erwecken und zu pflegen« versuchen, was prinzipiell gar nicht so einfach ist, denn Herrschaft – wie sie Weber auffaßt – beruht auf einem Paradoxon, nämlich dem Paradoxon »Du sollst das wollen«. Ich habe dies das »Sozialisationsparadoxon« genannt (Portele, 1978). »You really ought to wanna«. Wenn ich »das« mache, dann mache ich, was ich soll, nicht was ich will; wenn ich »das« nicht mache, mache ich, was ich will, nicht was ich soll. Den Befehl »du sollst das wollen« kann ich nicht ausführen, es bleibt mir nur die Möglichkeit, den Befehl zu mißachten. Es handelt sich um einen

»double bind«, eine Beziehungsfalle im Sinne von Bateson. Watzlawick zitiert dazu eine Mutter, da wird das Problem deutlich.

> »Ich möchte, daß Andy lernt, das zu tun, was von ihm verlangt wird, und ich möchte, daß er es auch tatsächlich tut – aber er soll es von sich aus tun wollen. Ich meine, er könnte Anweisungen blind befolgen, ohne sie wirklich befolgen zu wollen. Ich weiß, daß ich da irgendeinen Fehler mache, ich komme nicht drauf, was ich falsch mache. Ich kann mich aber nicht abfinden, ihm einfach zu diktieren, was er tun soll. Und doch, wenn man es einem Kind völlig überläßt, dann wäre sein Zimmer halt in völliger Unordnung. Nein, das sind – es gibt diese zwei Extreme. Ich möchte, daß er es von sich aus tut – aber es ist mir klar, daß wir ihm das irgendwie beibringen müssen.« (Watzlawick, u. a., 1974, S. 84)

Die Formulierung: »Ich möchte, daß er es von sich aus tut«, zeigt noch einmal deutlich das Paradoxon. Wenn Andy das Zimmer aufräumt, tut er, was die Mutter möchte, er tut es nicht von sich aus. Wenn er das Zimmer nicht aufräumt, dann tut er es von sich aus, aber nicht, was die Mutter möchte. Der »Fehler« ist, daß die Mutter das »möchte«, der »Fehler« ist der »Befehl« der Mutter: »Du sollst das wollen« oder »du sollst (ich möchte), daß du das von dir aus tust«.

Wenn man jemanden dazu bringt, etwas »freiwillig« zu tun, was der Mächtige oder Herrschende möchte, will ich das Manipulation nennen. Ich meine, daß Manipulation eine der vorherrschenden Machtarten ist. Das Erwecken und Pflegen von Legitimitätsglauben ist für mich schon Manipulation. Durch den Legitimitätsglauben wird der direkte paradoxe Befehl »du sollst das wollen« umgangen. Motivierung ist natürlich auch nichts anderes als Manipulation. Wenn ich jemandem beibringe, Geld, Prestige, Distinktion, Konsumgüter zu wollen, manipuliere ich ihn. Genauso manipuliere ich, wenn ich jemandem beibringe, etwas nicht zu wollen, also zum Beispiel zu akzeptieren: »Das ist nichts für uns«, wie Bourdieu das beschreibt.

Manipulation ist demnach auch, Behauptungen über die Realität aufzustellen mit dem Anspruch, daß es »Objektivität ohne Klammern« gibt. Wir legitimieren unsere Handlungen durch »Sachzwänge«, durch irgendwelche »absoluten Wahrheiten« oder brin-

gen andere Leute dazu, so zu handeln, wie wir wollen, weil wir
»Gewißheit« haben, weil es nur diese Welt gibt, wie wir sie wahr-
nehmen, weil wir die Wahrheit zu wissen behaupten. Die drei
Legitimationsarten von Max Weber beruhen ja auch auf dem
Glauben an eine Gewißheit, Gewißheit oder Wahrheit aufgrund
von Charisma, Tradition oder Rationalität.

> »Wir erfinden stabile konsensuelle Systeme, die wir als absolute
> Wahrheiten ausgeben... Unter Berufung darauf beschneiden
> und verachten wir die Individualität von Menschen in anderen
> konsensuellen Bereichen und unterwerfen sie damit in systema-
> tischer Weise sozialer Ausbeutung, ja, wir erwarten auch noch,
> daß sie dies als rechtmäßig akzeptieren. Dies ist die stärkste Art
> der Entfremdung...« (Maturana, 1982, S. 29)

Wir gehen dabei von einem »höchsten Wert« aus, wir bilden eine
Hierarchie von Werten. Bateson spricht von »Wert-Anomalie«,
wenn wir uns für Werte in unserem Verhalten entscheiden und
diese nicht hierarchisch auffassen, sondern zirkulär vorgehen.
Heinz von Foerster gibt ein Beispiel: Angenommen es wird jemand
gefragt, ob er lieber Äpfel oder Bananen mag, und er entscheidet
sich für Äpfel. Dann soll er sich zwischen Bananen und Kirschen
entscheiden, und er wählt Kirschen, schließlich soll er zwischen
Kirschen und Äpfeln entscheiden, und er wählt Kirschen. Er zieht
A B vor, B C und C A. Seine Wertentscheidungen sind zirkulär –
aber doch wohl von ihm aus vernünftig. Wir halten uns aber
trotzdem meist an hierarchische Auffassungen und ordnen den
Werten Größen zu. Das Nervensystem scheint aber so aufgebaut
zu sein, daß es zu einer »Heterarchie« tendiert. »Heterarchie
bedeutet Herrschaft unseres Nachbarn. In einer Heterarchie
herrscht man in einem Zirkel und nicht wie in der Hierarchie von
oben herab von den Göttern (hieros)« (von Foerster, zitiert nach
Segal, 1986, S. 135). Der Biomathematiker McCulloch hat 1945 in
dem Aufsatz »A Heterarchy of Values Determined by the Topology
of Nervous Nets« nachgewiesen, daß unser Nervensystem eben als
zirkuläres Netz kontext-determinierte Werteentscheidungen im
Handeln vorzieht, eben diese »Werte-Anomalie«, also relative
Werte statt absoluter Werte wie Religionen, soziale Bewegungen
usw. propagieren. Die Berechnungsmöglichkeiten eines solchen
Nervensystems sind »meta-astronomisch« oder »transcomputa-

tional«, also nicht prognostizierbar. Woraus folgt, daß wir zu
hierarchischen Werteordnungen trivialisiert werden und andere
dazu trivialisieren, um uns und sie vorhersagbar zu machen.

Machtspiele

Claude M. Steiner, der auf der Therapietheorie der Transaktionsanalyse von Berne aufbaut, beschäftigt sich ausführlich mit
Machtspielen, power-plays. Er definiert.

> »Ein power-play ist eine Transaktion (oder eine Abfolge von
> Transaktionen), in der eine Person ganz bewußt danach strebt,
> das Verhalten einer anderen Person den eigenen Zwecken ent-
> sprechend zu kontrollieren.« (Steiner, 1986, S. 89)

Transaktionen sind einfach zwischenmenschliche Interaktionen.
Ihm ist wichtig, daß die Person, die Macht ausübt, das bewußt tut,
denn eine Transaktion kann ohne Machtstreben geäußert werden,
aber vom Empfänger als Machtstreben aufgefaßt werden. Steiner
gibt folgendes Beispiel:

> »Jack: Laß uns ins Kino gehen.
> Jill: Ich möchte lieber tanzen gehen.
> Jack: Also, ich möchte ins Kino. Vielleicht gehe ich dann besser
> alleine.«

Objektiv läßt sich überhaupt nicht feststellen an den Äußerungen
oder Handlungen, ob es sich um ein power-play handelt. Jill kann
es als ein power-play auffassen für sich und entsprechend reagieren, auch wenn Jack keine Absicht hatte, Macht auszuüben, sondern nur einen Wunsch äußerte. Jack kann die Absicht haben,
Macht auszuüben, Jill faßt es aber nicht als power-play auf, sondern als Wunsch. Dann hat die Macht keine Wirkung mehr. Oder
beide sind der Meinung, es handle sich um ein power-play: Jack
hat die Absicht, Macht auszuüben, und Jill wehrt sich oder unterwirft sich. Dann ist eindeutig eine Machtbeziehung da.
 Ich halte das Kriterium »ganz bewußt« nicht für sinnvoll. Mächtige – in einem Betrieb, in einer Behörde, in der Familie, in einer
Partnerschaft – wenden Macht so routiniert an, so gewohnheits-

mäßig, so selbstverständlich, daß sie sich ihrer Absicht nicht bewußt sein müssen. Der Mächtige oder derjenige, der das power-play spielt, kann sich selbst seine Absichten nicht eingestehen, sie nicht nur vor anderen, sondern vor sich selbst verschleiern. Aber ob er die Absicht hatte, kann nur er allein entscheiden. Es ist ja auch nicht selten, daß das power-play zum Streit darüber ausartet, ob die Absicht zur Kontrolle vorlag oder nicht.

Kontrollieren heißt für Steiner »steuern, beherrschen, im Griff haben«. Bei diesen Begriffen, einschließlich kontrollieren, ist klar, daß man auch sich selbst gegenüber ein power-play spielen kann. *Sich* kontrollieren, *sich* steuern, *sich* beherrschen, *sich selbst* im Griff haben, sind gebräuchliche Redewendungen und weitverbreitete Ideale.

Steiner hat noch andere Beschreibungen von power-play, die man sich jeweils auch auf »sich selbst« bezogen vorstellen kann. Er nennt sie »Manöver«, durch die ein Mensch einem anderen etwas zu entlocken versucht, statt direkt danach zu fragen. Wir brauchen power-plays dann, wenn wir glauben, daß wir offen und ungeschützt nichts ausrichten können. Er unterscheidet vier power-plays:

1. »*Alles oder nichts*« ist das power-play des Monopolkapitalismus durch Verknappung materieller oder immaterieller Güter. So kann man auch »Streicheleinheiten« (strokes, wie Berne Zuwendungen bezeichnet) verknappen. »Liebesentzug« ist so eine Verknappung der Streicheleinheiten. Voraussetzung für dieses power-play »alles oder nichts« ist die Angst des Gegners, er könne etwas verlieren oder nicht bekommen. Das ist ein wichtiger Hinweis darauf, daß Angst wohl die wichtigste Voraussetzung für Machtausübung ist, für die »Chance, den eigenen Willen durchzusetzen«. Für Steiner folgt aus dieser Angst »Raffsucht«, nämlich möglichst viel für sich auf Vorrat zu haben.

2. Das zweite power-play nennt Steiner »*Einschüchterung*«. Die extremste Form ist »Faust im Gesicht«, also körperliche Gewalt, die subtileren Formen sprechen das Schuldgefühl an. Auch »Einschüchterung« lebt von der Angst. Steiner zählt Einschüchterung durch Metaphern auf, durch Abschneiden des anderen im Gespräch, durch logische Argumente, Diskreditieren von Informationsquellen, Ablenkungsmanöver und Themenwechsel oder durch den »goldenen Platz«, also Ein-

schüchterung dadurch, wie die »Kulissen der Macht« aussehen, wie man sich in ihnen verhält, sich setzt oder stellt.

3. Das dritte power-play ist »*Lügen*«. Lügen macht sich die
   Leichtgläubigkeit des Menschen und die Angst vor Auseinan-
   dersetzungen zunutze. »Du lügst« darf man eigentlich nicht
   sagen. Man stelle sich vor, man sagt dem Autoverkäufer »Sie
   lügen« oder nur: »Sie verschweigen mir etwas«.

4. Das vierte power-play ist »*Passivität*«. Hier unterscheidet Steiner zwischen »Ist was?«, wo man sich weigert, die Erwartungen des anderen zur Kenntnis zu nehmen, und »Du stehst in
   meiner Schuld«, wobei Dankbarkeit, Schuldbewußtsein ausge-
   beutet werden. Man »verpflichtet« den anderen zu etwas,
   »massiert vorher sein Schuldgefühl«. Der Mann führt die Frau
   aus, schenkt ihr mehr oder weniger sinnvolle Dinge und verpflichtet sie so, mit ihm zu schlafen.

Die Bezeichnungen, die Steiner verwendet, scheinen mehr oder
weniger glücklich gewählt zu sein. Ich berichte über diese power-
plays oder Machtmechanismen, weil sie zweierlei klarmachen
sollen:

a) Wenn man ein power-play erkennt als power-play, kürzer
   gesagt, wenn man Macht als Macht erkennt, ist ein wichtiger
   Schritt getan: Dann hat man die Wahl, sich zu unterwerfen,
   Gegenmacht einzusetzen oder die Macht zu unterlaufen. Eben
   deswegen verschleiern wir als Mächtige, als diejenigen, die
   Macht ausüben wollen, unsere Absichten bewußt oder unbewußt. Das heißt nicht, daß offene Macht ungefährlich wäre,
   nur: verschleierte Macht ist gefährlicher, da wir sie nicht als
   Macht erkennen.

b) Für Machtausübung bedarf es zweier, des Machtausübenden
   und desjenigen, der sich der Macht unterwirft. Ich behaupte,
   daß sich die Unterwerfung auf Angst zurückführen läßt, auf die
   Angst, etwas nicht zu bekommen, was man will; etwas zu
   bekommen, was man nicht will; etwas nicht zu verlieren, was
   man verlieren will; oder etwas zu verlieren, was man nicht
   verlieren will (wie es im Buddhismus heißt).

Das am weitesten verbreitete Machtspiel wird von Steiner nicht
erwähnt, ich nenne es »Das ist die Wahrheit« oder »Objektivität
ohne Klammern«. Es ist das auch am schwierigsten zu erkennende
Machtspiel, weil wir »gewöhnt« sind, an *die* Wahrheit zu glauben,
an Objektivität ohne Klammern. Ein solches Machtspiel be-

schreibt Maturana in »The Bringing Forth of Pathology«; die psychologischen Experten oder irgend jemand behauptet: »Du hast das und das Problem« (Mendez, Coddon, Maturana, 1986). Aber dieses Machtspiel funktioniert natürlich auch in simpleren Alltagssituationen, wenn ich »Sachzwänge« behaupte oder objektive Aussagen mache: »Das ist soundso« oder: »Ich habe recht, du hast unrecht.« Am leichtesten fällt es uns noch, uns nicht zu unterwerfen, wenn wir der »Wahrheit« nicht trauen, z. B. dem Satz: »Die deutschen Atomkraftwerke sind die sichersten der Welt.« Sonst sind wir, glaube ich, fast ausschließlich bereit, uns der »Wahrheit« zu unterwerfen. Es ist sicherlich nicht einfach, Objektivität in Klammern zu setzen bei sich selbst, bei anderen ist das m. E. leichter möglich, z. B. bei Klienten. Es handelt sich hier wohl um Lernen III, die Einsicht, daß wir die Unterschiede machen, indem wir eine Unterscheidung treffen (draw a distinction), daß alles »leer« ist. Diese Bewußtheit (awareness) zu erwerben, ist jedoch sicherlich ein lohnender Weg. – Erwähnenswert scheint mir noch, daß Wissenschaft ganz auf diesem Machtspiel beruht. Offensichtlich ist Angst auch hier die Basis des Machtspiels: Das Schwindelgefühl über die Bodenlosigkeit unseres Erkennens; wir verlieren die Sicherheit der »Wahrheit«, der »Realität«.

Unterwerfung

Ohne die Bereitschaft zur Unterwerfung, zur Knechtschaft, kann Macht nicht ausgeübt werden. Bei Orwell wird es ins Extrem getrieben. Der Folterer in »1984« sagt zum Gefolterten: »Sie sind ein Fleck, der ausgemerzt werden muß. Wir geben uns nicht zufrieden mit negativem Gehorsam, auch nicht mit kriecherischster Unterwerfung, wenn Sie sich am Schluß beugen, muß es freiwillig geschehen.« Der Folterer ist auf seine Art verzweifelt, denn wenn der Gefolterte bei seinem Nein bleibt, kann er ihn zwar töten und vernichten, aber er hat eben nicht ja gesagt zur Macht, er hat sich dann nicht wirklich unterworfen, er war eben nicht gehorsam, er wollte nicht, was er sollte. Noch einmal: Der Herr ist nur so ein Herr, wie ihn der Knecht es sein läßt. Das Nein zu seiner Tötung ist die letzte Freiheit, die der Mensch hat, behauptet Sartre. Insofern scheint mir die Unterwerfung das eigentliche Problem an der Machtbeziehung zu sein. Insofern scheint mir die Formulierung von Max Weber »auch gegen seinen Willen« mißverständlich zu sein.

Ich meine, man muß den Machtprozeß bzw. den Unterwerfungsprozeß als Prozeß analysieren.

A sagt zu B: Tue Handlung X.

Fall 1: B tut Handlung X und will Handlung X nicht tun.

Fall 2: B tut Handlung X und will Handlung X tun.

Fall 3: B tut Handlung X nicht und will Handlung X nicht tun.

Fall 4: B tut Handlung X nicht und will Handlung X tun.

Fall 3 (B tut X nicht und will X nicht tun) bezeichnen wir eindeutig als autonom. Fall 4 (B tut X nicht und will X tun) bezeichnen wir als Trotz oder Gegenabhängigkeit, B powert dagegen an, obwohl er etwas anderes will. Komplizierter ist der Fall 2. B tut X und will X tun. Wenn A nicht sagt, daß B X tun soll, wenn kein Befehl vorliegt, ist das eindeutig eine autonome Handlung von B. Von B aus gesehen, also wenn man sich in B hineinversetzt, ist die Handlung X autonom, wenn er sie ausführen will. Ein Beobachter kann trotzdem behaupten, daß er sie eigentlich nicht tun will. Manchmal ist man selbst dieser Beobachter und sagt sich – eventuell hinterher leicht oder schwer verärgert –: »Eigentlich wollte ich das ja nicht, ich habe nur im Moment nachgegeben.« Die Verwendung des Wortes »eigentlich« unterstellt so etwas wie eine Täuschung oder Selbsttäuschung, und Täuschung setzt so etwas wie Wahrheit voraus. Ich habe dann den fremden Willen zu meinem eigenen gemacht, und ich habe es nicht gemerkt. Es wird also unterstellt, daß es einen vermeintlichen wahren Willen und einen eigentlichen wahren Willen gibt. Aber wer entscheidet wie zwischen vermeintlich wahrem Willen und tatsächlich wahrem Willen? Wenn ich X schon immer tun wollte und es jetzt will, dann ist es mein wahrer Wille. Wenn ich auch hinterher, wenn ich X getan habe, noch überzeugt bin, daß ich X tun wollte, dann war es mein wahrer Wille. Wir bauen also oft die Zeit ein – vorher und nachher –, um herauszufinden, ob wir etwas »wirklich« wollen. Ich glaube, jeder von uns kennt das Gefühl, sich selbst getäuscht zu haben. Wie vermeidet man solche Täuschungen? Es gibt, glaube ich, nur die Möglichkeit, sich auf sich zu besinnen, sich klar, bewußt (aware) zu werden, was man im Augenblick will. Das ist sicherlich oft nicht leicht. Ich meine, das Wichtigste dabei ist, zu erkennen, ob man Angst hat, wovor man Angst hat und mit der Angst umzugehen.

Derjenige, der dem Folterer gegenüber oder demjenigen, der ihn töten will, bei seinem Nein bleibt, gibt nicht nach. Er tut Handlung X nicht, weil er X nicht tun will – er bleibt autonom (Fall 3). Wenn er Ja sagt, wenn er es will, dann bleibt er auch autonom (Fall 2). Wenn er Ja sagt und es nicht will, dann verliert er seine Autonomie, er unterwirft sich (Fall 1). Es ist dieser Akt der Unterwerfung, was das Entscheidende ist. Das Aufgeben des eigenen Willens, was paradoxerweise nur freiwillig, aus eigenem Willen geschehen kann. Unterwerfung ist, aus eigenem Willen den eigenen Willen aufgeben. Es handelt sich also wieder um eine rekursive Operation, um Selbstreferentialität, d. h., man kann sich nur autonom unterwerfen. Oder Unterwerfung ist ein autonomer Akt. Auf diese autonome Entscheidung, den eigenen Willen aufzugeben, ist der Machtausübende angewiesen. Ohne diese Aufgabe des eigenen Willens kann er keine Macht ausüben. In der Regel sind wir aus Angst bereit, unseren eigenen Willen aufzugeben, aus Angst, nicht zu bekommen, was wir wollen; zu bekommen, was wir nicht wollen; zu verlieren, was wir behalten möchten; nicht zu verlieren, was wir nicht behalten möchten. Folglich sind wir dann nur wirklich autonom, wenn wir keine Angst haben, auch nicht um unser Leben, d. h., wenn für uns nichts mehr wichtig ist, erstrebenswert, wenn wir erkannt haben, daß die Dinge »leer« sind.

Im Englischen gibt es die Unterscheidung »compulsion« und »commitment«. Beides kann man mit »Verpflichtung« übersetzen. Compulsion ist auch »Zwang, Nötigung«; commitment ist auch »Bindung«. Im Deutschen kann man den Unterschied deutlich machen mit den Ausdrücken »sich verpflichtet fühlen« einerseits, weil »es so ist«, wie »es sich gehört«, weil »man das doch muß«, weil »es nicht anders geht« – das ist compulsion, sich einem – eventuell eingebildeten – Zwang unterwerfen, und »sich verpflichten«, »sich binden« andererseits, das ist frei und freiwillig etwas tun, etwas geben, eben sich binden – commitment.

In Paarbeziehungen ist compulsion und commitment z. B. wichtig zu unterscheiden. Ich kann auf die Beziehung zu einer dritten Person »verzichten« aus Zwang – compulsion – oder aus »commitment« – Bindung. Commitment bedeutet auch Verzicht, commitment ist eine Entscheidung für etwas und dadurch Verzicht auf etwas anderes oder viele andere; verzichten auf das, wofür man sich nicht entschieden hat. Ich glaube, nicht nur mir fällt es

schwer, zwischen commitment und compulsion zu unterscheiden.
Laura Perls (1986) sieht in dem japanischen Film »Die Frau in den
Dünen« eine Metapher für commitment: Ein Biologe, der Pflanzen
und Käfer in den Dünen klassifizierend den letzten Bus verpaßt
hat, findet nach langem Herumwandern tief unten in den Dünen
ein Licht. Er steigt über eine Strickleiter hinunter und findet ein
Haus und eine Frau, wo er übernachtet. Am anderen Morgen
entdeckt er, daß die Strickleiter entfernt wurde, und die Dorfbewohner oben lachen. Er sitzt in der Falle. Er versucht vergeblich,
die Sandgrube zu verlassen, es gelingt ihm nicht. Er wird wütend
und verzweifelt. Aber nach und nach bemerkt er, was in den
Grenzen der Grube alles möglich ist. Er verliebt sich in die Frau, sie
wird schwanger. Er erfindet eine Einrichtung, mit der aus dem
nächtlichen Nebel und Tau Wasser gewonnen werden kann. Als
die Frau Wehen hat, lassen die Dorfbewohner die Leiter herunter,
sie wird zur Hebamme gebracht. Die Dorfbewohner lassen jetzt
die Strickleiter hängen, der Wissenschaftler könnte jetzt die Dü-
nengrube verlassen, aber er tut es nicht. Laura Perls schreibt: »Als
er seine Begrenzung akzeptiert, werden die Möglichkeiten innerhalb der Grenzen Realität, die Wüste wird fruchtbar. Die Frau
wird Mutter. Es öffnet sich die Falle . . . Er selbst hat die Falle seiner
persönlichen Begrenzungen eröffnet, die konditionalen Gewohnheiten, Einstellungen und Vorurteile, die fixierten Gestalten seines
früheren Lebens. Indem er akzeptiert und umgeht ›mit dem, was
ist‹, transformiert er die Situation und transzendiert sie und erreicht so Wirklichkeit« (Laura Perls, 1986, S. 13).

Es ist nur nicht so einfach, glaube ich, wie Laura Perls meint, zu
entscheiden, wann es richtig ist, die äußeren Grenzen der Falle
nicht zu akzeptieren, z. B. wenn es sich um gesellschaftlich gesetzte
Grenzen handelt, und wann es richtig ist, die Grenzen zu akzeptieren. Es ist offensichtlich, daß es sich um selbstgesetzte Grenzen
handelt, um unerfüllte Erwartungen, aber manchmal ist es, glaube
ich, nicht richtig, seine Erwartungen aufzugeben. Aber wenn man
sich für etwas entschieden hat, z. B. für ein Studium, dann kann
man sich vorteilhafter auf das, wofür man sich entschieden hat,
einlassen durch commitment, das Beste daraus machen, anstatt
nur unglücklich gegen die Grenzen zu rebellieren und sie als Zwang
zu empfinden. Und man kann beides tun: Die institutionalisierten
Grenzen aufzuheben versuchen *und* sich an die Sache binden.
Entscheidend ist doch, daß man auch gegen die Grenzen mit

commitment und nicht mit compulsion vorgeht. Was ich hier behaupte, ist ja nur, daß es einen Unterschied macht, ob man etwas mit commitment oder compulsion tut, also ob man »sich einläßt« oder »sich unterwirft«, daß aber darüber, ob man sich unterwirft oder sich einläßt, allein man selbst entscheidet.

Es gibt eine enge Verwandtschaft zwischen compulsion und extrinsischer Motivation und commitment und intrinsischer Motivation. Wenn ich die Kartoffel schäle, *um* ein Gericht *zu* bereiten, also mit »um zu« handle, dann kann man eher von compulsion sprechen; wenn ich die Kartoffel schäle, voll und ganz dabei bin und sonst nichts, dann würde man das commitment nennen. Noch einmal sei hier das Feuermachen der Lai-tu von Brecht (1974) zitiert; da wird deutlich, daß hier die Sklaverei (compulsion) von Lai-tu selbst aufgestellt wird, ohne daß es eines Sklavenhalters oder Sklaventreibers bedarf.

»Me-ti sagte zu Lai-tu: Ich habe dir zugesehen beim Feuermachen. Kennte ich dich nicht, wäre ich gewiß beleidigt. Du sahst aus wie jemand, der gezwungen wird, Feuer zu machen, und da nur ich selber da war, mußte ich annehmen, ich sei dieser Ausbeuter. Sie sagte: Ich wollte die Stube so schnell wie möglich warm haben. Me-ti sagte lächelnd: Was du wolltest, weiß ich. Aber weißt du es? Du wolltest es mir, deinem Gast behaglich machen; es sollte rasch gehen, damit das Gespräch anfangen konnte; ich sollte dich lieben; das Holz sollte anbrennen; das Teewasser sollte kochen. Aber von all dem kam nur eben das Feuer zustande. Der Augenblick ging verloren. Es ging rasch, aber die Gespräche mußten warten; das Teewasser kochte, aber der Tee war nicht fertig; eines geschah fürs andere, aber nichts für sich selber. Und was hätte alles im Feuermachen zum Ausdruck kommen können! Es ist eine Sitte darinnen, die Gastlichkeit ist etwas Schönes. Die Bewegungen, mit denen das schöne Holz zum Brennen gebracht wird, können schön sein und Liebe erzeugen. Der Augenblick kann ausgenutzt werden und kommt nicht wieder. Ein Maler, der hätte malen wollen, wie du deinem Lehrer Feuer machtest, hätte kaum etwas zum Malen gehabt. Es lag kein Spaß am Feuermachen, es war nur Sklaverei.«

Bisher habe ich die Beziehungsarten der Nähe: Distanz, Kontakt, Überschneidungen nicht erwähnt. Bei Unterwerfungsbeziehungen scheint mir die Beziehung Distanz vorzuherrschen, aber es gibt auch Machtbeziehungen mit Kontakt und mit Überschneidungen.

Machtbeziehungen mit Kontakt, d. h., wo die Grenzen aneinanderstoßen, gibt es offensichtlich immer bei körperlicher Gewalt. Virginia Satir erinnert daran, daß körperliche Gewalt oft ein Ersatz sein kann für körperliche Berührung, Hautkontakt; wenn es nur mit Gewalt geht – zwischen Jungen z. B. –, dann ist gewaltvoller Kontakt dem Nichtkontakt vorzuziehen. Dies ist eine Art der Unterwerfung. Bei körperlicher Gewalt wird deutlich, daß immer die wichtigste Möglichkeit, sich der Macht – hier körperlicher Gewalt – zu entziehen, das Aufgeben des Kontaktes, also die Flucht ist, eventuell die Flucht aus der Situation. Der Machtausübende muß diese Flucht verhindern. Lewin (1946) hat das grafisch sehr schön dargestellt und beschrieben, wie der Machtausübende, z. B. ein Elternteil, das Verlassen der Situation, das Verlassen des Einflußgebietes durch »Barrieren«, z. B. durch Zuschließen der Tür, verhindern muß. Dies ist selbstverständlich auch bei einer Machtbeziehung mit Distanz gegeben, und die Flucht wird ja auch oft genutzt, z. B. in der Partnerbeziehung. Aber häufig sind diese Barrieren innere, selbstproduzierte Barrieren, die Situation wird z. B. im Betrieb deshalb nicht verlassen, weil die Angst da ist, nicht irgendwo anders einen Arbeitsplatz zu bekommen, oder in der Partnerbeziehung, weil die Angst besteht, den Partner dann zu verlieren und allein übrigzubleiben. Zur Kunst der Machtausübung gehört es, diese Barrieren deutlich zu machen oder herzustellen und eventuell, wenn die engeren Barrieren überschritten werden, weitere neue zu errichten; »besser« ist es noch, die Barrieren in den Machtunterworfenen hineinzuverlegen.

Lewin unterscheidet bekanntlich zwischen Annäherungs-Annäherungs-Konflikten – d. h., die Person ist wie der Buridansche Esel zwischen zwei Heuhaufen, zwischen zwei anziehenden positiven Valenzen in Konflikt. Dann hat der Betroffene kein Interesse, die Situation zu verlassen. Ebensowenig im Annäherungs-Vermeidungs-Konflikt zwischen einer positiven und einer negativen Valenz, da bemüht er sich, der positiven Valenz näher zu kommen. Beim Vermeidungs-Vermeidungs-Konflikt zwischen zwei negativen Valenzen ist die Begrenzung der Situation durch Barrieren – Zuschließen der Tür z. B. – notwendig, denn der Betroffene will die Situation vermeiden. Der Machtausübende, der ja auf gar keinen Fall will, daß der Betroffene die Situation verläßt, kann also auch wie im Annäherungs-Vermeidungs-Konflikt den Betroffenen in der Situation halten, wenn er ihm etwas mit für den Betroffenen positiver Valenz verspricht.

Die körperliche Gewalt in der Machtbeziehung mit Kontakt muß keineswegs offensichtlich sein. In der Frauenbewegung wurde m. E. aufgezeigt, wie z. B. im Sexualkontakt subtile, nicht offensichtliche Gewalt und Unterwerfung immer wieder vorkommen durch die von Mann und Frau internalisierte Machtkonstellation, bei der der Mann der Machtausübende ist (vgl. Steiner, 1986). Machtausübung mit Überschneidung ist nur psychisch zu sehen, nicht physisch, während bei Machtausübung mit Distanz und mit Kontakt eine physische und psychische Seite zu unterscheiden ist.

Ich will hier noch eine provozierende Stelle aus einem Vortrag von Heinz von Foerster zitieren:

»Als lebende Systeme: Jeder von Ihnen ist autonom, Sie sind verantwortlich für Ihr Handeln, für das, was Sie sagen und tun. Verantwortung, Autonomie und Autopoiese gehören zusammen. Natürlich kann man argumentieren: ›Um Himmels willen, was kann man denn tun, wenn man gezwungen wird, etwas gegen den eigenen Willen zu tun. Leute, die Macht haben, können Sie dazu bringen, es zu tun!‹ Die Neurophilosophen aus Chile (gemeint sind Maturana und Varela) antworteten: ›Nein, meine Damen und Herren, Macht ist nicht die Ursache für das Handeln der anderen. Unterwerfung ist die Ursache der Macht. Jemand kann Ihnen die Pistole an die Stirn halten und Ihr Geld verlangen, aber Sie müssen es ihm nicht geben. Ich sage nicht, daß er Sie nicht erschießt, aber dies ist ein anderes Kapitel. Sogar mit der Pistole auf Ihrer Stirn haben Sie immer noch die Möglichkeit, autonom zu handeln! Wenn man in Chile lebt, bei der politischen Situation, kann diese Haltung entscheidend sein. Dies ist meine philosophische Reverenz an die Abgeschlossenheit. Lebende Systeme sind autopoietisch abgeschlossene Systeme. Deshalb erschaffen Sie sich selbst. Sie sind autonom!‹« (Zitiert nach Segal, 1986, S. 128)

»Unterwerfung ist die Ursache der Macht«, das ist sicherlich eine provozierende These. Wir sind »gewöhnt«, die Situation anders zu sehen: Macht sei die Ursache der Unterwerfung. Wir sehen uns, konstruieren uns häufig als heteronom, als von außen, von anderen zu etwas gezwungen, dann sind wir nicht verantwortlich; auch wenn es sich um Sach-*Zwänge* handelt, sind wir nicht verantwortlich. Der Akt der Unterwerfung, der ja autonom ist, von uns bestimmt, wird negiert. Die chilenischen »Neurophilosophen« (Ludewig berichtet, daß dies auf einem handgeschriebenen Schild in Maturanas Institut in Santiago de Chile steht) gehen noch weiter, sie behaupten, die Unterwerfung sei die *Ursache* der Macht (nach Heinz von Foerster), Unterwerfung verursacht Macht, der sich Unterwerfende verursacht die Machtausübung. Es ist sinnvoll, sich die Situation einmal so anzusehen, denn sicherlich bilden Sich-Unterwerfender und Machtausübender ein »System ohne Input«, bedingen sich gegenseitig in einem zirkulären Prozeß. Wir sind jedoch »gewohnt«, dem Mächtigen alle Schuld zuzuschreiben, z. B. Hitler oder Pinochet. Maturana definiert sogar: »Macht ist Handeln durch Gehorsam«, und er sagt: »Wer gehorcht, gewährt Macht« (Krüll, Luhmann, Maturana, 1987, S. 19). Da Gehorsam nicht wechselseitige Anerkennung der Existenz des anderen neben mir bedingt, sondern »wechselseitige Negation«, ist Macht/Gehorsam das Gegenteil von Liebe. Da für Maturana soziale Systeme auf Liebe beruhen, sind Systeme, die auf Macht/Gehorsam-Beziehungen beruhen »para-sozial«, z. B. die »soziale Ausbeutung« in Arbeitsbeziehungen (S. 20).

In der Gestalttherapie wird bei Überschneidung von Konfluenz gesprochen. Das ist der Verlust der Grenze und des Unterschieds zwischen Ich und Nicht-Ich. Diese Unterdrückung der Unterschiede auch in den Wünschen und Absichten, die meist von beiden Seiten ausgeht – konfluent können immer nur beide sein, nicht einer allein; es ist eine Überschneidung der Grenze von beiden – ist jedoch auch häufig eine Form von gegenseitiger Machtausübung und Unterwerfung. Ich werde weiter unten noch genauer darauf eingehen, wie sich hier Machtbeziehungen und Liebesbeziehungen unterscheiden.

»Introjektion« ist nicht nur in der Gestalttherapie die Bezeichnung dafür, daß die »Befehle« internalisiert werden; dabei kann der Befehl auch der Wunsch des Machtausübenden sein oder gar keine Befehlsform haben. Das sind die »du sollst«, die »shoulds«, die wir häufig von den Eltern übernommen haben durch Sozialisation, »unzerkaut« verschlungen, wie Perls sagt, d. h., wir haben nicht geprüft, ob sie zu uns passen. Auch Claude Steiner weist darauf hin, daß es nach der Theorie der Transaktionsanalyse das »Schweine-Eltern-Ich« gibt, als Teil der Person, das solche Befehle gibt, die man oft nicht erfüllen kann. Die Vorstellung, daß eine Person aus Persönlichkeitsanteilen besteht – topdog und underdog in der Gestalttherapie, Schweine-Eltern-Ich (»Feind«) und ange-paßtes Kind in der Transaktionsanalyse – ist hilfreich, wie noch zu zeigen sein wird, »innere Machtkämpfe«, »innere Machtaus-übung« mit oder gegen sich selbst zu analysieren.

Sozialisation ist auf solche Introjektionen angewiesen. Wie ich im Kapitel über Bourdieu zu zeigen versucht habe, ist der Habitus ja nichts anderes als die als generative Handlungsgrammatik aus-gebildeten Introjektionen. Dabei scheint mir das Bedeutungsvolle an der Habitustheorie zu sein, daß die Machtausübung auch darin besteht, Konstruktionen der Wirklichkeit zu übernehmen, die dann nur bestimmte Handlungsalternativen zulassen. Die Kon-struktion von Naturgesetzen und Gegenständen, die Denk-, Ur-teils-, Wahrnehmungs- und Handlungsschemata, die Gewohnhei-ten sind nichts anderes als »Befehle« in nicht offensichtlicher Form. Sie sind verschleierte Machtausübung, weil sie selbstverständlich erscheinen und deshalb als Machtausübung so schwer zu erkennen sind, weshalb es auch so schwer ist, sich dagegen zu wehren. Dann braucht es auch keiner Barrieren im Lewinschen Sinne mehr.

Die Seite des Machtausübenden

»Sozialer Einfluß« wurde als Kausalitätsbeziehung aufgefaßt (Le-xikon der Soziologie). A ist die Ursache des Handelns X von B. Fernwirkungen über das Wort sind hier im Gegensatz zur physika-lischen Kausalität, dem Billardkugelmodell, nicht ausgeschlossen. A äußert in der Regel einen Befehl. Dieser Befehl »bewirkt« die Handlung von B. In der Psychologie ist die Verhaltensmodifika-tion ein Beispiel für dieses Kausalitätsdenken. Nach der üblichen Definition ist Verhaltensmodifikation Machtausübung. A tut et-was, setzt z. B. einen Stimulus (Reiz), und B reagiert. Also Reiz-Reaktion. In der SR-Theorie, im Behaviorismus von Skinner, gibt es keine Beziehung, die nicht nach der hier vorgetragenen Defini-tion eine Machtbeziehung ist. Belohnung und Bestrafung – über die jemand verfügt – bestimmen die Reaktionen, genaugenommen ist die Belohnungs- und Bestrafungserwartung, die von demjenigen, der über Belohnung und Bestrafung verfügt, hergestellt wird, dasjenige, was die Reaktion bewirkt, da die Ursache ja nicht zeitlich nach der Wirkung kommen kann. So betrachtet, besteht der Unterwerfungsakt im Hinnehmen der Erwartung. Aber so wollen die Behavioristen es ja nicht verstanden wissen. Machtausübung ist für sie etwas Selbstverständliches, und das Kausalmodell ist das gültige Modell. Für Skinner sind Freiheit und Würde eine Illusion, eines seiner Bücher heißt »Beyond freedom and dignity«.

Aber es ist leicht, den Behaviorismus abzulehnen. Uns dagegen als Ursache zu sehen für das, was unsere Kinder lernen, für das, was wir als Therapeuten bewirken, für das, was wir beim anderen Gutes bewirken, ist uns eine angenehme Vorstellung. Etwas beim anderen zu bewirken, verleiht uns Identität. Selbstverständlich wollen wir nur das Beste. Aber was das Beste ist, bestimmen wir. Trotzdem glaube ich, daß wir ahnen, daß wir nicht wirklich Ursache sein können, sondern nur Auslöser, die eine eigene *Aktion* beim Gegenüber eben nur *auslösen*, aber keine *Reaktion bewirken* können. Wir ahnen, daß das Gegenüber keine triviale Maschine ist, auch wenn wir immer wieder so tun, als handele es sich um triviale Maschinen, um ein nichtautonomes Wesen. Der Wunsch, Ursache zu sein für das Handeln anderer und dadurch Identität zu erlangen, generiert unsere Vorstellung, der andere sei ein nichtautonomes Wesen, eine triviale Maschine. Wenn wir versuchen wollen, geliebt zu werden, wird uns klar, daß bewirktes, verursachtes Geliebtwerden uns leer läßt.

Toter Materie gegenüber verhalten wir uns hier in unserer eurozentrischen Kultur immer entsprechend diesem Kausalmodell. Wir verändern die Gegenstände, Holz, Stein, Maschinen usw. Wir sind die Ursache der Veränderung, wir machen. Diese Haltung nehmen wir meistens auch gegenüber nichtmenschlichen Lebewesen ein, Tieren und Pflanzen gegenüber, indem wir beispielsweise Pflanzen düngen, Unkraut vernichten, Wälder roden, Pflanzen und Tiere züchten. Wir bemühen uns, auch die nichtmenschlichen Lebewesen zu beherrschen, einzugreifen in ihr Wachstum. Wir versuchen, nichtmenschliche Lebewesen als triviale Maschinen zu behandeln, wir versuchen, sie zu trivialisieren. Es handelt sich also um eine Machtbeziehung. Darauf beruht immer unser Glaube an Technik, an die Machbarkeit, der Glaube, daß wir die Natur beherrschen können.

Über Technik und technische Zivilisation wurde viel geschrieben (Böhme, 1985, S. 167ff., Ellul, 1954, Berman, 1983). Wir sind, glaube ich, so in der technischen Haltung verfangen, daß wir uns keine Alternative zu unserer Beziehung zu den Dingen und zur Natur vorstellen können. Wir müssen weit zurückgehen in unsere Vergangenheit, ins alte China, zu den Afrikanern oder Indianern, zu den »Wilden«, wenn wir andere Beziehungen erkennen wollen. Wir hier greifen ein in die Natur, wir beherrschen die Natur, die wir immer wieder als »Feind« betrachten; die Alternative ist Teilhabe, »Partizipation« (Berman). Die Hopis mit ihren Regentänzen machen nicht Regen, sondern sie haben teil, partizipieren am Entstehen des Regens.

Auch wenn wir die Natur als ökologisches System betrachten, haben wir die Tendenz, sie als kontrollierbares System zu betrachten, als eine halt etwas kompliziertere triviale Maschine, die wir beherrschen können, wenn wir die Mechanismen erkannt haben, wenn wir genauer die Systemelemente und ihre Zusammenhänge erkannt haben.

Ich denke, daß sich Maturana und Varela zu Recht gegen die ingenieurmäßige Systemtheorie wenden, in der von »input« und »output«, von »Information« und »Kontrolle« die Rede ist. Mein Eindruck ist, daß die Theorien der Selbstorganisation wie die von Prigogine (1980) über dissipative Strukturen, die von Eigen (1975) über Hyperzyklen oder die von Maturana und Varela über Autopoiese auch deshalb so schwer Eingang finden in die Wissenschaft, weil die in diesen Theorien vertretene Selbstorganisation, die ja zumindest eine gewisse Autonomie beinhaltet, Angst macht; Selbstorganisation ist nicht mehr von uns machbar, da geschieht etwas, was wir wahrscheinlich nie beherrschen können. Das ist etwas anderes als ein nichterkanntes, kompliziertes System, wie das Wetter; da liegt es an unserer bisherigen Unkenntnis, daß wir noch nicht eingreifen können. Das erscheint uns bedrohlich.

An anderer Stelle (Portele, 1980) habe ich dargestellt, daß wir auf zweierlei Art Identität gewinnen, durch das, was wir herstellen: Das Produkt wird uns als Ursache zugeordnet. Die zweite Art, Identität zu gewinnen, beruht auf Interaktion: Uns wird von anderen auf eine bestimmte Art begegnet. Daß Identität am Fließband, wo das Produkt nicht mehr mir zugeordnet werden kann, wenn ich z. B. nur noch einen Handgriff tue, nicht mehr hergestellt werden kann oder daß Arbeitslosigkeit zur Identitätskrise führt – scheint mir daraus ableitbar zu sein. Daß wir Identität gewinnen durch das, was wir machen, und daß es uns wichtig ist, Identität zu gewinnen, ist ja auch ein historisches Phänomen. Die Dichter, Maler, Bildhauer, Architekten, Erfinder, Komponisten, Musiker des Mittelalters waren namenlos, oft bedurfte es intensiver historischer Forschung, die Werke den Produzenten zuzuordnen. Ich vermute, daß die Produktionsidentität, die Identität überhaupt, damals nicht so wichtig war. »Individualität ist ein Luxus«, behauptet Gernot Böhme (1985, S. 143), und er weist auf die »zentrale Bedeutung von Eigentum für die Möglichkeit, als Individuum da zu sein für andere in dinglicher Manifestation«, hin.

Zum Eigentum wird dann auch die Leistung, etwas produziert zu haben, und die Leistungsmotivation in der Leistungsgesellschaft wird demnach zu einer wichtigen Triebfeder im Individuum. Das hat Max Weber (1965) in seinem Werk über den Zusammenhang zwischen puritanischer Ethik und dem freien Unternehmertum aufschlußreich beschrieben.

Unserem Körper gegenüber gehen wir oft genauso vor, daß wir eine Machtbeziehung aufbauen. Wir »behandeln« den eigenen Leib oder lassen ihn behandeln, weil wir uns nicht auskennen, als sei er der »Körper des anderen« (Böhme, 1985, S. 114), mit den Produkten der Pharmaindustrie oder mechanisch. Aber hier stoßen wir auch immer wieder auf die Grenzen unserer Macht. Wenn wir uns einschlafen machen wollen, wenn wir uns zum Geschlechtsakt zwingen wollen, scheitern wir. Als Ideal in unserer Gesellschaft gilt immer noch die puritanische Ethik, wie sie Max Weber beschrieben hat: sich beherrschen, Gefühle unterdrücken, sich im Griff haben, Selbstkontrolle. All das sind Ausdrücke für eine Machtbeziehung. Sie ist identisch mit der technischen Beziehung, die wir Objekten der toten Materie gegenüber haben. Wir machen uns selbst zu Objekten von Macht, wir stellen eine Distanz her zwischen Ich und Ich, zwischen Ich und Körper, Seele und Körper, Geist und Körper usw. In der Gestalttheorie ist es üblich, Persönlichkeitsanteile miteinander sprechen zu lassen, häufig entsteht ein Dialog zwischen topdog und underdog, Eltern-Ich und Kind-Ich, Ich und Leib, Ich und meiner Krankheit usw. Dem Klienten stehen dabei zwei Stühle zur Verfügung. Wenn der topdog redet, setzt er sich auf den einen Stuhl, wenn der underdog redet, auf den anderen. Der topdog ist in der Regel der Machtausübende und der underdog der Machtunterworfene, was jedoch keineswegs heißt, daß der underdog keine Macht hat, sondern häufig Gegenmacht einsetzt. Die power-plays, die Claude Steiner für die Zweierbeziehung schildert, finden auch hier statt. »Alles oder nichts«, »Einschüchterung«, »Lügen« oder »Passivität«. Normalerweise fällt es den Klienten leicht, diese Dialoge zwischen Anteilen ihrer Persönlichkeit darzustellen, sich einmal mit der einen Seite zu identifizieren und dann mit der anderen. Ziel solcher Dialoge ist die Integration der beiden Ich-Anteile, was freilich nicht immer gelingt.

Bemerkenswert ist für mich, daß die Machtbeziehung auch zwischen den Persönlichkeitsanteilen vorherrscht, und die Anteile sich gegenseitig kausal beeinflussen möchten, manchmal der eine Anteil mehr als der andere.

Ausführlich beschäftigt sich Gernot Böhme (1985) mit der Beziehung zwischen Leib/Körper und Ich. Böhme unterscheidet zwischen Körper und Leib. Körper ist die physische Gegebenheit eines anderen, Leib ist meine physische Gegebenheit. Er zeigt auf, daß die neuzeitliche Wissenschaft den Körper als eine Maschine auffaßte, wenn auch eine komplizierte. Bei Descartes und der neuzeitlichen Wissenschaft wird die Distanz bis zum äußeren getrieben. »Leib und Seele sind danach zwei verschiedene Substanzen, zwei Wesenheiten unterschiedlicher Struktur« (S. 114). Der Leib ist eigentlich so etwas wie der Körper des anderen. Diese Differenzierung und Distanz habe der neuzeitlichen Wissenschaft das Körper-Seele-Problem eingebracht. Nur: »Wir *sind* Organismen, wir (das bedeutet irgendein mysteriöses Ich) *haben* keinen Organismus«, schreibt Perls (1981, S. 9).

Ich bin Leib. Wenn ich sage: »Ich bin mein Leib«, also das besitzanzeigende Fürwort »mein« verwende, habe ich mich bereits von meinem Leib distanziert. Die Sprache ist voller Tücken, wenn man versucht, Differenzierungen, Distanzen dieser Art aufzuheben.

»Wir begegnen dem Leib, der wir sind, wie der Arzt dem Körper. Aber: wir als Betroffene, d. h. also die wir lebend im Leib sind ... gehen nämlich davon aus, daß das wesentliche Wissen von diesem Leib wir nicht selbst haben, sondern andere. Wir mögen zwar Schmerzen haben, uns irgendwie komisch fühlen – aber was mit uns los ist, das zu wissen trauen wir uns nicht zu: Das muß ein anderer entscheiden, nämlich der Arzt. Der moderne Mensch weiß nichts von seinem Leib, er fühlt sich durchaus unheimisch in ihm, was er von ihm erfährt, ist ihm unheimlich. Er beobachtet seinen Körper wie eine black-box, deren äußerliche Zeichen verwirrend und schwer deutbar sind. Diese Entfremdung vom eigenen Leib war in der ersten Periode dieser neuzeitlichen Beziehung zum eigenen Leib, nämlich im 18. Jahrhundert, eine der Ursachen der Hypochondrie als Massenkrankheit.« (Böhme, 1985, S. 116)

Es ist aber eben nicht nur eine Beziehung mit Distanz, sondern eine Machtbeziehung. Wenn wir uns als Leib wie den Körper des anderen behandeln, dann versuchen wir, durch Hineinstecken, durch Hineinfüllen, Bestrahlen, Schütteln, Kneten von außen die Herrschaft über den eigenen Leib wiederherzustellen. Böhme spricht von »instrumenteller Manipulation« des Körpers (S. 116). Wir bekämpfen unsere Schmerzen oder unterdrücken sie mit verschiedenen Mitteln, wir gehen gegen die Krankheit an, bis wir sie »im Griff haben«. Krankheit und Schmerz werden nicht nur als etwas anderes, sondern als Gegner-Feind betrachtet, und wir beschreiben nicht nur sprachlich Kampf oder Krieg, sondern wir verhalten uns und unseren Schmerzen und unserer Krankheit gegenüber so. Die gleiche Beziehung haben wir gegenüber unserem Tod, der auch ein Teil von uns ist, wie wir der Leib sind. Freilich erleben wir Schmerz, Krankheit und Tod dann meist als mächtiger, als wir es sind, wir fühlen uns bedroht und haben Angst.

»Vom Leib kann man eigentlich erst reden, wenn man die Seele gestrichen hat«, behauptet Böhme (1985, S. 118). Das Seelische bestehe im wesentlichen aus Stimmungen und Gefühlen, und Stimmungen spürt man, Gefühle fühlt man im Leib.

»Ich fühle mich bedrückt, ich fühle mich leicht oder heiter, ich schäme mich, ich ekle mich und sogar ich liebe: Das sind Ausdrücke für leibliche Gestimmtheiten oder in leiblichen Regungen erfahrene Affekte. Das Bedrückt-, Beklommen- und Deprimiertsein wird ja tatsächlich empfunden als Druck in der Herzgegend, Mühe des Atems, Lähmung und Schwerheit der Glieder.« (Böhme, 1985, S. 118, 119) Und dann: Bei diesen unangenehmen Zuständen wollen wir unser Instrument Leib steuern, kontrollieren, beherrschen, in den Griff kriegen. Ich glaube, jeder von uns hat erfahren, wie der Leib versagt hat, wir nicht mehr gehen konnten oder stehen oder so weit oder so hoch springen, wie wir üblicherweise konnten. Dann »reißen wir uns zusammen«, trainieren den

Körper, flößen ihm Nahrung oder Mittel ein, kurz: Wir versuchen, ihn zu beherrschen, denn wenn der Leib versagt, das heißt wir versagen, dann fühlen wir uns, dem Körper in unserem Kampf unterlegen, wir empfinden es als Herrschaft des Körpers über uns. Wir sind die Schwäche nicht, wir haben die Schwäche. In diesem »Haben« statt »Sein« dokumentiert sich unsere Entfremdung.

Gernot Böhme spricht von »Zuständen«. Das »eigenleibliche Spüren« ist ein Zustand. Dieses eigenleibliche Spüren ist im größten Teil der Zeit nicht vorhanden, das ist ein anderer Zustand. Wir spüren uns nicht. Eigenleibliches Spüren kann negativ getönt sein, wenn es uns nicht gut geht, oder positiv, wenn wir uns als Leib z. B. im warmen Badewannenwasser spüren. Als »Zustand« bezeichnet Böhme »das Verhältnis des Körpers, des Leibes, der Seele, des Bewußtseins, des Ichs usw. zueinander«. Es gibt nicht *die* Seele und *den* Körper und *das* Bewußtsein, »... vielmehr kann der Mensch in Zuständen sein, in denen so etwas wie Ich und Bewußtsein oder leibliches Spüren ausdifferenziert wird« (Böhme, 1985, S. 123). Der Mensch muß die Zustände wechseln können. Zum Beispiel kann »in Bewußtsein sein« den Körper zum bloßen Gegenstand machen, und »wenn man sich seiner bewußt ist, kann man nicht schlafen«, und »es ist ein weitverbreitetes Vorurteil, die leibliche Liebe könne wie Arbeit vollzogen werden«, also indem man seinen Körper als Instrument einsetzt. Impotenz oder Frigidität können dann die Folge sein. Dann ist man nicht im »Zustand« des »eigenleiblichen Spürens«, sondern im »Zustand Bewußtsein«. Was Böhme hier als Zustände beschreibt, sind Beziehungen zwischen den Humana, wie er es nennt: Ich, Leib, Seele, Bewußtsein usw. Was m. E. fehlt oder genauer nur angedeutet wird und nicht ausgeführt ist, ist, daß die Beziehungen verschiedene Formen haben und von verschiedener Art sein können, nämlich Machtbeziehungen und Liebesbeziehungen und die Formen Distanz, Kontakt und Überschneidung. Den Körper als Instrument zu behandeln, das wir kausal beeinflussen können, ist eine Machtbeziehung mit Kontakt, die Krankheit des Körpers mit einem Arzneimittel zu behandeln oder das Symptom wegoperieren zu lassen ist eine Machtbeziehung mit Distanz. Es geht m. E. dabei nicht um physische Distanz, sondern um die Distanz in unserer Vorstellung, in unserer Konstruktion. Das eigenleibliche Spüren, indem man das Unangenehme oder das Angenehme akzeptiert, ist eine Liebesbeziehung mit Kontakt. Wenn man sich so spürt, daß man nicht mehr den Leib spürt, sondern wirklich sich als Leib und akzeptiert, dann ist es eine Liebesbeziehung mit Überschneidung. Wahrscheinlich gilt für die Macht etwas Ähnliches wie für die Liebe: Andere lieben können wir erst, wenn wir uns lieben können. Aufhören, Macht auszuüben über andere und uns anderen zu unterwerfen, können wir erst, wenn wir uns gegenüber keine Macht ausüben und uns nicht uns selbst unterwerfen.

Machtbeziehungen haben als Bewegungstendenz: Auseinandergehen, Distanz, Abstand herstellen. Die Bewegungstendenz der Liebesbeziehung ist aufeinander zugehen, Distanz verringern, sich berühren, ineinanderfließen, sich vereinigen.

Lieben

Was ist das Lieben? Und was ist eine Liebesbeziehung? Da gibt es Eros, leibliche Liebe, also sexuelle Beziehung, Agape, die christliche Liebe, Karuna, das buddhistische Mitleiden, die Liebe in Allah, wie die Sufis, z. B. Rumi (Schimmel, 1980), sie beschreiben, die indianische Ehrfurcht usw.

Die Historiker sind sich einig, daß »Liebe« sehr Unterschiedliches bedeutete in anderen Kulturen (Ariès und Bejin, 1984, Gernot Böhme, 1985). Der griechische Eros meinte Knabenliebe und war die Kultur, Knaben zu lieben, also ein An-sich-Arbeiten, ein Sich-Stilisieren in der Liebe zu Knaben. Es war eine hierarchische Beziehung, denn die Liebenden waren die Herren und die Knaben waren die Sklaven. Liebe und Ehe hatten nichts miteinander zu tun.

Auch in der christlichen Agape ist ein hierarchisches Verhalten angelegt. Es gibt den Geber und den Empfänger. Wenn Eros etwas haben wollen ist, dann ist Agape Hingabe. »Die christliche Liebe will nichts für sich und richtet sich deshalb auch auf den anderen nicht um bestimmter Eigenschaften willen, sondern um seiner selbst willen«, schreibt Böhme (1985, S. 106). Der Liebende gibt nicht aufgrund der Leistung des Geliebten, er gibt, wie Christus gezeigt hat, auch dem Sünder. Agape ist bedingungslos, aber sie ist auch ein Gebot: Liebe deinen Nächsten. Im Grunde ist es ein Paradoxon, denn wenn Agape nicht nur Geben ist, also ein Tun, sondern auch ein Gefühl oder gar ein Bedürfnis, dann heißt das christliche Gebot ausgeführt: »Du sollst spontan, von dir aus, das

Gefühl/Bedürfnis haben, deinen Nächsten zu lieben.« Es ist wieder das Paradoxon: »Du sollst das wollen.« Deshalb glaube ich, ist es möglich und bestand immer die Gefahr, daß christliche Liebe zur reinen Tätigkeit verkümmerte ohne Herz, zum Almosengeben, zur Spende als Demonstration vor sich und vor anderen, daß man das Gebot erfüllt, als etwas Äußerliches, als ein Handeln, das von außen, vom Gebot veranlaßt ist, aber nicht von mir.

Ich habe aus zwei Gründen immer die Formulierung »Liebe deinen Nächsten wie dich selbst« für besonders geglückt und bedeutungsvoll gehalten. Zum einen, weil in dem »wie dich selbst« für mich enthalten ist: Liebe deinen Nächsten, als seist du dieser Nächste, versetz dich in ihn hinein und dann geh mit ihm um, wie du am liebsten mit dir umgehen würdest. Dabei unterstelle ich, daß man sich selbst liebt. Das ist ja keineswegs immer der Fall. Deshalb beinhaltet dieses »wie dich selbst« auch: »Lerne dich zu lieben.« Erst wenn du dich liebst, dann kannst du auch den Nächsten lieben. Und sich selbst lieben, heißt ja ganz sicher nicht autoaggressiv mit sich umgehen, seine Wünsche unterdrücken, sich beherrschen, sich fertigmachen, sich quälen, sich schuldig nennen, sich Vorwürfe machen usw., was wir ja dauernd und immer wieder tun. Auf diese beiden Aspekte des »wie dich selbst«, das Hineinversetzen und das Sich-Lieben, komme ich noch zurück.

Neben dem griechischen Eros und der christlichen Agape gibt es noch die Minne, die Verehrung der verheirateten Frau. Es ist eine Liebe auf Distanz, eine Beziehung der Geschlechter auf Distanz. Auch diese Beziehung ist hierarchisch, nur geht sie diesmal vom hierarchisch Tieferstehenden aus, und die Frau gewährt den Blick. Um diesen Blick zu erreichen, bemüht sich der Minnende, die Tugenden, die damals wichtig waren, zu erreichen, also Ritterlichkeit. Böhme meint, daß hier »Liebe als gegenseitige Anerkennung und Selbstfindung« erfunden wurde (S. 110). Das ist ja ein Aspekt, der heute in der modernen Partnerbeziehung, auch der Ehe, eine wichtige Rolle spielt. Auch im Zeitalter der Maitressen war die Liebe außerhalb der Ehe angesiedelt. Überhaupt ist Liebe – welcher Art auch immer – als Voraussetzung für die Ehe eine sehr späte Erfindung. Das Monogamiegebot und das Gebot der Lebenslänglichkeit der Ehe, »bis der Tod euch scheidet«, waren eben nicht das Gebot: »Liebt nur einen/eine und liebt sie/ihn ein Leben lang.« Diese Gebote betrafen vielmehr die Sexualität und waren für den vorwiegend ökonomischen Vertrag der Ehe gedacht. Sexuelle Bedürfnisse waren auch nicht an Liebe gekoppelt, wie die Minne zeigt. Das Gebot der lebenslangen Einehe hatte aber offensichtlich mit der Leibfeindlichkeit der christlichen Kirche zu tun, die den außerehelichen Geschlechtsverkehr und seine Folgen verdammen wollte.

In der »romantischen Liebe« als Basis der Ehe wurden dann Sexualität, Minne, die Hingabe, die Agape − vor allem von Frauen −, Partnerschaft und noch mehr kumuliert. Zur Zeit sieht es wohl so aus, daß die Frau Maria und Hure, Mutter der Kinder, Geliebte und Liebende, Anerkennende, Sich-selbst-Findende, Hausfrau mindestens sein soll und der Mann Minnender und Macho, Vater und Vater der Kinder, Geliebter und Liebender, Anerkennender und Sich-selbst-Findender usw. sein soll, und das lebenslang und monogam. Kein Wunder also, daß es so viele »Beziehungskisten« und Scheidungen gibt.

Aber mit der romantischen Liebe als Basis der Ehe findet so etwas wie eine zunehmende Beschränkung der Liebe auf die Partnerbeziehung statt. Es gibt nur ein wenig daneben die Mutterliebe, die Vaterliebe und die Liebe der Kinder zu den Eltern. Liebe wird auf die Familie beschränkt. Daneben gibt es noch das Verliebtsein, diesen tranceartigen Zustand, der, wenn er nicht auf sexuelles Begehren beschränkt ist, als außeralltäglicher Zustand erlebt wird, bei dem der Partner überhöht wird oder, wie Stendhal sagt, die Liebe die Geliebte schön mache, sie also die Schönheit erschaffe. »To fall in love« heißt es interessanterweise auf Englisch, es ist also ein Ereignis, über das man nicht verfügt, das einen wie eine Krankheit (»liebeskrank«) überfällt, wofür man nichts kann, wofür man also auch keine Verantwortung hat. Die darauf gegründete Ehe ist wohl dann ja auch gefährdet durch den Alltag.

Nach dieser tour d'horizon durch einige europäische Spielarten der Liebe bleibt die Frage: Was ist Lieben? Ich will versuchen, »Lieben« einzukreisen, indem ich das, womit Lieben m. E. verwechselt wird, aufzähle und das, was zur Liebe gehört, aber sie allein noch nicht ausmacht.

Liebe als Gegensatz zu Macht

Ich habe die Liebe als Gegensatz zur Machtbeziehung eingeführt. Liebe hat also nichts mit dem Ausüben von Macht zu tun, aber auch nichts mit Unterwerfen. Der kurze Abriß der verschiedenen historischen Bedeutungen von Liebe zeigt schon, daß häufig hierarchische Beziehungen angelegt waren oder zumindest asymmetrische Beziehungen gesehen wurden. Ich meine, daß Unterwerfung, also die Übernahme des Willens des anderen, häufig als Liebe mißverstanden wird. Hingabe und Unterwerfung werden gleichgesetzt. Hingabe als Unterwerfung findet man vor allem bei Frauen, entsprechend der Lehre des Christentums: Das Weib sei dem Manne untertan. Bei Paulus heißt es jedoch: »Der Mann leiste seiner Frau die schuldige Pflicht, ebenso aber auch die Frau dem Manne. Die Frau hat kein Verfügungsrecht über ihren Leib, sondern der Mann, ebensowenig hat der Mann ein Verfügungsrecht über seinen Leib, sondern die Frau« (1. Korinther 2–4). Paulus spricht offensichtlich von einer Machtbeziehung, wenn er von Pflicht, schuldiger Pflicht, Verfügungsrecht spricht. Zwar haben Mann und Frau hier eindeutig die gleichen Rechte und »Pflichten«, aber die Ehe – die ja nicht unbedingt etwas mit Liebe zu tun hat – ist insofern nicht partnerschaftlich, als die Ehepartner dem Gebot von Paulus m. E. nur folgen können, wenn mal der eine, mal der andere »nachgibt«, d. h. sich unterwirft, und mal der eine, mal der andere das Verfügungsrecht hat, d. h. Macht ausübt. Ich meine, daß die Verwechslung von Machtbeziehungen mit Liebesbeziehungen eine sehr lange Tradition hat bei uns.

Es kommt auch in den Auffassungen von Kindesliebe, also – Liebe der Kinder zur Mutter, zum Vater – zum Ausdruck. Vater und Mutter ehren, heißt oft nur: sich unterwerfen. Und seine Kinder lieben – von Vater und Mutter – ist oft ein Machtausüben: »Wer sein Kind liebt, der züchtigt es.« Erziehen wird als formen verstanden, die kleinen wilden Barbaren müssen zivilisiert werden. Es hat jedoch den Anschein, daß Unterwerfung leichter mit Liebe verwechselt wird als Machtausübung.

Wenn wir von Liebe reden, dann denken wir als erstes an Liebe zwischen den Geschlechtern. Liebe und sexuelle Vereinigung sind eng miteinander gekoppelt. Daß es daneben die Kinderliebe und die Elternliebe mit dem Tabu auf der sexuellen Vereinigung gibt, fällt uns sehr viel später ein, ebenso die Nächstenliebe, die Liebe zu

Tieren und Pflanzen und zur nichtlebenden Materie. Ich meine jedoch, daß Liebe eine Bezeichnung für eine Beziehung sein sollte, wobei es sicherlich einfacher ist, sich zunächst als Partner einen Menschen vorzustellen, als irgendein anderes Lebewesen oder irgendeinen anderen Gegenstand, obwohl es Liebesbeziehungen auch zwischen Tieren und vielleicht auch anderen Lebewesen und Gegenständen geben kann. Die sexuelle Vereinigung ist bei Liebesbeziehungen zwischen Menschen sicherlich sehr wichtig, weil sie so etwas wie »Vereinigung« erlebbar macht. Ich will darauf noch eingehen.

Überrascht hat mich immer wieder, daß viele Menschen »lieben« mit »geliebt werden wollen« verwechseln. Eine unglückliche Liebe ist in ihren Augen keineswegs eine Beziehung, in der ich liebe und der andere mich nicht liebt, sondern eine unglückliche Liebe ist, wenn der andere mich nicht liebt. Genauer müßte man es so ausdrücken: Das Gefühl Liebe wird mit dem Gefühl, geliebt werden zu wollen, verwechselt. In den Therapien fiel mir immer wieder auf, daß »lieben« oft nichts anderes heißt, als zu wünschen, daß der andere mir gegenüber etwas, was ich als liebevoll bezeichne, tut. Ich »liebe« heißt oft nicht mehr, als ein bestimmtes Gefühl jemandem anderen gegenüber zu haben und den Wunsch, daß der andere eine liebevolle Handlung ausführt. Es ist ganz eigenartig, daß die Klienten oft nicht wußten, wie man liebt, also die Liebesgefühle in Handlungen umsetzt. Ebenso erstaunt waren Klienten oft, wenn ich ihnen sagte, daß man lieben könne, ohne geliebt zu werden. Häufig gibt es die Vorstellung, wenn Vater und Mutter oder Mann oder Frau mich nicht lieben, dann kann ich sie auch nicht lieben.

Wie ich bereits erwähnt habe, ist Kontakt in der Gestalttherapie ein zentrales Konzept. Wir vermeiden auf vielerlei Weise Kontakt, z. B., indem wir mit der Rolle Verkäuferin, Professor, Frau, Schaffner Kontakt machen und nicht mit der Person, aus Angst, aus Furcht beispielsweise vor der Trauer bei der Trennung usw. Überraschung löst immer wieder die Vorstellung aus, daß ich mit einer Person intensiven Kontakt aufnehmen kann, ohne daß sie mit mir Kontakt aufnimmt (obwohl es ihr dann schwerfallen wird, nicht ihrerseits mit mir Kontakt aufzunehmen). Diese Einsicht ist jedoch sehr wichtig, denn ein Baum, ein Stein nimmt nicht mit mir Kontakt auf, aber ich kann mit ihm Kontakt aufnehmen. Es ist auffallend, wie oft wir warten, bis der andere Kontakt aufnimmt, bevor wir Kontakt aufnehmen. Sicherlich ist dabei die Angst vor Zurückweisung wichtig, aber wir können weiter in Kontakt bleiben, wenn wir zurückgewiesen werden, auch weiterlieben, wenn wir nicht geliebt werden.

Unter lieben wird oft nur ein Gefühl verstanden, und es wird übersehen, daß lieben ein Tätigkeitswort ist, sich also das Gefühl in Handlungen äußern kann, auch natürlich in Worten. Mein Eindruck ist, daß im Alltag das Repertoire von Liebeshandlungen uns relativ eng begrenzt erscheint: etwas schenken (z. B. Blumen), nahe sein, berühren, miteinander schlafen (bei Liebe zwischen Menschen), dabei wissen wir doch, daß lieben sich in vielen verschiedenen Handlungen darstellen kann, daß viele Handlungen liebevoll sein können. Ich meine, daß wir nur als ganze Personen lieben können, mit Gefühl, Körper und Seele, mit Herz und Kopf, nicht nur mit Teilen von uns oder Aspekten. »Wenn du eine Maske trägst, bist du in Kontakt mit der Innenseite der Maske« (Perls, 1981, S. 36).

Eine andere seltsame Vorstellung von Liebe ist, daß man nur eine begrenzte Menge davon hat. Man kann dies das Topfmodell der Liebe nennen. Ich gebe Liebe, bis ich keine mehr habe, oder wenn ich dem einen Liebe gebe, kann ich sie nicht mehr dem anderen geben. Für den Liebe Empfangenden ist das Topfmodell noch wichtiger, gefährlicher, weil es Leiden schafft. Wenn sie/er einem anderen Mann oder einer anderen Frau, den Kindern, der Arbeit soviel Liebe gibt, kriege ich nichts mehr oder zuwenig ab. Das hängt natürlich mit unseren Zeitvorstellungen zusammen. Die Zeit, die er mit der anderen verbringt, verbringt er nicht mit mir. Das ist zweifellos eine nachvollziehbare Feststellung. Nur daraus zu schließen, daß dann Liebe auch begrenzt ist wie die Zeit, scheint mir unsinnig zu sein. Claude Steiner hat das schöne Märchen von den Kuscheldingern (den »strokes«, den Streicheleinheiten in der Transaktionsanalyse) erfunden. Zu Anfang hatte jeder Mensch einen unerschöpflichen Sack voll Kuscheldinger, die er an andere verteilen konnte, dann kam eine böse Hexe und brachte dem Menschen bei, daß die Kuscheldinger endlich seien und ausgehen würden, darauf hütete jeder seinen Sack voll Kuscheldinger, wie Eigentum, wie Geld, man erfand »plastic strokes«, Ersatzkuscheldinger, die aber nicht befriedigten. Bis die Kinder wieder entdeckten, ...

Lieben heißt für mich – wie bereits erwähnt – sich gegenseitig und sich selbst als autonom anerkennen und sehen.

Solidarität

Liebe und Solidarität sind m. E. nicht gleichzusetzen. Solidarität ist für mich vor allem ein Kampfbegriff: »Ich bin solidarisch mit... gegen...« Wenn man Liebe in einer Körperhaltung ausdrückt, so ist es Einanderzugewandtsein, Solidarität dagegen ist ein Nebeneinanderstehen gegenüber etwas anderem, beide sind – allerdings Seite an Seite – etwas anderem zugewandt. Wenn das andere nicht etwas Feindliches ist, sondern z. B. die »gemeinsame dritte Sache« (Brecht, vgl. Portele, 1978), dann »lieben« zwei ein Drittes. Diese »Liebe« verbindet sie auf eine spezifische Weise, aber ich will diese Verbindung nicht »lieben« nennen.

Über die gemeinsame dritte Sache heißt es bei Brecht in »Die Mutter«, gemeint ist die Kommunistische Partei:

Lob der dritten Sache

Immerfort hört man, wie schnell
Die Mütter die Söhne verlieren, aber ich
Behielt meinen Sohn. Wie behielt ich ihn? Durch
Die dritte Sache.
Er und ich waren zwei, aber die dritte
Gemeinsame Sache, gemeinsam betrieben,
Uns einte.   [war es, die
Oftmals selber hörte ich Söhne
Mit ihren Eltern sprechen.
Wieviel besser war doch unser Gespräch
Über die dritte Sache, die uns gemeinsam war
Vieler Menschen große, gemeinsame Sache!
Wie nahe waren wir uns, dieser Sache
Nahe! Wie gut waren wir uns, dieser
Guten Sache nahe!

In der Themenzentrierten Interaktion von Ruth Cohn ist dies das »Es« oder das »gemeinsame Thema«, und erfahrungsgemäß ist dieses »Es«, diese »gemeinsame dritte Sache«, für eine Liebesbeziehung sehr hilfreich, da die Partner nicht dauernd sich zugewandt leben können, und wenn jeder »sein Ding« macht, geht beim Machen die Verbindung zwischen den Liebenden verloren, wenn sie sich jeweils anderen verschiedenen Sachen zuwenden.

Solidarität ist ein wichtiges Konzept bei Maturana und Varela. Die dritte gemeinsame Sache ist hier das konsensuelle Hervorbringen *einer* Welt (nicht *der* Welt) in der Sprache. Wir müssen feststellen: »Wir haben nur die Welt, die wir zusammen mit anderen hervorbringen, und nur die Liebe ermöglicht uns, diese Welt hervorzubringen« (Maturana und Varela, 1987, 267). Wenn Erkennen Tun ist und Tun Erkennen, dann sind wir verantwortlich für diese eine Welt, und wenn wir nicht der Versuchung der Gewißheit erliegen und den anderen als gleichen in unseren Handlungen betrachten und nicht so, als wüßten wir *die* Wahrheit oder als wüßte er *die* Wahrheit, dann handeln wir, wozu uns die Erkenntnis der Erkenntnis verpflichtet.

Akzeptieren

Maturana setzt lieben mit akzeptieren gleich. Für mich ist Akzeptieren ein wichtiger Teil beim Lieben. »Die Akzeptanz des anderen ohne Forderungen ist der Feind der Tyrannei und der Mißhandlungen, da sie einen Raum für Kooperation öffnet... Liebe ist der Feind der Inbesitznahme«, schreibt Maturana (1985, S. 31). An diesem Zitat wird deutlich, daß Akzeptanz ein Gegensatz zur Machtbeziehung ist. Was ich akzeptiere, will ich nicht ändern, nicht beeinflussen, ich nehme es hin, wie es ist.

Ich glaube, jeder von uns weiß, wie schwer es ist, den anderen so sein zu lassen, wie er ist. Es gibt ja immer wieder etwas, was uns stört, was wir deshalb anders haben möchten und deshalb zu verändern versuchen, besonders schwer fällt uns das Akzeptieren bei uns selbst. Unsere Krankheit, unseren Schmerz, unseren Tod zu akzeptieren, sie zuzulassen, ist etwas, was wir kaum tun. Wir wollen die Krankheit, die Schmerzen, den Tod weghaben, wir wollen Krankheit, Schmerz, Tod unterdrücken. Wir wollen Macht über sie haben. Ich meine, es fällt uns so schwer, etwas zu akzeptieren, weil wir glauben, daß wenn wir etwas akzeptieren, es so bleibt, wie es ist. Wir glauben, das, was wir akzeptieren, in dem Zustand festzuhalten, in dem es sich zum Zeitpunkt des Akzeptierens befindet, wenn wir es akzeptieren, weil wir überzeugt sind, es ändere sich nur, wenn wir es von außen ändern, wenn *wir* es ändern. Wir kommen nicht los, es als triviale Maschine zu betrachten, wobei »es« eben die geliebte Person, unsere Krankheit, unser Schmerz oder irgend etwas anderes sein kann. Unvereinbar erscheint uns, daß wir etwas akzeptieren und den Wunsch haben, daß es sich verändert. Aber Voraussetzung ist eben, daß wir dem »es«, was immer es sei, zutrauen, daß es sich verändern kann, sich selbst organisieren, autonom, daß es wachsen kann, daß es keine triviale Maschine ist. Akzeptieren heißt also die Autonomie des anderen anerkennen, das andere als autonom zu konstruieren, zumindest als nicht von uns abhängig. Das berühmte Gestaltparadoxon heißt: »Veränderung findet statt, wenn jemand wird, was er ist, nicht wenn er versucht zu werden, was er nicht ist.« (Beisser, 1970).

Diese pragmatische Weisheit trägt auch nur unserer Erfahrung Rechnung, daß das, was wir ändern wollen, üblicherweise diesem Änderungsverlangen Widerstand entgegensetzt. Etwas akzeptieren, wie es ist und wie es sich verändert, ist nicht gleichzusetzen der Aufgabe des Wunsches, daß es sich ändert. Wir gehen jedoch mit dem anderen als autonomem Wesen um, wenn wir unseren Wunsch äußern, den anderen um etwas bitten und der andere dann entscheidet, was er tun will. Wenn der andere ein Mensch ist, können wir darüber sprechen. Bei nichtmenschlichen Lebewesen und bei Gegenständen der unbelebten Materie ist es schwieriger. Wir können »wu-wei«, das Nichthandeln der Zenbuddhisten, versuchen, d. h. mit dem Fluß gehen, partizipieren, Teil sein, »Teil im Felde«.

Es fällt uns leicht, Teile zu akzeptieren und anderen Teilen gegenüber dann gleichgültig zu sein, sie zu übersehen, sie nicht wahrzunehmen oder sogar andere Teile abzulehnen. Ich meine, es geht darum, den anderen *ganz* zu akzeptieren. Ich jedenfalls will vom anderen *ganz* akzeptiert werden, er soll möglichst auch die Teile von mir akzeptieren, die ich selbst nicht akzeptiere, meine Schwächen, meine Fehler, meinen Schatten. Und mich selbst ganz zu akzeptieren, ist zweifellos ein Vorgang, den ich immer wieder neu anstreben kann. Denn natürlich verändere ich mich, handle ich, urteile ich über mich, aber all das braucht mich nicht daran zu hindern, mich wieder selbst zu akzeptieren. Wenn ich mich selbst akzeptiere, brauche ich auch die anderen nicht so sehr, daß sie mich akzeptieren, dann versuche ich nicht, sie so zu beeinflussen, zu manipulieren durch Verschweigen oder Lügen oder was immer, daß sie mich akzeptieren, dann bin ich auch frei, sie zu akzeptieren. Akzeptieren ist für mich im Vergleich mit lieben noch relativ passiv.

»Ich nehme etwas an« heißt ja eigentlich akzeptieren. Akzeptieren will ich aber nicht verwechselt wissen mit Beziehungslosigkeit. Etwas zu akzeptieren heißt für mich nicht, es als nicht vorhanden zu sehen, etwas, dem ich keine Aufmerksamkeit schenke; was ich nicht wahrnehme, was für mich nicht existiert, akzeptiere ich noch nicht. Zu dem habe ich noch keine Beziehung. Das ist alles. Wenn ich voraussetze, daß sich das, was ich akzeptiere, verändert, dann ist akzeptieren eine permanente Tätigkeit und eben nicht ein einmaliger Vorgang, was wir zunächst auch häufig unterstellen. Akzeptieren heißt auch »sich lassen«. »Es geht darum, ›mit Absicht‹ sich in eine Haltung der Absichtslosigkeit zu begeben, aktiv eine Bereitschaft herbeizuführen, sich betreffen zu lassen« (Böhme, 1985, S. 217). Einerseits geht es darum, »sich selbst zu lassen«, den eigenen Leib oder sich vom eigenen Leib betreffen zu lassen, also auch darum, die Haltung des »Sich-lassens« anderen gegenüber, der Welt gegenüber, einzunehmen. »Sich lassen« heißt ja nicht, absolut passiv zu sein, sondern sich aktiv zu entscheiden – to set the intention – offen zu sein, verwundbar und »heilbar«, sich betreffen zu lassen von Perturbationen, diese Perturbationen können ja auch Liebe sein. Autonomie ist ja nicht, Perturbationen durch einen Panzer zu vermeiden, sondern autonom mit Perturbationen umzugehen. Es ist die Angst, doch nicht autonom zu sein, die uns hindert, uns zu lassen. Sich lassen ist sicher eine Kunst, aber wir haben dauernd Gelegenheit, sie zu üben.

Kontakt

Auch Kontakt ist nicht mit Liebe gleichzusetzen, scheint mir aber ein wichtiger Aspekt von Liebe zu sein.

In der Gestalttherapie wird betont, daß der Kontakt an den Grenzen zweier Einheiten stattfindet. Ich erfahre meine Grenze und die Grenze des anderen nur im Kontakt. Wir spüren uns an der Grenze. Das Ziel ist nicht, dauernd Kontakt zu haben. Der »Rhythmus des Lebens« ist »Kontakt und Rückzug« (Perls, 1981). Wir sind mit unseren Grenzen in Kontakt mit der Umwelt, aber immer können wir mit unserer awareness, Aufmerksamkeit, unserem Bewußtsein nach innen oder nach außen oder eben an die Grenze gehen. Im 1. Kapitel habe ich auf die Grenze von Lebewesen durch ihre Selbstreferentialität oder Zirkularität mit ihrer

Abgeschlossenheit hingewiesen. Die eigene Grenze zu spüren und damit mit sich in Kontakt zu sein ist sicher ein ganz wichtiger Vorgang, weil unsere Konstruktionen, Gewohnheiten, Phantasien häufig diese Grenzen nicht beachten. Unsere physiologischen Grenzen und unsere Grenzen, wie wir sie uns vorstellen, stimmen oft nicht überein. Ich habe darauf hingewiesen, daß wir als Neurotiker häufig Kontakt vermeiden zu uns selbst, zu anderen Menschen, zu anderen Lebewesen und Dingen.

Zur Kontaktvermeidung kann man wohl alle die Pseudokontakte rechnen, die wir üblicherweise eingehen mit Rollen, Namen, Landkarten, Kategorien, mit unseren Konstruktionen. Um noch einmal auf von Glasersfeld (1980, S. 85) zurückzukommen: Wir können eine »Erfahrung als Erfahrung nehmen, uns daran erfreuen, darunter leiden, sie leben« oder eben »in Stücke schneiden, vergleichen, kategorisieren, in Schemata pressen«.

Wir begegnen in der Regel nur der Rose, dem Kastanienbaum, der Tomate, Andreas, der Großmutter, aber nur in ganz seltenen Augenblicken der einmaligen Blüte hier und jetzt, die Rose heißt, dem einmaligen, einzigartigen Baum hier und jetzt und so weiter. Dieses Mit-dem-Namen-Kontakt-haben-wollen kann zu einer Sucht werden, immer wieder entdecke ich mich dabei, daß ich beim Spazierengehen den Namen einer Pflanze suche und wissen will und darüber vergesse, ihr zu begegnen, sie wirklich zu erfahren. Dabei gehört die Erfahrung, wirklich mit etwas oder jemand Kontakt zu haben, zu den »peak experiences«, zu den beglückenden außeralltäglichen Erfahrungen. Das gilt auch für die Erfahrung, mit mir selbst in Kontakt zu sein. Ich verstehe die Aufforderung »Du sollst dir kein Bildnis machen« auf diese Weise. Perls liebte Gertrude Steins »Eine Rose ist eine Rose ist eine Rose...«

Wirklich in Kontakt sein, so meine Beobachtung, kann ich nur, wenn ich ganz und nicht nur in Teilen, Aspekten, mit halber Aufmerksamkeit, gedankenverloren mit dem anderen Kontakt aufnehme, wobei das andere eben auch ganz erfahren wird und nicht in Teilen, Abstraktionen, Konzepten, die ja immer etwas weglassen. Voraussetzung dazu ist, nicht zu vergleichen. Wenn ich nicht vergleiche, kann ich nicht bewerten. Kontakt ist also ein Tun ohne Vergleich und ohne Bewertung.

Dieser volle Kontakt braucht nicht lange zu dauern. Kontakt *und* Rückzug ist der Rhythmus des Lebens. Meine Aufmerksamkeit kann ich auf etwas anderes beziehen; das, was Figur war, kann zum Hintergrund werden und das, was im Hintergrund war, zur Figur.

Wirklicher Kontakt nähert sich der mystischen Erfahrung, dem Einssein mit dem anderen, der »Erfahrung der Einheit mit dem Ganzen«, wie Gernot Böhme definiert. Darauf komme ich zurück. Wirklicher Kontakt, einander begegnen an den Grenzen von mir und dem anderen, kann plötzlich umschlagen in dieses Eins-Sein. Aber Kontakt ist für mich die Begegnung von zwei Einzigartigkeiten, und das ist schon sehr viel, auch wenn es nicht »Nicht-Zwei« ist. Man erlebt dabei sich und das andere, den anderen in seiner Einzigartigkeit. Ein wichtiges Kriterium für das Erleben von Kontakt ist, daß dabei die eigene und die Veränderung des anderen gespürt wird. Beim Kontakt merkt man, daß ich und das andere im Fluß sind, nichts bleibt gleich, insofern erlebt man Kontakt als etwas sehr Lebendiges.

Sympathie

Die »Einbildungskraft« ist als Erkenntnisvermögen seit Kant nicht sehr angesehen. Kant wollte die Einbildungskraft kultivieren, man solle sie nur zu Zwecken des Verstandes brauchen. »Faktisch kommt diese Unterwerfung der Einbildungskraft ihrer Vernichtung gleich, denn sie war doch das Vermögen, innerlich mit dem Gedanken mitgehen zu können, was sinnlich gegeben ist, in sich zu wiederholen. Genau das soll nicht geschehen. Produktion von Bildern soll dem Verstande gemäß sein« (Gernot und H. Böhme, 1983, S. 313). Malebranche dagegen setzte die Einbildungskraft der Sympathie gleich, und für ihn ist Sympathie ein Erkenntnisvermögen. Malebranche (gestorben 1717) unterscheidet bei Geist zwischen Sinnesempfindungen, Einbildungskraft und reinem Geist, wobei Sinnesempfindungen und Einbildungskraft die »wandelbaren Dinge erkennen, die zur Erhaltung des körperlichen Lebens dienen«; der reine Geist kann die unwandelbare göttliche Wahrheit erkennen und ist nicht brauchbar, um die »Beziehungen zu erkennen, die zwischen den äußeren Körpern und den unseren bestehen« (1968, S. 107). Gernot Böhme schreibt:

»Wahrnehmen heißt in diesem Verständnis (als Sympathie), ›sich etwas einzubilden‹, nämlich das Wahrgenommene in sich selbst als Bild nachzuvollziehen. Dieses Vermögen des inneren Mitvollzugs oder die Nachahmung muß wohl auch heute noch als die Basis jeglichen Lernens angesehen werden.«

»Wir kennen diese Wahrnehmung sehr gut, etwa in der Musik: Hier heißt Musik hören häufig, sie innerlich mitzusingen. Ähnlich erfahren wir Bewegungen, die wir sehen, häufig als innere Bewegungsantriebe in den eigenen Gliedern. Einbildung als Erkenntnisvermögen, durch inneren Mitvollzug etwas zu erkennen, diese Art von Erkenntnis ist sicherlich gefährlich, nicht nur durch die hohe Täuschbarkeit, sondern auch, weil Erkennen hier vielfach mitleiden heißt – jedenfalls geschieht uns etwas durch das erkannte Objekt. Das Zurückdrängen der Einbildungskraft als Erkenntnisvermögen geschieht in der Absicht, sich zu schützen: Dem erkennenden Subjekt soll von der Welt und den erkannten Objekten nichts mehr geschehen. Erkenntnis soll ›objektiv‹ sein. Sie soll uns nicht in eine bestimmte Disposition, insbesondere nicht in eine affektive, bringen, sondern ein nüchternes Feststellen von Tatsachen enthalten« (Böhme, 1985, S. 186).

Dieser Mitvollzug, dieses Mitleid – aber es kann ja auch Mitfreude sein – hebt tendenziell die Trennung zwischen Subjekt und Objekt auf. Die Welt, das Objekt, steht nicht mehr gegenüber als etwas Fremdes, anderes, von mir völlig Distanziertes, Unterschiedenes, ich gehe in das Objekt hinein, ich versetze mich in den anderen. Wie weiter oben bereits erwähnt, heißt für mich der Satz »Liebe deinen Nächsten wie dich selbst« auch: Versetz dich in den Nächsten hinein und begegne ihm so, wie du dir begegnen würdest.

Es ist klar, daß Einbildungskraft als Sympathie etwas anderes ist als das, was wir gemeinhin als »objektive Erkenntnis« verstehen, da sie eine ganz andere Beziehung herstellt. Die Einbildungskraft ist eine Fähigkeit unseres Gehirns, sich vorzustellen, sich einzubilden, sich zu konstruieren, daß man im anderen sei. Wir konstruieren ja immer, war die hier vorgetragene Behauptung, wir konstruieren die Dinge, die Gegenstände als Gegenüber; der Vorteil des Konstruierens ist praktisch, daß wir uns auch in den anderen hineinversetzen können, uns einbilden können, im anderen zu sein.

Ich meine, daß die Gefahr der Täuschungen da ist, aber daß man mit ihr umgehen kann. Die Täuschung besteht ja darin, daß man »seinen eigenen Film« im anderen ablaufen läßt, Empfindungen und Gefühle oder was immer im anderen sieht, die nichts mit dem anderen zu tun haben, sondern mit den eigenen Erfahrungen zusammenhängen, mit der eigenen Lebensgeschichte. Das kann man jedoch überprüfen, man kann den anderen fragen, man kann sich fragen.

Virginia Satir verwendet in ihrer familientherapeutischen Arbeit diese Einbildungskraft oder Sympathie auf eindrucksvolle Weise. Eine ihrer häufigen Arrangements ist, die Sichtweise des Klienten in einer »Skulptur« von anderen Teilnehmern darstellen zu lassen. Nehmen wir an, es handelt sich um die Darstellung der Herkunftsfamilie des Klienten, als der Klient drei Jahre alt war, dann stellt der Klient zwei Teilnehmer in die Positionen, wie er Vater und Mutter erlebt hat. Der Vater z. B. kann eine steife Haltung einnehmen mit verschränkten Armen und angespanntem Genick. Die Mutter klagt den Vater mit ausgestrecktem Zeigefinger der rechten Hand an, die linke Hand macht heimlich eine Geste des Verlangens. Dann kann noch das dreijährige Kind dazugestellt werden in einer typischen Geste. Die ganze Familie kann dann auch noch nach und nach andere Haltungen einnehmen. Was die Teilnehmer, die das zum ersten Mal miterleben, hoch erstaunt, ist, daß man aus der Position der Skulptur heraus Gefühle, Körpererfahrungen, Wahrnehmungen und Gedanken äußern kann, die genau dem entsprechen, was der Klient weiß oder in Erinnerung hat. Indem man eine bestimmte Körperhaltung einnimmt, wird man fähig, die dazugehörigen Gefühle usw. wiederzugeben, insbesondere wenn eine ganze Konstellation, wie die der Familie, dabei wiedergegeben wird.

Dieses Hineinversetzen in den anderen ist eine frappierende Erfahrung, auch wenn sie mit der Habitustheorie Bourdieus leicht zu erklären ist. Für den Therapeuten ist die Einbildungskraft als Sympathie die wichtigste Fähigkeit, und man kann leicht beobachten, daß Therapeuten die Haltung des Klienten unbewußt übernehmen, auch z. B. seinen Atemrhythmus, um ihn zu verstehen. Gerade für den Therapeuten ist es wichtig, daß er sich dabei nicht täuscht, nicht seinen eigenen Film, seine eigenen Probleme in den Klienten hineinsieht. Deshalb verlangt die Therapieausbildung als Voraussetzung für die Therapieausübung, daß der Therapeut sich selbst einer Therapie unterzogen hat. Für den Gestalttherapeuten ist es wichtig, »aware« zu sein, bewußt zu sein, was sein Anteil ist und was des Klienten Anteil ist, also immer wieder in den anderen hineinzuspringen und dann wieder in sich selbst – und natürlich in den Beobachterstandpunkt, der all das analysiert und versucht, Zusammenhänge herzustellen usw. Ich meine, daß man die Täuschungen der Einbildungskraft gering halten kann, wenn man sich selbst kennt, wenn man sich aware ist oder macht, was die eigenen Anteile sind oder sein könnten. Das Ideal ist selbstverständlich, sich selbst zu »reinigen«, sich bereit zu halten, sich wirklich auf den anderen »einzulassen«, empfänglich zu werden. Es kommt also auch hier auf das »Sich-lassen« an, denn wenn man »machen« will, wird die Beziehung zu sich selbst und zum anderen wieder eine Machtbeziehung. Häufig erfährt man auch etwas über sich, wenn man sich empfänglich einläßt in den anderen. Man erkennt sich, indem man den anderen erkennt.

Konfluenz als neurotischer Zustand in der Gestalttherapie ist die Unfähigkeit, sich als etwas vom anderen Verschiedenes zu sehen, nicht mehr zu wissen, zu spüren, zu empfinden, wer man selbst ist und wer der andere ist. Dann ist die Täuschbarkeit natürlich groß, aber das ist nicht das Schwierige an Konfluenz. Konfluenz ist das Aufgeben der Autonomie, der eigenen Grenze, eine so vollständige Unterwerfung unter den Willen des anderen, daß man nicht mehr weiß, wer man ist, wo die eigenen Wünsche sind und wo die Wünsche des anderen. Der andere kann auch eine ganze Gruppe sein, eine Partei, eine Nation. Aber es gibt auch eine gesunde Konfluenz.

Der wichtige Unterschied zwischen neurotischer Konfluenz und Sympathie ist der folgende. Der Konfluente hat keine Autonomie, er hat sie – nicht bewußt – weggegeben und dem anderen gegeben auf Dauer. Er unterwirft sich. Der Sympathieausübende gibt seine Autonomie nicht auf; wenn er sich in den anderen hineinversetzt, läßt er sich vom anderen nicht beherrschen, er läßt sich jedoch ein, öffnet sich für den anderen und kann autonom wieder zu sich zurückkommen. Es ist also die Verfügung über das Hineinversetzen und Wiederzurückkommen, was Sympathie von Konfluenz unterscheidet, und die Bewußtheit dessen, was geschieht.

Für mich ist klar, daß im Zeitraum des Sich-hineinversetzens in den anderen Vergleichen und Bewerten Sympathie verhindern, dann hat man mit dem Mitvollzug bereits aufgehört.

Ich meine, daß das, was ich als indianische, chinesische Welter-fahrung und Welterfahrung der Wildbeuter beschrieben habe, nämlich »Ehrfurcht« vor allem, nicht nur vor dem Leben zu haben, diese Einbildungskraft als Sympathie zur Voraussetzung hat. Da wird auch deutlich, daß man nicht nur mit Menschen »Mitleid und Mitfreude« empfinden kann, sondern auch mit anderen Lebewesen und mit nichtlebender Materie. »Einbildungskraft als Erkenntnisvermögen« setzt eine Verwandtschaft oder doch zumindest einen Zusammenhang zwischen dem Erkennenden und dem Gegenstand voraus. Soll ich am eigenen Leib spüren, was der Gegenstand ist oder wie er sich verhält, so muß er prinzipiell von gleicher Art sein wie ich. »Nichts steht dem im Wege, daß wir nicht nur unsere Mitmenschen, sondern auch Tiere und die weitere Natur auf diese Weise erkennen«, schreibt Gernot Böhme, und er weist darauf hin, daß »objektive Erkenntnis« die Verwandtschaft leugnet, das Objekt soll ja »fremd« werden, »anders«. Anthropomorphismen sind ebenso verpönt und verdammt wie die Anerkennung des Tierischen, Pflanzlichen usw. in uns Menschen. Das wird einfach verleugnet, die Verwandtschaft wird verleugnet, indem man die Ähnlichkeit mit Tieren und Pflanzen als Anthropomorphismus etikettiert und abwertet. Wir wissen, daß man sich auch in Maschinen hineinversetzen kann, wir zucken zusammen, wenn wir hören, daß ein Autofahrer den Gang so hineinhaut, daß das Getriebe kracht.

Interessant erscheint mir, daß Sympathie die Bezeichnung für etwas ziemlich Flaches geworden ist – »sympathisch«, »unsympathisch« sind recht oberflächliche Begriffe. Interessanter noch ist die Tatsache, daß Mitleid für uns in Europa etwas Wichtiges ist, aber Mit-Freude relativ selten vorkommt, während im Buddhismus Mit-Freude und Mit-Leid (zumindest im Abhidharma-Buddhismus) gleichberechtigt sind. Was ist das für eine Weltauffassung zu glauben, daß wir nur oder vorwiegend leiden werden, wenn wir uns in den anderen hineinversetzen mit unserer Einbildungskraft?

Einssein

Liebe ist ja auch eine Sehnsucht nach Vereinigung, nach Eins-sein. Und das heißt nicht mehr oder nicht zu unterscheiden zwischen

Liebenden und Geliebten, nicht zu unterscheiden zwischen den Einheiten, die sich lieben. Die Grenze zwischen den Einheiten soll aufgegeben sein. Es gibt keinen Unterschied mehr, der einen Unterschied macht. Gernot Böhme (1985) meint, daß die Sehnsucht nach dem Eins-sein damit zusammenhängt, daß wir dauernd das Getrenntsein erleben. Wir unterscheiden zwischen Gegenständen und deshalb natürlich auch immer zwischen Ich und Nicht-Ich. Diese Unterscheidungen, die auch Trennungen sind, machen uns einsam. »Unsere gewöhnliche Weise, zu denken und Erfahrungen zu machen, ist ein Denken in Trennungen und als Denken selbst Getrenntsein.« (S. 209) Und: »Gäbe es nicht dieses Leiden an Trennungen, es gäbe vielleicht keine Mystik« (S. 211), denn Mystik ist für Böhme »die Erfahrung der Einheit mit dem Ganzen«.

Wir suchen die körperliche oder besser leibliche Vereinigung. »Ein-Fleisch-sein« ist das Ziel. Wenn Lebewesen durch eine Grenze konstituiert werden, wie Maturana und Varela behaupten, »operational abgeschlossen« sind – Lebewesen haben eine Membrane oder eine Haut – dann ist Eins-sein physisch unmöglich. Das bedeutet jedoch nicht, daß wir uns nicht als Eins erleben können, als »Nicht-zwei« erleben können. Dieses Erleben des Nicht-zwei in der sexuellen Vereinigung kann so ein mystisches Erleben sein, die Erfahrung der Einheit mit dem Ganzen, nicht nur mit dem anderen. In den Schriften der Mystiker, beim Sufi-Dichter Rumi (Schimmel, 1980) wird ein mystisches Erleben immer wieder mit leiblicher Vereinigung verglichen und in diesen Termini beschrieben. In der Tantrik geht der Weg zum mystischen Erleben über die sexuelle Vereinigung. Wenn im Französischen von der sexuellen Vereinigung als vom »kleinen Tod« gesprochen wird, dann ist m. E. damit die Vorstellung gemeint, die eigenen Grenzen zu verlieren, sich in gewisser Weise aufzulösen als Ich und nicht mehr unterscheiden zu können zwischen Nicht-Ich und Ich. Man hat kein Gefühl mehr für die Grenzen seines Körpers, freilich muß man zu denken aufhören dabei, zumindest so zu denken, wie wir es im Alltag tun, nämlich in Trennungen und Unterscheidungen zu denken.

Das Erleben des Eins-seins ist auch dann, wenn es sich nicht um leibliche sexuelle Vereinigung handelt, vor allem wohl eine leibliche Erfahrung, ein Nicht-Denken in Trennungen.

Böhme (1985, S. 208 ff.) weist auf kleine mystische Erfahrungen im Alltag hin, besser vielleicht auf Erfahrungen, die mystischen

Erfahrungen nahestehen oder als Anfänge von mystischen Erfahrungen verstanden werden können. Eine solche Erfahrung ist das Einssein mit einem Werkzeug, nicht mehr zwischen mir und Werkzeug zu unterscheiden. Beim Autofahren kann man das manchmal empfinden, sich bewußt machen. Manchmal erleben wir bei einem Spaziergang, daß wir uns eins fühlen mit dem Sommertag, mit einem Baum – oder wir erleben es mit einem Menschen. Wenn ich eine solche Erfahrung hinterher analysiere und in Worte fasse, dann ist es so etwas wie »nur Empfindung sein«, »zu schweben«, ein bißchen ist Angst hineingemischt, die Angst, den Boden zu verlieren, und dann ist da das Gefühl, wirklich zu leben, also eine Hochgestimmtheit.

Böhme unterscheidet zwischen aufsteigender und absteigender Mystik. Aufsteigend ist für ihn die Mystik des Platonismus und des Christentums. Der Weg der aufsteigenden Mystik ist, »aus der bunten Mannigfaltigkeit der Dinge sich zu lösen und das Augenmerk auf die ewigen Ideen zu richten«.

»Alle Tiere beispielsweise sind eins, weil sie Lebewesen sind...« Bei dieser Art von Mystik komme es darauf an, seine »Leiblichkeit zu überwinden und so weit es geht, in der Vernunft aufzugehen« (Böhme, S. 215). Als Beispiel für absteigende Mystik nennt Böhme den Zen-Buddhismus: »Im Gegensatz zur platonischen Mystik sagt die Lehre des Zen-Buddhismus, daß das Ganze im Einzelnen ist. Da das Ganze zusammenhängt, kann es erreicht werden, wenn es gelingt, mit einem einzelnen Ding wirklich in Berührung zu kommen.« (S. 215).

Die Formel für absteigende Mystik heißt »das Bewußtsein zum Dasein zu bringen«, im Gegensatz zu dem, was wir üblicherweise tun, nämlich »das Dasein zum Bewußtsein zu bringen«, indem wir reflektieren, objektivieren, durch das Bewußtsein in eine Distanz zum Dasein geraten. Als Alltagsbeispiel nennt er die Möglichkeit, sein Bewußtsein in den Händen zu haben, wenn man etwas deutlich und mit konzentrierter Aufmerksamkeit in den Händen spürt. »Als gegenstandsloses Bewußtsein kann man es eigentlich nur als Wachheit oder Helle beschreiben.« (S. 219) Das meint er mit »das Bewußtsein zum Dasein bringen«. Ich verstehe das so: Sich seines Bewußtseins bewußt zu sein. Diese rekursive Operation, diese Selbstreferentialität ermöglicht, mit sich selbst eins zu sein und damit mit dem Ganzen.

Wenn man eins ist mit etwas anderem – das ja dann nicht mehr etwas anderes ist, weil es nicht mehr unterschieden wird – dann ist man mit dem Ganzen eins, wenn man nicht diese neue Einheit abgrenzt, trennt von allen übrigen, also zu denken anfängt.

Eins sein heißt ja zuallererst Nicht-Ich sein, also nicht mehr zu trennen zwischen Ich und Nicht-Ich, und dann ist es aber auch Nicht-zwei, also nicht mehr zu trennen zwischen zwei Einheiten.

Das ist ja genau das, was Nagarjuna unter Leere (Shunyatta) versteht. Um es kurz zu wiederholen: Nagarjuna geht vom »radikalen Werden« aus, d. h. es gibt nicht etwas, was sich verändert oder wird, sondern der Ausgangspunkt ist dieses Werden von Nicht-Etwas. Wir mit unseren Worten treffen Unterscheidungen, konstruieren Gegenstände, Ereignisse. Aber alle diese Konstruktionen sind nur Konstruktionen, Namen, sie sind leer. Auch die Leere ist leer. Die Leere ist diese »dependent coorigination«, also dieses nicht selbstexistent sein. Es gibt zwei Wahrheiten, die weltliche, pragmatische Wahrheit (mundane truth) und die absolute Wahrheit (ultimate truth). Wenn wir leben, brauchen wir diese weltliche Wahrheit *und* wir können uns bewußt sein, daß das, womit wir umgehen, leer ist.

Es ist sehr schwer, in Worten auszudrücken. Sich der Leere bewußt sein ist ja nichts anderes als mit dem radikalen Werden eins zu sein, die Grenze aufzuheben zwischen mir und der Möhre, die ich putze, der Pflaume, die ich esse, also mich einzulassen auf die Möhre, auf die Pflaume, die Möhre sein, die Pflaume, zwischen Möhre/Pflaume und mir keinen Unterschied zu machen, eins zu sein mit ihnen. Der Anfang ist, mit ganzer Aufmerksamkeit die Möhre zu putzen, die Pflaume zu essen, »das Bewußtsein zum Dasein bringen«. Natürlich ohne Nebengedanken, aber das ist nicht genug, ohne Denken, ohne zu unterscheiden, ganz dieses Tun sein.

Allem Anschein nach läßt sich Einssein nur als das beschreiben, was es nicht ist. Wenn wir beschreiben könnten, was es ist, dann hätten wir ja auch wieder eine Trennung vollzogen. Vielleicht sollte man es mit Metaphern versuchen: Der Sufi-Dichter Rumi (Schimmel, 1980) beschreibt Liebe so: »Ich bin Wind, und du bist Feuer, und ich habe dich entfacht.«

Lieben in diesem Sinn scheint eine Begleiterscheinung zu haben, die wir nicht erwarten: Gleichmut. Im Abhidharma-Buddhismus gibt es die vier göttlichen Zustände. Metta, die Liebe; Karuna, das Mitleid; Mudita, die Mitfreude, und Upekkha, was fälschlicherweise als Indifferenz übersetzt wurde, aber »vollkommenes seelisches und geistiges Gleichgewicht« ist (Lama Anagarika Govinda, 1980, S. 152). »In Upekkha finden Liebe, Mitleid und Mitfreude nicht nur ihre Vollendung, sondern wir können sagen, daß Upekkha geradezu die Voraussetzung dieser Qualitäten ist, die der Vollendete, der Sonne gleich, Gerechten und Ungerechten entgegenbringt.« Upekkha ist »jener heilige, unerschütterliche Gleichmut«, indem der »Unterschied zwischen dem eigenen Selbst und dem des anderen aufgehoben ist« (S. 153).

Was hat das mit Lieben zu tun? Was mir wichtig ist darzustellen, ist, daß Lieben das Aufgeben von Machtbeziehungen ist, denn indem wir trennen, unterscheiden, üben wir schon Macht aus. Und daß Lieben nicht eine Beziehung zu anderen Menschen ist in letzter Konsequenz, sondern eine Beziehung zum Ganzen, und das ist gleichbedeutend mit dem Aufgeben der Beziehung. Eins sein ist keine Beziehung mehr, sondern das Aufgeben der Beziehung. Es ist Sich-auflösen-im-Fluß-des-Geschehens.

Was tun? Was tun im Alltag? Was kann ich tun im Alltag, wenn ich liebe? Ich meine, daß in dem bisher Gesagten klar wird, daß Lieben nicht etwas ist, was man als Ziel erreichen kann. Es ist das Werden zum Eins-sein. Man kann Liebe nicht machen. Es ist wieder ein Sich-lassen. Lieben ist für mich Machtbeziehungen vermeiden, auch Unterwerfung. Akzeptieren, in Kontakt gehen, Sympathie empfinden, eins sein mit dem Ganzen über das Einzelne. Dann gibt es nicht mehr die Unterscheidung zwischen lebender und toter Materie, Menschen und anderen Lebewesen. Das Paradoxe daran scheint zu sein, daß man Machtbeziehungen, Unterwerfungsbeziehungen nur vermeiden kann, wenn man sich als autonomes Ich versteht, also dieses autonome Ich zuerst erwerben muß – auch beim Akzeptieren, In-Kontakt-Gehen, Sympathien-empfinden –, um es dann aufzulösen im Eins-sein.

Literaturverzeichnis

An der Heiden, U.: Kognitive Selbstreferenz, in: Pasternack, G.: Erklären, Verstehen, Begründen. Zentrum Philosophische Grundlagen der Wissenschaft. Universität Bremen 1985

Ariès, Ph.: Geschichte des Todes. München: Hanser, 1980

Ariès, Ph., und Bejin, A.: Die Masken des Begehrens und die Metamorphosen der Sinnlichkeit. Zur Geschichte der Sexualität im Abendland. Frankfurt/M.: Fischer, 1984

Bateson, G.: Ökologie des Geistes. Frankfurt/M.: Suhrkamp, 1981

Bateson, G.: Geist und Natur. Eine notwendige Einheit. Frankfurt/M.: Suhrkamp, 1982

Beer, St.: Vorwort zu Maturana und Varela. Autopoietische Systeme: eine Bestimmung der lebendigen Organisation, in: Maturana, H.: Erkennen: Die Organisation und Verkörperung von Wirklichkeit. Braunschweig/Wiesbaden: Vieweg, 1982, S. 170–179

Beisser, A.: The Paradoxical Theory of Change, in: Fagan, J. and Shepherd, I.L.: Gestalt Theorie Now. Palo Alto: Science and Behavior Books, 1970, S. 77–80

Berger, P. L., und Luckmann, Th.: The Social Construction of Reality. New York: Doubleday, Garden City, 1966. Deutsch: Die gesellschaftliche Konstruktion der Wirklichkeit. Frankfurt/M.: S. Fischer, 1970

Berman, M.: Die Wiederverzauberung der Welt. Am Ende des Newtonschen Zeitalters. München: Dianus Trikont, 1983

Böhme, G., und van den Daele, W.: Erfahrung als Programm. Über Strukturen vorparadigmatischer Wissenschaft, in: Böhme, G. u. a. (Hg.): Experimentelle Philosophie. Ursprünge autonomer Wissenschaftsentwicklung. Frankfurt/M.: Suhrkamp, 1977, S. 183–236

Böhme, G.: Anthropologie in pragmatischer Hinsicht. Darmstädter Vorlesungen. Frankfurt/M.: Suhrkamp, 1985

Böhme, G., u. a. (Hg.): Experimentelle Philosophie. Ursprünge autonomer Wissenschaftsentwicklung. Frankfurt/M.: Suhrkamp, 1977

Böhme, H., und Böhme, G.: Das Andere der Vernunft. Zur Entwicklung von Rationalitätsstrukturen am Beispiel Kants. Frankfurt/M.: Suhrkamp, 1983

Bohm, D.: Wholeness and the Implicate Order. London, Boston and Henley: Routledge and Kegan Paul Ltd., 1980

Bohm, D., und Weber, R.: Implizite und explizite Ordnung. Zwei Aspekte des Universums. Zwei Gespräche, in: Wilber, K. (Hg.): Das holographische Weltbild. Bern, München, Wien: Scherz, 1986

Bourdieu, P.: Zur Soziologie der symbolischen Formen, Frankfurt/M.: Suhrkamp, 1974

Bourdieu, P.: Entwurf einer Theorie der Praxis. Frankfurt/M.: Suhrkamp, 1979 (a)

Bourdieu, P.: The specifity of the scientific field and the social conditions of the progress of reason, in: Social Science Information 14(6), 1979(b), S. 19–47

Bourdieu, P.: Le sens pratique. Paris: Les Editions de Minuit, 1980. Deutsch: Sozialer Sinn. Frankfurt/M.: Suhrkamp, 1987

Bourdieu, P.: Die feinen Unterschiede. Frankfurt/M.: 1982, Suhrkamp

Bourdieu, P., Boltanski, L., de Saint Martin, M., Maladier, P.: Titel und Stelle. Über die Reproduktion sozialer Macht. Frankfurt/M.: Europäische Verlagsanstalt, 1981

Bourdieu, P., und Passeron, J. C.: Die Illusion der Chancengleichheit. Stuttgart: Klett, 1971

Bourdieu, P., und Passeron, J. C.: Grundlagen einer Theorie der symbolischen Gewalt. Frankfurt/M.: Suhrkamp, 1973

Brecht, B.: Schriften zum Theater. Frankfurt/M.: Suhrkamp, 1957

Brecht, B.: Über den Beruf des Schauspielers. Frankfurt/M.: Suhrkamp, 1970

Brecht, B.: Me-ti. Buch der Wandlungen. Frankfurt/M.: Suhrkamp, 1974

Castaneda, C.: Die Lehren des Don Juan. Ein Jaqui-Weg des Wissens. Frankfurt/M.: Fischer Taschenbuch, 1973

Cohn, R.: Von der Psychoanalyse zur Themenzentrierten Interaktion. Stuttgart: Klett-Cotta, 1980

Coleman, H. S.: Education in modern society, in: Greenberger, C. (ed.) Computers, communication and the public interest Baltimore: John Hopkins Press, 1971, S. 21–46

Conze, E.: Buddhist Thought in India. London, 1962

Dell, P. F.: Klinische Erkenntnis. Zu den Grundlagen systemischer Therapie. Dortmund: Verlag Modernes Lernen, 1986

Duerr, H.-P.: Traumzeit. Über die Grenze zwischen Wildnis und Zivilisation. Frankfurt/M.: Syndikat, 1978

Duerr, H.-P.: Sedna oder die Liebe zum Leben. Frankfurt/M.: Suhrkamp, 1984

Duerr, H.-P.: Über die Notwendigkeit, in offenen Systemen zu denken – Der Teil und das Ganze, in: Altner, G. (Hg.): Die Welt als offenes System. Frankfurt/M.: Fischer Taschenbuch, 1986, S. 9–31

Duncker, K.: Zur Psychologie des produktiven Denkens. Berlin, Heidelberg, New York: Springer, 1963 (1935)

Edge, H.: Paradigma und Parapsychologie, in: Duerr, H.-P.: Unter dem Pflaster liegt der Strand 5. Berlin: Karin Kramer, 1978, S. 53–70

Eigen, M., und Winkler, R.: Das Spiel. Naturgesetze steuern den Zufall. München: Piper, 1975

Elias, N.: Über den Prozeß der Zivilisation. Erster und zweiter Band. Frankfurt/M.: Suhrkamp, 1981 (1969)

Ellul, J.: The Technological Society. New York: Vintage Books, 1954

Enright, John: Enlightening Gestalt. Mill Valley, Ca.: Pro Telos, 1980

Fagan, J., u. Shepherd, I. L.: Gestalt Theory Now. Theory, Techniques, Applications. Palo Alto: Science and Behavior Books, 1970

Ferguson, M.: Wirklichkeit und Wandel – Karl Pribram als Pionier der Gehirn- und Bewußtseinsforschung, in: Wilber, K. (Hg.): Das holographische Weltbild. Bern, München, Wien: Scherz, 1986, S. 12–26

Feyerabend, P.: Wider den Methodenzwang. Skizze einer anarchistischen Erkenntnistheorie. Frankfurt/M.: Suhrkamp, 1976

Fleck, L.: Entstehung und Entwicklung einer wissenschaftlichen Tatsache. Frankfurt/M.: Suhrkamp, 1980 (1935)

Foss, L.: Does Don Juan Really Fly?, in: Philosophy of Science 40, 1973, S. 298–316

Gill, A.: Introduction to the Theory of Finite State Machines. New York: McGraw Hill, 1962

Govinda, Lama Anagarika: Die psychologische Haltung der frühbuddhistischen Philosophie und ihre systematische Vorstellung nach der Tradition des Abhidhama. Wien: Octopus, 1980

Gronemeyer, M.: Der ausgesperrte Tod und das eingesperrte Leben, in: Eisenberg, G., und Gronemeyer, M. (Hg.): Der Tod im Leben. Gießen: Focus-Verlag, 1985

Haag, F., u. a.: Aktionsforschung. Forschungsstrategien, Forschungsfelder und Forschungspläne. München: Juventa, 1972

Haken, H.: Erfolgsgeheimnisse der Natur, Stuttgart: DVA, 1981

Haken, H., und Wunderlin, A.: Synergetik: Prozesse der Selbstorganisation in der belebten und unbelebten Natur, in: Dress, A., u. a.: Selbstorganisation. Die Entstehung von Ordnung in Natur und Gesellschaft. München: Piper, 1986, S. 35–60

Halifax, J.: Schamanen. Zauberer, Medizinmänner, Heiler. Frankfurt/M.: Insel, 1983

Hejl, P. M.: Sozialwissenschaft als Theorie selbstreferentieller Systeme. Frankfurt/M., New York: Campus, 1982

Hejl, P. M.: Toward a Theory of Social Systems: Self-Organization and Self-Maintenance, Self-Reference and Syn-Reference, in: Ulrich, H., and Probst, G. J. B.: Self-Organization and Management of Social Systems. Berlin, Heidelberg: Springer, 1984, S. 60–78

Hejl, P. M.: Konstruktion der sozialen Konstruktion. Grundlinien einer konstruktivistischen Sozialtheorie, in: Gumin, H., und Mohler, A.: Einführung in den Konstruktivismus. Schriften der Carl Friedrich von Siemens Stiftung, Band 10. München: Oldenbourg, 1985, S. 85–116

Hejl, P. M.: Soziale Systeme: Körper ohne Gehirne oder Gehirne ohne Körper. Rezeptionsprobleme der Theorie autopoietischer Systeme in den Sozialwissenschaften, in: Delfin, VI, 3. Jg. H. 2, 1986, S. 56–67

Herzlich, C.: Die soziale Vorstellung, in: Moscovici, S. (Hg.): Forschungsgebiete der Sozialpsychologie 1. Frankfurt/M.: Athenäum, 1975, S. 361–406

Herzlich, C.: Health and Illness. A Social Psychological Analysis, London: Pergamon, 1973

Howe, R. H., and von Foerster, H.: Introductory Comments to Francisco Varela's Calculus for Self-reference, in: International Journal of General Systems, 1975, Vol. 2, S. 1–3

Jacoby, H.: Jenseits von »Begabt« und »Unbegabt«. Hamburg: Hans Christians Verlag, 1980

Jahn, J.: Muntu. Umrisse der neoafrikanischen Kultur. Düsseldorf, Köln: Eugen Diederichs, 1958

Jantsch, E.: Autopoiesis: A Central Aspect of Dissipative Self-Organization, in: Zeleny, M. (ed.): Autopoiesis. A Theory of Living Organization. New York, Oxford: Elsevier North Holland, 1981, S. 65–87

Jantsch, E.: Die Selbstorganisation des Universums. Vom Urknall zum menschlichen Geist. München: Hanser, 1979

Jaspers, Karl: Von der Wahrheit. München: Piper, 1947

Kaltenmark, M.: Lao-tzu und der Taoismus. Frankfurt/M.: Suhrkamp, 1981

Keeney, B. P.: Ästhetik des Wandels. Hamburg: Isko Press, 1987

Kelly, G. A.: The Psychology of Personal Constructs. New York: W. W. Norton, 1955

Kelly, G. A.: A Theory of Personality. New York: W. W. Norton, 1963

Knorr-Cetina, K.: Die Fabrikation von Erkenntnis. Frankfurt/M.: Suhrkamp, 1984

Köck, W.: Erkennen = (Über)Leben. Bemerkungen zu einer radikalen Epistemologie, in: Zeitschrift für systemische Therapie 1, 1, 1983, S. 45–56

Köhler, W.: Die physischen Gestalten in Ruhe und im stationären Zustand. Braunschweig: Vieweg, 1920. Wiederveröffentlicht Erlangen: Verlag der philosophischen Akademie, 1925

Kohlberg, L.: Zur kognitiven Entwicklung des Kindes. Drei Aufsätze. Frankfurt/M.: Suhrkamp, 1974

Krüll, M., Luhmann, N., Maturana, H.: Grundkonzepte der Theorie autopoietischer Systeme. Neun Fragen an Niklas Luhmann und Humberto Maturana und ihre Antworten, in: Zeitschrift für systemische Therapie. 5, 1, 1987, S. 4–25

Kübler-Ross, E.: Interviews mit Sterbenden. Stuttgart: Kreuz Verlag, 1971

Lektorskij, V. A.: Subjekt – Objekt – Erkenntnis. Grundlegung einer Theorie des Wissens. Frankfurt/M., Bern, New York: Peter Lang, 1985

Leontjev, A. N.: Problem der Entwicklung des Psychischen. Frankfurt/M.: Athenäum Fischer Taschenbuch, 1973

Leontjev, A. N.: Tätigkeit, Bewußtsein, Persönlichkeit. Stuttgart: Klett, 1977

Lewin, K.: Der Übergang von der aristotelischen zur galileischen Denkweise in Biologie und Psychologie, in: Erkenntnis I, 1931, S. 421–466

Lewin, K.: Die Lösung sozialer Konflikte. Bad Nauheim: Christian Verlag, 1953

Lewin, K.: Behaviour and Development as a Function of the Total Situation 1946, in: Field Theory in Social Sciences. New York: Harper & Row, 1951. Deutsch: Feldtheorie in den Sozialwissenschaften. Bern, Huber, 1963

Lewin, K.: Defining the »Field at a Given Time« (1943), in: Field Theory in Social Sciences. New York: Harper & Row, 1951, S. 43–59. Deutsch: Feldtheorie in den Sozialwissenschaften. Bern: Huber, 1963

Lewin, K.: Principles of Topological Psychology, New York, London: McGrawHill, 1936. Deutsch: Grundzüge der Topologischen Psychologie. Bern: Huber, 1969

Lewin, K.: Feldtheorie in den Sozialwissenschaften. Ausgewählte theoretische Schriften. Bern: Huber, 1963

Luchins, A. S.: Classroom experiments on mental set, in: American Journal for Psychology 59, 1946, S. 295–298

Luchins, A. S.: Mechanisierung beim Problemlösen, in: Graumann, C. F. (Hg.): Denken. Köln: Kiepenheuer und Witsch, 1965, S. 171–190

Luchins, A. S.: Mechanization in problem solving. The effect of »Einstellung«, in: Psychometric Monographs, 54, 1942, S. 95

Luhmann, N.: Soziale Systeme. Grundriß einer allgemeinen Theorie. Frankfurt/M.: Suhrkamp, 1984

McCulloch, W. S.: A heteronomy of values determined by the topology of nervous nets, in: Bulletin of Mathematical Biophysics 7, 1945, S. 89–93

Malebranche, N.: Von der Erforschung der Wahrheit. Hamburg: Felix Meiner, 1968

Maslow, A. H.: Motivation and Personality. New York: Academic Press, 1970

Maturana, H.: Man and Society, in: Benseler, F., u. a. (Hg.): Autopoiesis, Communication and Society. Frankfurt/M.: Campus, 1980, S. 11–31

Maturana, H.: Autopoiesis, in: Zeleny, M. (ed.): Autopoiesis. A Theory of Living Organization. New York, Oxford: Elsevier North Holland, 1981, S. 21–33

Maturana, H.: Erkennen: Die Organisation und Verkörperung von Wirklichkeit. Braunschweig, Wiesbaden: Vieweg, 1982

Maturana, H., und Varela, F.: Autopoietische Systeme: eine Bestimmung der lebendigen Organisation, in: Maturana, H.: Erkennen: Die Organisation und Verkörperung von Wirklichkeit. Braunschweig, Wiesbaden: Vieweg, 1982, S. 170–235

Maturana, H.: Reflexionen über Liebe, in: Zeitschrift für systemische Therapie 3, 3, 1985a, S. 129–131

Maturana, H.: Biologie der Sozialität. Delfin V, 1985b, S. 6–14

Maturana, H., und Varela, F.: El Arbol del conocimiento. Santiago, Chile: O.E.A. Editorial Universitaria, 1984. Deutsch: Der Baum der Erkenntnis. Die biologischen Grundlagen menschlichen Verstehens. Bern: Scherz, 1987

Mendez, C. L., Coddon, F., Maturana, H.: The bringing forth of pathology. An essay to be read aloud by two (Ms.)

Metzger, Wolfgang: Psychologie. Darmstadt: Steinkopff, 1975 (5. Aufl.) (1940)

Metzger, W.: Gestalttheorie im Exil, in: Die Psychologie des 20. Jahrhunderts. 1. Die europäische Tradition. München: Kindler, 1976, S. 583–659

Michotte, A.: La perception de la causalité. Louvin, Paris: Fondation Universitaire de Belgique, 1946

Moscovici, S.: Foreword, in: Herzlich, C.: Health and Illness. A Social Psychological Analysis. London: Pergamon, 1973, S. IX–XIV

Moscovici, S.: Versuch über die menschliche Geschichte der Natur. Frankfurt/M.: Suhrkamp, 1982

Moser, H.: Aktionsforschung als kritische Theorie der Sozialwissenschaften. München: Kösel, 1975

Müller, H.-P.: Kultur, Geschmack und Distinktion. Grundzüge der Kultursoziologie Pierre Bourdieus, in: Neidhardt, F., u. a.: Kultur und Gesellschaft. Sonderheft der Kölner Zeitschrift für Soziologie und Sozialpsychologie. Opladen: Westdeutscher Verlag, 1986, S. 162–190

Müller, W.: Indianische Welterfahrung. Frankfurt, Berlin, Wien: Ullstein, 1981

Needham, J.: Wissenschaftlicher Universalismus. Über Bedeutung und Besonderheit der chinesischen Wissenschaft. Frankfurt/M.: Suhrkamp, 1977

Needham, J.: Wissenschaft und Zivilisation in China. Band 1 der von Colin A. Ronan bearbeiteten Ausgabe, Frankfurt/M.: Suhrkamp, 1984

Perls, F.: Gestalttherapie in Aktion. Stuttgart: Klett, 1969

Perls, F.: Gestalt-Wahrnehmung. Verworfenes und Wiedergefundenes aus meiner Mülltonne. Frankfurt/M.: Verlag für humanistische Psychologie, 1981

Perls, F., Hefferline, R. F., Goodman, P.: Gestalttherapie. Lebensfreude und Persönlichkeitsentfaltung. Stuttgart: Klett-Cotta, 1979

Perls, L.: Opening Address: 8th Annual Conference on the Theory and Practice of Gestalt-Therapy, in: The Gestalt Journal, Vol. IX, 1 Spring, 1986, S. 12–15

Piaget, J.: Nachahmung, Spiel und Traum. Die Entwicklung der Symbolfunktion beim Kinde. Stuttgart: Klett, 1969

Piaget, J.: Die Äquilibration der kognitiven Strukturen. Stuttgart: Klett, 1976

Piaget, J.: The Psychogenesis of Knowledge and its Epistemological Significance, in: Massimo Patelli-Palmarini (ed.): Language and Learning. The Debate between Jean Piaget und Noam Chomsky. Cambridge, Mass.: Harvard University Press, 1980

Piaget, J.: Weisheit und Illusion der Philosophie. Frankfurt/M.: Suhrkamp, 1985

Polster, E. und M.: Gestalttherapie. Theorie und Praxis der integrativen Gestalttherapie. München: Kindler, 1975

Portele, G.: Lernen und Motivation. Ansätze zu einer Theorie intrinsisch motivierten Lernens. Weinheim und Basel: Beltz, 1975

Portele, G.: Du sollst das wollen! Zum Paradox der Sozialisation, in: Portele, G. (Hg.): Sozialisation und Moral. Weinheim und Basel: Beltz, 1978, S. 147–168

Portele, G.: »Lob der dritten Sache« (oder: Was wir von Brecht und den Alternativlern lernen können), in: Gruppendynamik im Bildungsbereich, 5. Jg., 3, 1978, S. 2–9

Portele, G.: Widerspruchsfreiheit und Vollständigkeit als Eigenschaften kognitiver Systeme, in: Ueckert, H., und Rhenius, D. (Hg.): Komplexe menschliche Informationsverarbeitung. Bern, Stuttgart, Wien: Huber, 1979, S. 71–79

Portele, G.: Gestalttheorie und Wissenschaftstheorie. Plädoyer für eine alternative Wissenschaft, in: Gestalt Theory, Vol. 1, 1979, S. 26–38

Portele, G.: Entfremdung bei Wissenschaftlern. Soziale Vorstellungen von Wissenschaftlern verschiedener Disziplinen über »Wissenschaft« und »Moral«. Frankfurt/M., New York: Campus, 1981

Portele, G.: Krise des Studiums als Krise der Wissenschaften, in: Duerr, H.-P. (Hg.): Unter dem Pflaster liegt der Strand. Band 8, Berlin: Karin Kramer Verlag, 1981, S. 65–84

Portele, G.: Zur Motivationspsychologie, in: Fittkau, B. (Hg.): Pädagogisch-psychologische Hilfen für Erziehung, Unterricht und Beratung. Braunschweig: Agentur Pedersen, 1983, S. 200–216

Portele, G.: Max Wertheimers »Produktives Denken«, Gestalttherapie und »Selbstorganisation«, in: Gestalt Theory, Vol. 6, 1, 1984, S. 42–54

Portele, G.: Gestalttheorie, Theorie der Autopoiese und Gestalttherapie, in: Gestalt Theory, Vol. 7, 4, 1985, S. 245–259

Portele, G. und Huber, L.: Hochschule und Persönlichkeitsentwicklung, in: Enzyklopädie Erziehungswissenschaft, Bd. 10. Stuttgart: Klett-Cotta, 1983, S. 92 ff.

Portele, G. und Schmid, B. A.: Brechts Verfremdungseffekt und soziales Lernen. Gruppendynamik. Jg. 7, 1976, S. 454–464

Pribram, K. H.: Toward a Holonomic Theory of Perception, in: Ertel, S., u. a. (Hg.): Gestalttheorie in der modernen Psychologie. Wolfgang Metzger zum 75. Geburtstag. Darmstadt: Steinkopff, 1975, S. 161–184

Pribram, K. H.: Worum geht es beim holographischen Paradigma?, in: Wilber, K. (Hg.): Das holographische Weltbild. Bern, München, Wien: Scherz, 1986, S. 27–47

Prigogine, I.: Vom Sein zum Werden. Zeit und Komplexität in den Naturwissenschaften. München, Zürich: Piper, 1979

Prigogine, I., und Stengers, I.: Dialog mit der Natur. Neue Wege naturwissenschaftlichen Denkens. München, Zürich: Piper, 1980

Quine, W. V. O.: Ontologische Relativität und andere Schriften. Stuttgart: Reclam, 1975

Quine, W. V. O.: Wort und Gegenstand. Stuttgart: Reclam, 1980

Ravetz, J. R.: Criticisms of Science, in: Spiegel-Roesing, I., and de Solla Price, D. (ed.): Science, Technology and Society. London: Sage Publications, 1977, S. 71–92

Ravetz, J. R.: Scientific Knowledge and its Social Problems. Oxford: Oxford University Press, 1971

Reich, W.: Charakteranalyse. Frankfurt/M.: Fischer, 1976 (1933)

Rogers, C.: Entwicklung der Persönlichkeit. Stuttgart: Klett, 1973

Ronneberger, F. (Hg.): Sozialisation und Massenkommunikation. Stuttgart: Enke, 1971

Roth, G.: Die Selbstreferentialität des Gehirns und die Prinzipien der Gestaltwahrnehmung, in: Gestalt Theory, Vol 7, 4, 1985, S. 228–244

Roth, G.: Selbstorganisation – Selbsterhaltung – Selbstreferentialität, Prinzipien der Organisation der Lebewesen und ihre Folgen für die Beziehung zwischen Organismus und Umwelt, in: Dress, A., u. a. (Hg.): Selbstorganisation. Die Entstehung von Ordnung in Natur und Gesellschaft. München, Zürich: Piper, 1986, S. 149–180

Schaff, A.: Entfremdung als soziales Phänomen. Wien: Europa-Verlag, 1977

Schimmel, A.: Rumi. Ich bin Wind und du bist Feuer. Leben und Werk des großen Mystikers. Düsseldorf, Köln: Diederichs, 1980

Schrödinger, E.: Geist und Materie. Wien, Hamburg: Zsolnay, 1986 (1959)

Schwartz, D. G.: Isomorphism of Spencer-Brown's laws of form and Varela's calculus for self-reference, in: International Journal of General Systems, Vol. 6, 1981, 239–255

Seattle: Wir sind ein Teil der Erde. Die Rede des Häuptlings Seattle vor dem Präsidenten der Vereinigten Staaten von Amerika im Jahre 1855. Olten und Freiburg/Br.: Walter, 1982

Segal, L.: The Dream of Reality. Heinz von Foerster's Constructivism. New York, London: W. W. Norton, 1986

Shepard, M.: Fritz. Sagaponack, New York: Second Chance Press, 1975

Spencer-Brown, G.: Laws of Form. New York: E.P. Dutton, 1979 (1969)

Stadler, M., und Kruse, P.: Gestalttheorie und Theorie der Selbstorganisation, in: Gestalt Theory, Vol. 8, 2, 1986, S. 75–98

Stcherbatsky, Th.: Erkenntnistheorie und Logik nach der Lehre der späteren Buddhisten. München, 1924

Stcherbatsky, Th.: Buddhist Logic. Vol. XXI Pt II, Bibliotheca Buddhica. Leningrad, 1930.

Stegmüller, W., und Varga von Kibed, W.: Strukturtypen der Logik. Studienausgabe. Berlin, Heidelberg, New York: Springer, 1984

Stephenson, F. D. (ed.): Gestalt Therapy Primer. New York: Aronson, 1975

Steiner, C. M.: Macht ohne Ausbeutung. Zur Ökologie zwischenmenschlicher Beziehungen. Paderborn: Junfermann, 1985

Streng, F. J.: Emptiness. A Study in Religious Meaning. Nashville, New York: Abingdon Press, 1967

Tarski, A.: Einführung in die mathematische Logik. Göttingen: Vandenhoek und Ruprecht, 1966

Uexküll, T. von, u. a. (Hg.): Lehrbuch der Psychosomatischen Medizin. München: Urban und Schwarzenberg, 1981

van den Daele, W.: Die soziale Konstruktion der Wissenschaft. Institutionalisierung und Definition der positiven Wissenschaft in der zweiten Hälfte des 17. Jahrhunderts, in: Böhme, G., u. a.: Experimentelle Philosophie. Ursprünge autonomer Wissenschaftsentwicklung. Frankfurt/M.: Suhrkamp, 1977, S. 129–182

Varela, F.: A calculus of self reference, in: International Journal of General Systems, Vol. 2, 1975, S. 5–24

Varela, F.: Principles of Biological Autonomy. New York: Elsevier North Holland Inc., 1979.

Varela, F.: Die Biologie der Freiheit, in: Psychologie heute, September 1982, S. 83–93

Varela, F.: Das Gehen ist der Weg, in: Kakuska, R. (Hg.): Andere Wirklichkeiten. München: Dianus Trikont, 1984, S. 155–167

von Foerster, H.: Das Konstruieren einer Wirklichkeit, in: Watzlawick, P. (Hg.): Die erfundene Wirklichkeit. München: Piper, 1981, S. 39–60

von Foerster, H.: Observing Systems. Seaside, Cal.: Intersystems Publication, ²1984 (a)

von Foerster, H.: Principles of Self-Organization in a Socio-Managerial Context, in: Ulrich, H., und Probst, G.J.B.: Self-Organization and Management of Social Systems. Berlin, Heidelberg: Springer Verlag, 1984 (b), S. 1–24

von Foerster, H.: Entdecken oder Erfinden. Wie läßt sich Verstehen verstehen?, in: Gumin, H., und Mahler, H.: Einführung in den Konstruktivismus. Schriften der Carl Friedrich von Siemens Stiftung, Band 10. München: Oldenburg, 1985 (a)

von Foerster, H.: Sicht und Einsicht. Versuche zu einer operativen Erkenntnistheorie. Braunschweig, Wiesbaden: Vieweg, 1985 (b)

von Glasersfeld, The Concept of Equilibration in a Constructivist Theory of Knowledge, in: Benseler, F., u. a.: Autopoiesis, Communication and Society. The Theory of Autopoietic System in the Social Sciences. Frankfurt/M., New York: Campus, 1980, S. 75–86

von Glasersfeld, E.: The Concepts of Adaptation and Viability in a Radical Constructivist Theory of Knowledge, in: Sigel, I. E., et al. (eds.): New directions in Piagetian theory and practice. 1978 and 1979, Annual Meeting of the Piagetian Society Philadelphia: Hillsdale, 1981

von Glasersfeld, E.: Einführung in den radikalen Konstruktivismus, in: Watzlawick, P. (Hg.): Die erfundene Wirklichkeit. (Wie wissen wir, was wir zu wissen glauben; Beiträge zum Konstruktivismus.) München: Piper, 1981, S. 16–38

von Glasersfeld, E.: Konstruktion der Wirklichkeit und der Begriff der Objektivität, in: Gumin, H., und Mohler, A. (Hg.): Einführung in den Konstruktivismus. München: Oldenbourg, 1985, Schriften der Carl Friedrich von Siemens Stiftung, Band 10, S. 1–26

von Glasersfeld, E.: Wissen, Sprache und Wirklichkeit. Arbeiten zum radikalen Konstruktivismus. Braunschweig, Wiesbaden: Vieweg, 1987.

von Weizsäcker, V.: Der Gestaltkreis. Frankfurt/M.: Suhrkamp, 1973 (1950)

Watzlawick, P., u. a.: Lösungen. Zur Theorie und Praxis menschlichen Wandels. Bern, Stuttgart, Wien: Hans Huber, 1974

Weber, M.: Die protestantische Ethik. Herausgegeben von Johannes Winckelmann. München und Hamburg: Siebenstern Taschenbuch Verlag, 1965

Weber, M.: Wirtschaft und Gesellschaft. 2. Bde. Köln: Kiepenheuer und Witsch, 1964

Wertheimer, M.: Experimentelle Studien über das Sehen von Bewegungen, Frankfurt/M., 1912

Wertheimer, M.: Über Gestalttheorie. Vortrag gehalten in der Kant-Gesellschaft. Berlin am 17. Dezember 1924. Erlangen: Verlag der Philosophischen Akademie, 1925

Wertheimer, M.: Produktives Denken. Frankfurt/M.: Waldemar Kramer, 1964 (1945)

Zeleny, M. (ed.): Autopoiesis. A Theory of Living Organization. New York, Oxford: Elsevier North Holland, 1981

suhrkamp taschenbücher
Eine Auswahl

2/3/8.86

2/7/8.86